RELATIONS

SUR LA VIE

DE LA REVERENDE MERE

ANGELIQUE

DE SAINTE

MAGDELAINE ARNAULD,

OU

RECEÜIL DE LA MERE ANGELIQUE de Saint Jean Arnauld d'Andilly, sur la Vie de sa Tante la Mere Marie - Angelique de Sainte Magdelaine Arnauld, & sur la réforme des Abbayes de Port-Royal, Maubuisson & autres, faite par cette Sainte Abbesse.

M. DCC. XXXVII.

AVERTISSEMENT.

Epuis que la Mere Marie-Angelique eut fait l'établissement de cette Maison de Port-Royal des Champs, en 1648. elle y demeuroit le plus qu'elle pouvoit l'obtenir ; car elle étoit redevable au deux Communautés, de Paris, & des Champs : mais si elle eut suivie son inclination, elle ne fut jamais sortie de cette Solitude. Son séjour donna lieu à Mr. le Maitre, son Neveu, célebre Avocat en Parlement, qui habitoit ce Desert avant elle, de l'entretenir souvent, & de la connoitre beaucoup d'avantage qu'il n'avoit jamais fait : Il admira ces grands trésors de grace & de lumiere qu'il découvroit de jour en jour en elle, & la conduite toute extraordinaire que Dieu avoit tenuë sur cette ame, pour s'en servir à de si grandes choses. Comme il n'estimoit rien dans le monde que les œuvres de Dieu, il les consideroit avec plaisir, & tachoit de faire parler souvent la Mere Angelique de tout ce qui lui étoit arrivé. Il crut qu'il n'étoit pas juste que lui seul en fut édifié, & qu'on ne pouvoit pas refuser à la postérité de lui en laisser l'histoire ; de sorte que nous ayant communiqué son dessein sous un grand secret (car si elle en avoit sçû la moindre chose, elle ne lui auroit jamais plus parlé de rien, ni à personne) il nous engagea à faire des Mémoires de tout ce que nous pouvions aprendre des perſonnes qui reſtoient encore dans la Maiſon, qui avoient vûë les choſes: Mais les deux principales, ſçavoir, ma Sœur Marie-Claire Arnauld & ma Sœur Catherine de S. Jean, veuve de Mr. le Maitre, étoient déjà mortes. Ce fut un peu avant la mort de cette derniere, que l'on me fit aller d'ici à Paris vers la fin de l'année 1651. l'année ſuivante on commença à travailler à ces Mémoires; & comme les deux Communautés ſe raſſemblerent à Paris cette même année à cauſe de la guerre des Princes, j'eus la commodité de pouvoir entretenir toutes les Sœurs anciennes, qui me pouvoient aprendre quelque choſe, ſans leur dire néanmoins pour quel ſujet: car je travaillois à cette Relation dans un grand ſecret. Ma S. Anne-Eugenie de l'Incarnation Arnauld, fut celle qui me donna le plus de Mémoires, & tout par écrit. Elle étoit extrêmement exacte, & l'on ſe pouvoit abſolument fier à ſa ſincérité & à ſa mémoire.

J'ai mis auſſi pluſieurs choſes que j'avois apriſes de la Mere Angelique même, de la Mere Agnès, de ma S. Marie-Claire & de ma S. Catherine de St. Jean, dont il me ſouvenoit fort bien. Ma S. Catherine de St. Paul Goulas, la plus ancienne de la Maiſon, & qui y étoit Novice quand la M. Angelique fut Abbeſſe en 1602. m'en a dit beaucoup de choſes, ou confirmé celles que j'avois oüi dire, & ma S. Anne de St. Auguſtin Garnier auſſi; d'autres encore, comme ma S. Marie de St. Paulin Baron, qui avoit ſervi la M. Angelique dès le commencement qu'elle fut Abbeſſe, & une autre S. Converſe, nommée Marie-Marcelle, qui ſervoit une des Dames de Mau-

buiſſon, pendant que la M. Angelique y demeura, nous ont entretenuës beaucoup de fois
de tout ce qu'elles avoient remarqué, & pluſieurs autres encore.

Je travaillai donc à cette Relation ſur leurs
raports; mais je l'interrompis quand j'en fus
à la ſortie de la M. Angelique de Maubuiſſon,
quand M. d'Eſtrées l'en chaſſa. Je ne me
ſouviens plus de ce qui en fut cauſe, ſi ce n'eſt
mon retour en cette Maiſon des Champs, où
je n'avois plus le loiſir d'écrire. Mr. le Maitre
de ſon côté écrivoit tout ce qu'il pouvoit
aprendre d'elle-même en la faiſant parler; &
il engagea ma S. Marie de l'Incarnation, qui
étoit Prieure ici, de faire la même choſe: Il
porta Mr. Retard Curé de Magny, & Mr.
Arnauld, à mettre auſſi par écrit quelques entretiens qu'elle avoit eû avec eux, & fit que
Mr. d'Aumont s'employa pour retirer le plus
que l'on pouvoit des Lettres qu'elle avoit écrites à diverſes perſonnes, & à des Communautés, comme à Tard, à Gif, mais ſur-tout
celles qu'elle écrivoit à la Reine de Pologne
preſque tous les ordinaires; ce qui ſe fit par
Mr. Fleury, Docteur de Sorbonne & Conſeſ-
ſeur de cette Reine, à qui Mr. d'Aumont
écrivit, afin qu'il lui fit tranſcrire toutes ces
Lettres avec l'agrément de la Reine; ce qui
fut fait, ſans quoi on n'en auroit eu pas une;
car elle les écrivoit ſans en faire aucun double,
& d'ordinaire c'étoit la nuit même du Vendredi que la Poſte devoit partir. Il eſt vrai néanmoins que ſur la fin, pour épargner la peine
de les faire revenir de ſi loin, on les déca-
chetoit quelquefois avant que de les envoyer.

Après la mort de Mr. le Maitre, tous nos
deſſeins & nos eſpérances pour cette Hiſtoire

étant enfevelis avec lui, nous ne fîmes prefque plus rien : Mais aussi-tôt après la mort de
la Mere Angelique, le tems étant venu, où
l'écriture permet de loüer les Saints ; & toutes
les Sœurs defirant qu'on ne laiffât pas effacer
une mémoire auffi précieufe que le doit être
dans cette Maifon, celle d'une perfonne qui
a été l'organe de toutes les graces que Dieu lui
a faites, & de tout le bien fpirituel & temporel qu'il y a mis. La Mere Agnès, fa Sœur,
ordonna que toutes les Sœurs écriviffent chacune à part ce qu'elles auroient pû fçavoir de
particulier, afin que cela fervit de Mémoires
lorfqu'il plairoit à Dieu de donner à quelqu'un
la penfée d'en compofer une Hiftoire toute
entiere, & c'eft ce qui fut fait, & l'on a confervé toutes ces Rélations.

Je ne repris point encore durant ce tems-là
celle que j'avois interrompuë ; car même nous
fûmes obligées de mettre tous ces papiers dehors pendant plufieurs années qu'ont duré les
afflictions & la perfécution de cette Maifon.
Mais depuis la mort de la Mere Agnès en
1672. ayant pris le tems de les revoir tous,
& de les mettre en ordre, j'achevai la fuite
de cette Relation fur les Mémoires que j'avois
gardés jufqu'à l'établiffement de la Maifon de
Paris, où je l'ai finie, ne pouvant avoir le
tems de la continuer : & comme auffi elle ne
doit fervir que de Mémoires, & que l'on poura trouver dans toutes les autres Relations dé-
tachées, ce qui feroit néceffaire pour continuer l'Hiftoire : car nous tachons encore préfentement à faire écrire, par des perfonnes qui
en ont connoiffance, les chofes qui n'ont pas
été dites, dont nous marquerons l'ordre & le
tems, afin que l'on en puiffe voir la fuite. Si

Dieu veut que cet Ouvrage se fasse, il donnera
à quelque personne qui soit capable de s'y appliquer le mouvement de le faire, sinon, la
postérité de Port Royal (si Dieu lui en donne une) ne laissera pas d'aprendre dans ces
Mémoires informe, quelle a été la conduite
& l'esprit de cette incomparable Mere : qui se
doit appeller au moins la Réparatrice de Port-
Royal ; mais qui mériteroit bien un autre nom
par raport à ce qui a plût à Dieu de faire par
elle, pour le bien & l'édification de toute l'E-
glise.

A Port-Royal des Champs, ce 26. Fév. 1673.

MEMOIRES

SUR LA VIE
DE LA MERE
MARIE-ANGELIQUE
ARNAULD,
ET SUR LES COMMENCEMENS
DE LA REFORME
DE PORT-ROYAL,

Selon le raport des Anciennes qui y étoient alors, & confirmé par la plûpart d'Elles.

Onsieur Marion Avocat Général, ayant obtenu par un Brévet du Roy Henry IV. les Abbayes de Port-Royal & de Saint Cyr, pour deux de ses petites Filles ; sçavoir, Jaqueline Arnauld & Jeanne Arnauld ; l'aînée des deux fut faite Coadjutrice de l'Abbaye de Port-Royal, parce que l'Abbaye ne vaquoit pas encore ; y ayant pour lors pour Abbesse M.

M. Marion obtient les Abbayes de Port-Royal & de S. Cyr pour ses deux petites Filles.

A

Jeanne de Boulehart ; & la plus jeune nommée pour l'Abbaye de Saint Cyr, étant trop
jeune, n'ayant pas encore six ans : on nomma
en son lieu pour exercer la charge d'Abbesse
& en porter le titre, en attendant qu'elle fut
en age, M. des Portes, entre les mains de qui
on mit la petite Jeanne Arnauld, qui est maintenant la Mere Agnès, au mois d'Octobre
1599. elle prit l'Habit le jour de St. Jean de
l'année suivante 1600. n'ayant encore que
six ans, ce qui se fit avec grande cérémonie,
& de sa part, avec autant de gravité & de
sagesse que si elle eut eu vingt-ans ; comme
nous l'ont assuré celles qui étoient présentes
à cette action.

Naiſ-
ſance de
la Mere
Angeliq.
& de la
MereAg-
nès.

La Mere Angelique naquît le 8. Septembre
1591. & la Mere Agnès, le 31. Décembre
1593. Avant que ni l'une ni l'autre entraſſent
en Religion, on leur diſoit qu'elles ſeroient
Religieuſes. L'aînée, que Mr. Marion aimoit
extraordinairement, lui diſoit, mon grand
Papa puiſque vous voulés que je ſois Religieuſe, je le veux bien, mais à condition que
je ſerai Abbeſſe. La petite Jeanne au contraire vouloit bien être Religieuſe & ne vouloit
pas être Abbeſſe. Un jour elle s'en alla ſérieuſement trouver Mr. Marion dans ſon Cabinet,
il la fit entrer & lui demanda ce qu'elle vouloit, elle lui répondit : Mon grand Papa, je
vous viens dire que je ne veûx point être Abbeſſe, car j'ai oüy dire que les Abbeſſes ren-
dront compte à Dieu des ames des Religieuſes,
& j'ai aſſés de la mienne. La petite Jaqueline
qui la ſuivoit entendit cela, & prit tout à l'heure la parole, & dit réſolument ; je la veux être
moi, mon grand Papa, & je les ferai bien
faire leur devoir. Et depuis elle reprochoit à

sa petite sœur, qu'elle étoit bien sotte de ne vouloir pas être Abbesse de peur de répondre de ses Religieuses, qu'il n'y avoit qu'à bien leur faire garder leur regle, & qu'elle en viendroit bien à bout. L'une pouvoit avoir cinq ans & l'autre sept, lorsqu'elles raisonnoient de la sorte.

Je crois que ce fut à peu près en ce même tems, qu'arriva une chose que la M. Angelique nous a elle-même contée. Lorsque nous étions bien petites, pour nous exhorter à offrir à Dieu le premier usage de nôtre raison : Elle dit que comme elle eut sept ans, on la fit aller à confesse, & que comme elle eut dit toutes ses fautes, le Confesseur lui recommanda d'en bien demander pardon à Dieu. Elle le comprenant comme un enfant, & ayant oüy dire que Dieu étoit au Ciel, elle s'alla mettre à genoux au milieu de la Cour du Logis, & joignant les mains en regardant le Ciel avec attention, se mit à demander pardon à Dieu de tout son cœur : mais avec un tel sentiment de respect & de foi, qu'elle avoit toûjours crû depuis que c'étoit le premier moment où elle avoit agit avec raison & discernement. Cela est assés considérable.

La M. Angelique qui se nommoit alors Jaqueline Arnauld, fut mise à Saint Antoine des Champs, pour y prendre l'habit de l'Ordre. Ce fut Mr. de la Croix, Abbé de Citeaux, qui le lui donna le 2. Septembre 1599. ne devant avoir que huit ans le 8. du même mois. Elle contoit elle même que pendant la Cérémonie, elle étoit ravie comme peut être un enfant de cet âge, de voir que toute cette Fête se faisoit pour elle ; & comme tout cela se faisoit d'une maniere très-irréguliere, selon

Fait remarquable a l'âge de sept ans.

Son entrée en Religion elle prend l'habit le 2. Sept. 1599. âgée de huit ans.

A ij

la mauvaise coûtume de ce tems-là ; auſſi-tôt
que la Cérémonie fut achevée, toute la Compagnie remonta en Caroſſe avec la nouvelle
petite Novice, pour aller diner chez Mr. Arnauld qui devoit traiter l'aſſemblée. Il y retint ſa Fille trois ou quatre jours, & deux
jours avant la fête de nôtre Dame, il la ramena à St. Antoine, où elle fut en tout ſix
ſemaines juſqu'au 22. Octobre, où elle gagna
tellement le cœur de celles qui la voyoient,
par ſa gaïeté, ſon bon eſprit, ſes gentilleſſes,
qu'elles a toûjours depuis été aimée dans cette
Maiſon.

On les donne à élever à St. Cyr.

On la retira enſuite de St. Antoine, pour la
donner à M. de S. Cyr, Elle & la M. Agnès,
qu'on y mena toutes deux le jour des onze
mille Vierges ; pendant quoi ces deux petites
Novices & Abbeſſes prétenduës, avoient quelques fois pluſieurs petites querelles ; la Mere
Agnès reprochant à ſa Sœur quand elle l'avoit
fachée, qu'elle n'avoit que faire qu'elle fut dans
ſa Maiſon, qu'elle l'en chaſſeroit fort bien
quand il lui plairoit. Je lui ai oüy regretter
cela depuis, avec autant de ſentiment que
St. Auguſtin en témoigne dans ſes Confeſſions,
des pechés de ſon enfance ; répondant à ce
qu'on lui diſoit, que dans une vie auſſi innocente que la ſienne, il n'y avoit rien à regretter, que quand il n'y auroit eu que cet orgeüil
qu'elle avoit fait paroître à cet âge, on voyoit
bien dequoi elle étoit capable ; mais cela d'un
air & d'un accent auſſi ſérieux que ſi elle eut
parlé d'une choſe très-importante.

La Me-re Ag-nès prend l'habit le

Elles furent enſemble depuis le 22. Octobre, juſqu'au mois de Juin que la M. Agnès
prit l'Habit le jour de S. Jean, & dès le lendemain, on retira la M. Angelique de St. Cyr,
pour

pour la mener à Maubuiſſon, où elle ſut confirmée le **29.** Septembre ſuivant, & changea
le nom de Jaqueline en celui d'Angelique : un
mois après jour pour jour, elle fit Profeſſion
n'ayant que neuf ans. Elle nous a conté que
des perſonnes qui étoient préſentes à la Cérémonie, s'entrediſoient comme par pitié ; la
pauvre enfant ne ſçai ce qu'elle fait, & qu'en
elle-même elle penſoit ; ſuis-je donc folle,
puiſqu'on croit que je ne ſçai ce que je fais ? je
le ſçai très-bien ; & de fait elle a ſi bien crû
depuis qu'elle ſçavoit ce qu'elle faiſoit, tout
enfant qu'elle étoit alors, que depuis qu'elle
devint plus grande, & qu'elle diſcerna fort
bien que dans la vérité elle n'étoit point Religieuſe, & que devant les Hommes, ſa Profeſſion ne l'engageoit pas ; néanmoins elle
eut eu ſcrupule devant Dieu, de manquer aux
promeſſes qu'elle lui avoit faites. Ce qui lui
a donné d'étranges peines devant que Dieu
l'eut touchée, ſe voyant engagée ſans aucune
vocation & deſir d'être Religieuſe, & d'ailleurs ſe voyant libre d'en appeller, tout s'é-
tant fait contre les formes, à quoi elle ne pouvoit ſe réſoudre, de peur de faire ce déplaiſir
à Mr. ſon Pere & à M. Arnauld, qu'elle aimoit avec une extrême tendreſſe.

Elle demeura à Maubuiſſon juſqu'à la mort
de M. de Port-Royal, qui fut le **9.** Juin **1602.**
lorſque Mr. Arnauld aprit en **1602.** l'extré-
mité de cette Abbeſſe, que l'on croyoit même
qui fut morte depuis que le Meſſager étoit parti ; il s'en alla auſſi-tôt querir ſa Fille à Maubuiſſon pour venir prendre poſſeſſion ; ayant
réſolu que ſi avant que d'arriver à Port-Royal,
on aprenoit que l'Abbeſſe ne fut pas morte, il
laiſſeroit ſa Fille à S. Cyr, juſqu'à l'iſſuë de

B

fa maladie. Et comme dans l'incertitude, il ne falloit pas que cela éclatât, elle ne prit congé de perſonne en ſortant de Maubuiſſon ; mais un mois après ſa bénédiction, on trouva à propros qu'elle y fit un petit voyage pour y aller dire adieu à toutes les Dames, ce qu'elle fit accompagnée de deux de ſes Religieuſes.

Le du même mois elle arriva à Port-Royal & y prit Poſſeſſion ; les Religieuſes la reçûrent avec beaucoup de joye, par l'eſpérance que leur avoient donnée quelques perſonnes qui s'étoient employées à la faire nommer, les aſſurant qu'elles en auroient de la ſatisfaction, (*a*) en quoi bien que leurs vûës fuſſent différentes de celles de Dieu ; elles ſe raportoient néanmoins à ſes deſſeins ; car dans leur penſée, ils n'avoient égard qu'à des avantages temporels que pouvoient procurer Mr. Marion & Mr. Arnauld, qui étoient perſonnes d'honneur qui les pouvoient ſervir, & elles

---

(*a*) C'étoit M. de Port-Royal elle-même qui avoit refuſé de donner la Coadjudicatrice à deux de ſes Niéces, & qui après l'avoir accordée à la M. Angelique, par l'induction de Mr. de Citeaux, qui s'y emploia au retour de ſon voyage de Paris, où cette affaire avoit été concluë : Elle dit en Prophétiſant comme Caïphe, à quelques-nnes de ſes Religieuſes, qu'elles ne ſçavoient pas l'obligation qu'elles lui avoient, de la bonne affaire qu'elle venoit de conclure pour elles ; quoique néanmois la jalouſie, ſi ordinaire entre les Abbeſſes & les Coadjutrices, lui fit tenir cette affaire fort ſecrete dans la Maiſon, où l'on n'oſoit en parler qu'à mots couverts.

confidéroient moins la perfonne de leur Abbeffe, par laquelle feule néanmoins Dieu fe
difpofoit à les combler de bénédictions.

Elle fut benie le jour de S. Michel 29. Septembre de la même année 1602. par Mr. de
Citeaux, où affifterent M. d'Etrées, Abbeffe de
Maubuiffon, M. des Portes, Abbeffe de S. Cyr
& M. de Carnazette, Abbeffe de Gif ; trois
perfonnes peu dignes de leurs charges. Le même jour elle fit fa premiere Communion fans
avoir été inftruite, finon que par hazard ; un
pauvre homme Savetier qui travailloit pour
l'Abbaye, lui donna un petit livre de prieres
qu'elle fe mit à lire avec tant d'attention &
de refpect pour l'action qu'elle devoit faire,
qu'elle ne remarqua pas même la plus grande
partie de ce qui fe faifoit, quoiqu'il y eut affez
matiere de diftraction, par la quantité de monde qui étoit ce jour là dans l'Eglife. Elle a dit
elle-même qu'elle fentit dans cette premiere
Communion, une impreffion fi vive de la préfence & de la Majefté de Dieu, que nonobftant
qu'elle eut alors fi peu d'inftruction, elle n'eut
pas pû douter qu'elle n'eut vûë Jefus-Chrift,
en expérimentant ce qu'elle fentoit qui la per-
fuadoit de cette vérité autant qu'on le peut-être
des chofes même que l'on difcerne par les fens.

Deux ou trois ans fe pafferent doucement,
pendant lefquels elle ne fongeoit qu'à joüer &
à fe divertir comme un enfant de cet âge : Et
cependant la Prieure M. Catherine Dupont,
gouvernoit la Maifon avec beaucoup de fageffe
étant une fort bonne Fille, mais toute fimple.
Cela n'empêchoit pas que Mademoifelle Arnauld n'eut toûjours de l'inquietude que fa Fille étant fi jeune fe voyant Maitreffe, ne prit
trop de liberté ; ce qui n'étoit que trop à crain-

Madem.
Arnauld
met une
perfonne
de confi-
ance au-
près de fa
Fille   à
caufe de fa
jeuneffe.

dre, en un tems où n'y ayant quasi pas de Couvents réformés, & la clôture n'étant nule part: on avoit assez d'exemples qui faisoient peur à cette bonne Mere, qui souvent s'en venoit de Paris à Port-Royal des Champs aux jours & heures qu'elle sçavoit que sa Fille l'attendoit le moins ; mais graces à Dieu, elle ne la surprit jamais en rien qui lui pût déplaire ; mais pour s'en pouvoir mettre plus en repos, elle voulut mettre auprès d'elle, une personne à qui elle en put confier le soin; & pour cet effet, obtint permission que M. de Jumeauville, Religieuse de St. Cyr, qui avoit été comme sa Gouvernante pendant qu'elle avoit été Novice en cette Abbaye, vint demeurer à Port-Royal, laquelle ne quittoit point la petite M. de Port-Royal, qui de sa part l'aimoit fort.

On a remarqué dès-lors la bonté de son naturel, qui l'a toûjours fait aimer en quelque tems & en quelque lieu qu'elle ait été : Et une Fille qui la servoit dès ce tems-là, c'est à dire environ un an depuis qu'elle fut Abbesse, & qui vit encore, laquelle pour lors n'étoit pas Religieuse, comme elle là fut quelque tems après sa reforme, me raconta il y a peu de jours, qu'elle faisoit acheter de la chandelle pour elle, en cachette de M. de Jumeauville, qui exerçoit la charge de Celeriere, & qui ne vouloit pas qu'elle en brulât & elle avoit soin de lui cacher elle-même du pain blanc au lieu du bis, que la même Dame lui faisoit donner, & ainsi dans toutes les rencontres, son plaisir étoit d'obliger tout le monde.

Belle action à l'âge de 12. ans   On nous a dit une action qu'elle fit lorsqu'elle n'avoit que douze ans, qui prouvera encore plus fortement ses bonnes inclinations, & que dès l'heure, elle étoit bien capable de se garder elle-même, puisqu'elle sçavoit bien garder les autres. On dit que c'étoit la coutume en ce tems-là à Port-Royal, après que la Messe étoit dite, les Sacristines sortoient par la petite porte du Chœur, dans l'Eglise de dehors, pour aller plier le linge de l'Autel dans la Sacristie derriere le grand Autel ; & comme elle eut été avertie un jour qu'un Religieux qui étoit à la Maison, s'étant rencontré avec ces Filles & qu'ils s'entretenoient ensemble ; elle fut elle-même fermer à la clef la petite porte, de peur qu'elles ne rentrassent sans qu'elle le sçut, & leur ayant été ouvrir quand elles revinrent, elle leur fit une réprimende sur l'heure, si forte, qu'elle paroissoit fort bien sortir de la bouche d'une Abbesse, & non de celle d'un enfant, encore que pour l'heure elle fut l'une & l'autre.

Dans tout le reste elle n'étoit pas si scrupuleuse ; mais elle cherchoit à se divertir gaïement, tantot à joüer, & d'autre fois à lire l'histoire Romaine & autres qui portent quasi le même nom ; quelquefois elle s'alloit promener hors du Monastere à Buloyer, à Champgarnier, au Menil, &c. selon la liberté qu'on s'en donnoit en ce tems-là, sans qu'on y trouvât à redire ; bien souvent elle envoyoit le Carosse qui lui étoit demeuré de feüe M. de Port-Royal, pour quérir la M. Agnès & ma S. Anne Eugenie Arnauld leur sœur qui étoient à St. Cyr, pour venir passer quelques jours à Port-Royal, se joüer & passer le tems ensemble.

La Mere Agnès, quoiqu'elle joüat de fort bon cœur, avoit néanmoins une exactitude & un soin merveilleux à dire l'Office ponctuellement, & pour cela interrompoit son jeu, se retiroit à l'écart des autres, pour le dire bien

B iij

férieufement , nonobftant qu'elle ne fut que Novice , & qu'elle vit la M. Angelique, qui toute Abbeffe qu'elle étoit, ne s'incommodoit point de cela , & ne le difoit point du tout : Elle en eut du fcrupule pour elle , & un jour elle ne put s'empêcher de lui dire doucement ce qu'elle en penfoit & que cela n'étoit pas bien ; à quoi la petite Abbeffe lui répondit tout délibérément, qu'elle ne fe mit point en peine de cela, qu'elle fçavoit fort bien qu'elle n'étoit pas Religieufe, & par conféquent nullement engagée à le dire , & que d'ailleurs fi elle avoit à l'être quelque jour, elle vouloit être Sœur Converfe ; ce qu'il y a apparence qu'elle difoit par efprit & par fineffe ; fçachant bien que cela fermeroit la bouche à fa Sœur , qui l'aimoit fi fort , & à laquelle en effet cela fit une fi belle peur , que jamais depuis elle n'ofa lui en dire un mot.

Cependant le jeu ne la divertiffoit point tant, qu'elle ne commença à entrer dans une grande mélancolie , fe voyant fi engagée dans un état qu'elle n'avoit point chofi , & pour lequel elle n'avoit nulle inclination , & d'ailleurs puiffamment retenuë de s'en dedire , par la confidération de refpect & d'affection qu'elle portoit à Mr. Arnauld fon Pere.

A l'éloignement qu'elle avoit pour elle-même d'être Religieufe , fe joignirent encore les perfuafions de Mefd. fes Tantes qui étoient de la Religion , & qui ayant eu grande peine de ce qu'on l'avoit faite Religieufe, euffent cru avoir gagné une belle victoire , s'ils l'euffent fait réfoudre à s'en dédire , & pour cela l'en folicitoient par mille careffes & témoignages d'amitié & de compaffion du malheur où elle s'engageoit , fi elle ne faifoit effort pour rompre les premiers engagemens , qui n'étoient

tels qu'à l'égard de la retenuë, que son bon
naturel lui causoit, de ne vouloir pas donner
sujet de mécontentement à Messieurs ses Parens : Car du reste, elle sçavoit très-bien que
si elle eut voulu quitter son voile, ils ne la pouvoient contredire ; & j'ai oublié de dire, qu'il
étoit si vrai que Mr. Arnauld avoit ce sentiment, que lorsque l'Abbesse de Port-Royal
fut morte, il n'eut jamais osé parler de faire
benir sa Fille, qui n'avoit pas onze ans, sans
que Mr. de Citeaux étant à Paris en ce tems-là,
l'ayant prié à diner chez lui ; cet Abbé, de son
propre mouvement, lui demanda quand il vouloit prendre jour pour aller benir la petite Abbesse, & lui dit que lui-même vouloit faire cette fonction, à quoi sur l'heure Mr. Arnauld
se résolut & prétendit en décharger sa conscience sur celle de ce bon Supérieur ; de sorte
qu'on arrêta le jour.

Quoiqu'elle eut un entier éloignement de la
Religion, & que tout lui en déplût jusqu'à
l'habit, comme elle me l'a dit elle-même, &
que ce lui fut une chose insuportable de se voir
obligée à être vêtuë de serge ; néanmoins la
générosité de son esprit l'éloignoit toûjours
des bassesses de tant d'autres Religieuses mécontentes, qui tâchent d'adoucir la privation
forcée, de la vanité qu'elles aiment, par mille
recherches d'ajustemens ridicules, sur leurs habits mêmes de Religion ; au lieu qu'elle m'a
témoigné, qu'elle avoit toûjours méprisé cette curiosité si vaine, & qu'elle pensoit en elle-
même, qu'elle eut été bien sotte d'affecter de
choisir de belles étoffes de laine, puisqu'après
tout, la moindre Servante du monde eut toûjours été plus brave qu'elle.

Quelque éloignement qu'elle eut dans le

Cela ne

là rend point de plus mauvaife humeur envers fes Religieufes.

cœur de fa condition de Religieufe & d'Abbeffe, elle n'en faifoit point paroître plus de mauvaife humeur à fes Religieufes, qui au contraire fe trouvoient engagées à l'aimer, par la bonté & la générofité de fon efprit, qui paroiffoit en toute rencontre dès fon enfance. Elle avoit entr'autres une amitié & un refpect pour fa Prieure, qu'encore que cette bonne Fille n'exigeât rien d'elle, & que tant s'en faut elle lui rendit de grandes foumiffions, elle n'eut jamais manqué d'aller tous les foirs lui fouhaiter le bon foir; elle s'en fouvenoit au milieu de fon jeu, & quelque échauffée qu'elle y fut, elle quittoit tout & difoit, il faut aller dire bon foir à Dame Prieure (car c'eft ainfi qu'on l'appelloit) nous reviendrons. Sa promptitude ne lui faifoit jamais oublier ces chofes-là.

1607. Elle a une grande maladie & va à Paris.

Les inquiétudes de fon efprit croiffant avec fon âge, la mirent enfin dans une fi profonde trifteffe, qu'elle en tomba dans une violente maladie: La fiévre continuë la prit la veille de St. Jacques 25. Juillet 1607. & Mr. Arnauld en ayant été averti, il la vint quérir à la St. Laurent, pour la faire traiter à Paris chez lui. Toutes fes Filles avoient un extréme regret de la voir partir en cet état; & elle dans fa bonté ordinaire, bien qu'elle n'aimât ni la Profeffion ni la Maifon, fe fentit obligée de leurs amitié, & les affura qu'auffi-tôt qu'elle feroit en état de pouvoir revenir, elle ne différeroit point de fe faire ramener.

Il étoit arrivé quelque tems auparavant, qu'un Capucin nommé le P. Juvenal, étant venu prêcher à Port-Royal, à la Pentecôte, comme il en venoit d'autres, parce qu'on leur faifoit une petite aumône; la M. Angelique étant à Paris, manda à la bonne Prieure qu'elle priât ce même P. Juvenal de leur donner un Sermon à l'Assomption : Il y vint, & pendant l'absence de la Mere, il y fit encore d'autres voyages pour voir la Prieure & quelqu'une des Filles qui prenoient ses avis pour leur conscience. En l'un des voyages qu'il y fit, il y mena le P. Basile qu'il fit prêcher, & l'Avent ensuite, un autre nommé le P. Bernard. Les choses se passoient de la sorte dans le Couvent ; & de l'autre côté l'Abbesse ayant été extrêmement malade tout le mois d'Août &, dans une telle tristesse, que chose au monde ne la pouvoit divertir ; jusque-là même que Mademoiselle le Maitre sa Sœur, qu'elle aimoit uniquement, & qui ne se trouva pas à Paris quand on l'y mena, étant pour lors aux eaux ; à son retour que tout le monde se promettoit qu'elle seroit la seule capable de la réjoüir, elle ne pût, non plus que les autres, gagner qu'elle lui donnât d'autres marques de satisfaction & de joye, que celle d'un bon jour, qu'elle lui dit avec bien de l'affection, mais sans pouvoir l'entretenir d'avantage.

Commençant vers le mois de Septembre à se mieux porter, on la mena à Andilly pour y reprendre ses forces. En effet peu à peu son appetit revint ; mais ce ne fut qu'après avoir été assez long-tems encore bien mal. Lorsqu'elle commença à se pouvoir lever, sa gaïté naturelle dissipa en peu la mélancholie qui ne la possedoit que par accident, quoique la cause n'en cessât pas.

Elle se porte mieux & va passer quelques mois à Andilly, puis retourne à P. R.

Ainsi se passèrent les mois de Septembre, Octobre, Novembre & jusqu'au six Décembre, que Mademoiselle Arnauld, qui n'aimoit pas à voir des Religieuses hors de leur Cloître, voyant que sa Fille se portoit assez bien, pro-

cura son retour à Port-Royal, où elle fut reçûë avec autant de joye que son départ & son
éloignement y avoit causé de douleur ; car il
est incroyable jusqu'à quel point elle avoit gagné l'esprit de toutes ses Filles.

A son retour de chez Mr. Arnauld, elle ramena avec elle sa petite Sœur Marie Arnauld,
qui pouvoit avoir quelque 8. ans , pour l'élever comme Pensionnaire à Port-Royal, & en
méme tems , les Capucins que nous avons dit
qui préchoient à Port-Royal, allerent aussi à
St. Cyr : Mad. le Tyreux, que Mad. Arnauld
avoit donnée à la M. Agnès pour la gouverner , voulut parler à l'un d'eux , qui lui fit un
grand scrupule de ce qu'étant Séculiere elle demeuroit ainsi dans un Couvent , pour gouvernante d'une Religieuse, de sorte qu'ensuite de
cela , ayant voulu sortir, la M. Agnès n'y voulut point demeurer sans elle, & demanda de
venir à Port-Royal, ce qu'elle obtint.

La Mere Angelique qui l'aimoit avec une
extréme tendresse, & qui mouroit d'envie de
l'avoir auprès d'elle, fut celle qui ménagea
tout celà, mais avec une adresse incomparable, faisant croire à Mr. son Pere, que la maladie & la langueur où étoit la M. Agnès, ne
venoit que de la mélancolie que lui causoit la
passion qu'elle avoit de quitter St. Cyr, pour
venir à Port-Royal ; afin que Mr. Arnauld,
par la tendresse qu'il avoit pour ses enfans,
préférât la satisfaction de sa Fille, à la perte
de l'Abbaye. Et d'un autre côté, elle persua-
doit doucement la M. Agnès de ne la pas dédire, qui en effet par amitié & par bonté ; mais
bien plutôt par une secrete conduite de Dieu,
s'y laissa aller, quoique ce ne fut pas si fort
son sentiment, & qu'elle eut peu d'affection.

à son Abbaye prétenduë, en preuve de quoi elle portoit toûjours une petite Crosse d'or à son Chapelet, & qu'elle aimât aussi son petit surplis plissé toûjours propre & ajusté avec tout le reste de son habillement de l'ordre de St. Benoit : mais tant y a que sans tant raisonner sur l'heure, cela se fit insensiblement, & elle vint demeurer à Port-Royal ; mais toûjours avec son habit de Novice Bénédictine.

Les trois mois s'écoulerent depuis le 6. Décembre jusqu'au mois de Mars 1608. à peu près comme les autres, sinon qu'elle comprenoit alors davantage les obligations des Religieuses, comme on verra par cet exemple.

Etant toute jeune Abbesse, avant qu'elle eut fait aucune réforme, mais concevant néanmoins à quoi on s'engage, lorsqu'en se faisant Religieuse on a promis à Dieu de le servir dans la pauvreté & le dénûment de toutes choses. Comme il étoit permis alors d'avoir de l'argent, des meubles & toutes autres choses, pourvû seulement que ce fut avec la permission de l'Abbesse, & pour cela, elles étoient obligées de lui rendre compte de ce qu'elles recevoient & de ce qu'elles employoient. Il y en eut une qui donna quelque chose à quelqu'un sans le sçû de l'Abbesse, & comme elle s'en fut confessée à Pâques, le Confesseur lui dit qu'il ne la pouvoit absoudre, qu'elle ne l'eut dit à son Abbesse, ce que ne voulant pas faire, elle passa la Fête sans communier. Enfin, néanmoins après quelque tems, le remord de sa conscience la fit résoudre, voyant que le Confesseur persistoit à ne la point vouloir reconcilier sans cette condition ; & ayant cherché l'occasion, elle dit à son Abbesse ce qui s'étoit passé, & comme elle n'avoit point communié à Pâques pour ce fujet. Et la M. Angelique nous racontant cela elle-même, nous difoit que dès cette heure, elle eut une telle horreur de toutes ces attaches au bien, & du péril où l'on fe met de perdre fon falut éternel pour des chofes fi baffes, fi vaines & fi méprifables, fi indignes d'une ame qui n'eft créée que pour Dieu, qu'elle en gémiffoit dans fon cœur, & que l'impreffion qu'elle en conçût dans fon efprit, ne s'en put jamais effacer, & que d'heure en heure elle croiffoit dans le defir que Dieu la délivrât de ces périls.

Mais ces penfées ne produifoient encore dans fon efprit que beaucoup d'inquiétudes & de peines, parce qu'elle n'avoit encore pour lors, que de l'averfion pour fa vocation, fi l'on pouvoit appeller ainfi la condition où les feuls interêts du monde l'avoient engagée, fans mouvement de Dieu & fans choix.

Enfin, le moment de Dieu arriva, que nul n'attendoit, vers la fête de l'Annonciation de la Sainte Vierge. Le Pere Bafile Capucin, dont nous avons déjà parlé, qui n'étoit pas venu à Port-Royal, depuis que l'Abbeffe étoit de retour, y arriva un foir comme on alloit allumer les flambeaux, & demandoit à prêcher : On le fut dire à la Mere qui fortoit du Jardin, où elle venoit de fe promener ; d'abord elle trouva qu'il étoit bien tard pour prêcher, néanmoins elle dit après qu'il n'importoit, qu'on fonnât le Sermon & qu'il tiendroit lieu de la lecture de Complies. De cette forte par occafion & quafi par maniere d'acquit, elle s'y en alla. Le Pere dans ce Sermon, traita de l'Incarnation & des rabaiffement du Fils de Dieu en fa naiffance, & dans la Crêche, où il s'étoit fait la nourriture des Bêtes, en fe fai-

fant

fant chair, parceque toute chair est foin, & il s'étendit sur cette pensée qui est de St. Bernard, & en un mot, sans sçavoir en particulier ce qu'il dît, dont elle-même ne se souvint pas, Dieu la toucha si puissamment dans ce moment, que dès cette heure, il mit en elle toutes les semences de tous les fruits de graces & de vertus qu'elle a depuis produits ; & cette heure fut comme le point du jour, qui a toûjours été croissant en elle jusqu'au midy.

Dans ce premier regard de Dieu sur elle, & d'elle vers Dieu, elle perdit toutes ces premieres peines d'esprit, causées par l'aversion de la Religion qu'elle commença d'aimer en aimant Dieu : Mais elle entra dans de nouvelles inquiétudes de n'être pas dans la vie la plus austere & la condition la plus basse ; elle eut voulu dès l'heure n'être point engagée, pour s'engager volontairement dans quelque Maison bien réformée & bien inconnuë, pour y être elle-même la plus inconnuë & la derniere. Et ces premieres pensées de l'amour du rabaissement de la pauvreté & du mépris, furent en elle le fondement de ce grand Edifice qu'elle a bâti dessus & qui est admiré de tous ceux qui le connoissent.

La lumiere de Dieu, qui venoit de remplir son cœur, fit un autre effet de discernement dans son esprit, & par une admirable discretion dans cet âge, quoiqu'elle desirât avec ardeur de rencontrer quelqu'un à qui elle put ouvrir son cœur, de qui elle put recevoir conduite ; elle ne jugea point que ce Religieux dont Dieu se servoit pour la toucher, fut capable de la conduire, & même empêcha qu'aucune de ses Filles prit confiance en lui, quoique depuis il revint encore prêcher à Port-Royal, &

C

les suites ont justifié son jugement, cet homme ayant quelques années après, apostasié de
la Religion & de la foi, quoique depuis il soit
retourné à l'Eglise.

Elle se découvre au Pere Bernard Capucin, & forme ses premiers projets de réforme.

Elle conserva dans son cœur cette conversion nouvelle jusqu'à Pâques, que le P. Paci-
fique Capucin qui devoit prêcher étant incommodé, envoya à sa place le Pere Bernard qui
y étoit déjà venu l'Avent précédent ; mais la
M. Angelique ne lui avoit pas parlé. Ce fut à
lui qu'elle découvrit son cœur & commença à
former les premiers projets de sa réforme,
commençant à les pratiquer en son particulier
avec plusieurs austérités, qui pouvoient être
trop grandes pour son âge & sa délicatesse ;
mais qui marquoient combien sa fureur étoit
grande dès ces premiers commencemens. Elle
se levoit toutes les nuits secretement pour s'en
aller prier Dieu dans un Grenier, de peur d'être
apperçûë dans sa Chambre ; s'il arrivoit que
la Religieuse qui y couchoit, se fut éveillée
pendant qu'elle eut été debout, c'est par elle
seule que nous l'avons apris ; car elle faisoit
ces choses si secretement, qu'on n'en a jamais
rien sçû, que ce que l'on en a deviné & dé-
couvert par surprise.

Pas une de ses Filles ne sçavoit encore dans
la Maison ce qui se passoit, excepté une seule
nommée la Grange, qui entra dans les mêmes
sentimens, dès que la Mere les lui eut confiés.

Dieu en la touchant lui donne une grande aversion de sa charge

Elle nous a dit dans une occasion il y a six
ans, que du moment que Dieu l'eut touchée,
à l'âge de seize ans & demi, il lui donna en
même-tems, une grande aversion de commander, & par conséquent de sa charge d'Abbesse,
qui lui étoit une chose insuportable. J'avois
tellement en horreur, nous disoit-elle, l'en-

gagement où je me trouvois, d'avoir charge &
autorité, que je n'avois autre pensée dans l'esprit que de chercher les moyens d'en sortir,
pour aller en telle lieu qu'il plairoit à Dieu ;
car il m'étoit fort indiférent où je pusse être ;
il me sembloit que je serois trop heureuse par
tout, quand je serois délivrée de ce fardeau,
qui m'étoit si insuportable. Ma premiere pensée fut d'être Capucine, depuis je pensois à
être Feüillantine, & quand j'eus connu Mr. de
Geneve, je pris quasi tout à fait la résolution
d'être de Sainte Marie ; mais ce n'étoit point
tant ni pour les lieux, ni pour les Ordres, que
pour trouver un moyen de me dégager de ma
condition d'Abbesse, & pouvoir vivre dans l'obéïssance & la dépendance. J'ai souhaité plusieurs fois de pouvoir m'en aller à cent lieües
& ne voir jamais ni Pere, ni Mere, ni Parens,
quoique je les aimasse extrêmement, & d'être
là toute seule avec Dieu, de n'être connuë de
personne, & de pouvoir vivre ainsi humble &
cachée, sans avoir autre témoin que Dieu, ni
autre soin que de lui plaire. Certainement je
ne pensois pas qu'il put y avoir au monde une
condition plus heureuse, ni une félicité plus
grande : En un mot je me souciois si peu où
j'allasse pouvû que je ne fusse plus Abbesse,
que jeusse crû qu'il y eut eu pour moi moins
de danger & moins de péril d'entrer dans une
Maison qui n'eut pas été réformée, pour y être
Sœur Converse, car c'étoit toute ma dévotion,
quelque part où j'eusse été, plûtot que de demeurer en charge dans ma Maison avec toute
la réforme & le bon ordre que j'y eusse pû
mettre ; & en effet j'avois raison. Car enfin,
disois-je, j'en sçai assez ; & pour étre dans
une Maison où on ne vit pas comme il faut,

cela ne m'empêchera pas de faire moi-même
ce que je dois, & je ne laisserai pas d'y être si
je veux, pauvre, obéïssante & patiente, & avec
encore plus de mérite, parceque ce sera avec
plus de contradiction & moins d'exemple.

Elle nous dit encore dans la même occasion,
qu'elle n'eut jamais consenti à entrer en charge depuis qu'elle s'en fut démise, & qu'elle
eut mis la Maison en Election, sans que lors
qu'elle quitta l'Abbaye, elle avoit fait un vœu
particulier d'obéïssance à ceux de qui elle pren-
droit conduite, & qu'ensuite de cet engagement, elle se trouva obligée de se rendre à
leur volonté, & à celle de Dieu, en rentrant
dans la charge par Election.

Elle fait dessein d'être Converse aux Feüillantines de Toulouse ses Directeurs l'en détournôt par une providece de Dieu, quoi que faute de lumieres.

Ses premieres pensées furent donc de quitter l'Abbaye & de s'aller rendre simple Religieuse Converse aux Feüillantines de Toulouse, qui étoient pour lors fort inconnuës &
fort austeres, en quoi je lui ai oüy admirer la
conduite de Dieu sur elle, en ce que n'étant
point instruite alors de l'obligation de quitter
les charges où l'on est mal entré & sans vocation de Dieu ; il lui avoit donné le mouvement de satisfaire à ce devoir sans le connoître. En effet, il n'y eut que ce Capucin & les
autres qu'elle consulta depuis, qui en sçavoient
aussi peu & encore moins qu'elle en ces matieres, qui l'empêcherent d'exécuter son dessein,
lui persuadant qu'il étoit aisé de réparer ce qui
avoit été fait en obtenant de nouvelles Bulles,
& en tachant d'introduire la réforme. Elle les
croyoit en partie ; mais elle ne pouvoit perdre
cette inclination de grace qui la portoit toûjours à quitter sa charge & à se cacher en quelque lieu éloigné. On m'a dit qu'en ce tems-là,
elle avoit fait résolution, après-avoir fait tout

ce qu'on lui conseilloit pour la réforme, si elle ne pouvoit y réüssire, d'écrire sur un billet, les noms d'une, ou deux personnes, les plus capables d'exercer sa charge, avec une suplication à la Communauté d'en faire le choix, & qu'elle eut laissé ce billet sur l'Autel, & s'en fut allée en cachette aux Feüillantines de Toulouse.

Voulant donc tout de bon songer à la réforme, elle commença par disposer doucement ses Filles à penser un peu à leur conscience, & comme elles étoient dans une grande simplicité, pour ne pas dire ignorance, elle procura que ce Pere les instruisit & leur parlât. D'abord les voulant exhorter à l'Oraison Mentale, il leur vouloit faire quitter le petit Office de Notre-Dame qui se disoit toûjours en l'Ordre, pour établir en sa place l'Oraison Mentale. Cela choqua ces bonnes Filles qui étoient attachées à leurs anciennes pratiques de devotion ; & entr'autres la M. Prieure, qui ne pouvoit goûter qu'étant Fille de la Vierge, on les voulut réformer en leur ôtant cette devotion qu'elles lui avoient toûjours rendu.

Elle travaile à disposer doucement ses Filles à recevoir la réforme.

Cependant avant que de passer plus avant, ce P. Bernard fut d'avis qu'il étoit à propos de s'autoriser de la permission de Mr. de Citeaux, & pour cet effet, il en écrivit à l'Abbé de Maurimont, qui étoit grand Vicaire du Sieur Abbé de Citeaux, afin qu'il obtint de lui la permission de travailler à cette réforme. L'Abbé de Maurimont témoigna qu'il s'y employeroit, & & de l'autre côté en parlant à Mr. de Citeaux, il résolut avec lui qu'il en falloit donner avis à Mr. Arnauld, & que cela ne se fit point sans son consentement & aprobation, ce qu'ils firent sans qu'on s'en doutât à Port-Royal : Mr. de Maurimont traitant tout cela fort secre-

Le P. Bernard demande permissiõ de travailler à la réforme. On s'oppose

tement, comme ami de Monsieur Arnauld.

Il s'écoula cinq mois ainsi sans rien avancer, pendant quoi la Mere n'avoit toûjours dans la Maison personne qui fut à elle, que la premiere dont j'ai parlé & une autre jeune Professe, qui est ma S. Catherine de St. Paul Goulas qui se joignit à son dessein quelques six semaines après qu'elle l'eut déclaré.

J'ay oublié de dire en son lieu que cette bonne Sœur fut la premiere que la M. Angelique reçût à Profession, avant même que d'étre benie le 1. Septembre, elle avoit justement onze ans, & tout le monde admiroit cette petite Abbesse qui conduisoit une Novice de dix-sept ans qui étoit fort grande, avec une résolution & une gravité aussi grande que si elle en eut eu trente. Elle reçût & entretint toute la Compagnie, qui fut grande, comme auroit pû faire une personne nourie dans le monde toute sa vie.

La M. Angelique ayant l'esprit agité de tant de différentes pensées, & de toutes les oposi-tions qu'elle prévoyoit, joint à ce qu'elle ne s'étoit pas bien portée depuis sa grande maladie, il lui prit une fiévre quarte, qui fut une bonne occasion à Mr. Arnauld de parvenir à ses desseins : Car il avoit déja été informé par les Abbés susdits, de ce qui se passoit. Il vint quérir sa Fille vers les quatre-tems de Septembre, pour la mener à Andilly perdre sa fiévre quarte, & encore plus ses pensées de réforme. Elle eut là de fortes batteries contre la tendresse & l'amour du meilleur Pere qui fut au monde, & qui n'avoit point de motifs plus forts pour se porter à contredire les bonnes inclinations de sa Fille, que l'aprehension qu'en embrassant une vie si austere, elle ne ruinât sa santé & abregeât sa vie.

La partie étoit faite contre-elle, tout le monde l'obfervoit, & fur tout Mad. Arnauld & Mr. d'Andilly, quoique dans le fond, fa Mere fut bien aife qu'elle fe réformât d'avantage, & mît la clôture dans fa Maifon. On ne laiffoit pas de lui reprocher que ce n'étoit pas à elle à établir rien de nouveau, &c. Ils obferverent qu'elle ne portoit point de manchettes comme elle en avoit auparavant ; & ce qui fut bien pis, ce fut que la Fille qui la fervoit, s'aperçut qu'elle ne portoit plus de chauffettes de toile, & comme elle couchoit toute vétuë, il s'étoit engendré des poux dans fes habits, ce que la Fille ayant apperçû, elle ne manqua pas d'en donner avis, & ce fut un vacarme & une rumeur incroyable dans le Logis; tout le monde lui demandant fi la dévoition confiftoit dans la faleté, &c. Mr. Arnauld qui prenoit ces chofes bien plus à cœur que tous les autres, par le fentiment que j'ai dit, prit cette occafion pour dire à fa Fille tout ce qu'il avoit fur le cœur contre-elle. Il la fut troûver dans fa Chambre où elle étoit au Lit ce jour-là, & dans un autre Lit étoit la petite Marie Arnauld, qu'on avoit auffi fait venir à Andilly, parce qu'elle étoit auffi fort malade. Il commença à lui témoigner le déplaifir qu'il avoit contre ceux qui lui infpiroient toutes ces nouveautés, & le mécontentement qu'il recevoit d'elle, & qu'elle le feroit mourir pour la peine qu'elle lui caufoit, &c. Je ne fçais pas tout ce dialogue, finon qu'elle a dit elle-même, qu'elle le vit fi outré & fi touché en lui parlant qu'elle-même en fut frapée jufqu'au cœur, & qu'oiqu'elle n'eut autre chofe à lui aléguer que l'obligation de fa confcience, cela ne le fatisfaifoit nullement, & à la fin elle ne lui put don-

ner d'autre réponse que ses larmes. On vit alors
l'affection d'un Pere & d'un tel Pere, car en
même tems que la petite Marie, qui étoit dans
un autre Lit malade, & qui avoit oüy une partie de ce qui se disoit, entendit pleurer sa Sœur,
qu'elle aimoit passionnément, elle se prit à
crier & pleurer elle-même d'une si étrange sorte, qu'étant déjà bien malade, le pauvre Mr.
Arnauld eut peur que cela ne la fit mourir, &
ne sçachant à laquelle des deux aller pour les
consoler; on eut eu pitié de voir la bonté de son
cœur & l'affection de son esprit combattu en
tant de différentes sortes par une même passion
d'amour & de tendresse pour ses enfans.

L'Abbé de Maurimont lui commande de se déporter de la réforme, & lui défend de faire prêcher les Capucins

Les persuasions d'un Pere n'ayant pas été
assez puissantes, il y fallut joindre l'autorité
spirituelle d'un Supérieur, & Mr. de Maurimont qui étoit de la partie, arriva dans le même tems à Andilly, ayant été prié à ce dessein
d'y venir passer quelques jours.

Ce fut alors qu'il falut ceder à l'opression &
à la violence, celui qui la devoit proteger dans
ses bonnes intentions, ayant été celui qui lui
commanda de s'en déporter entierement, concluant qu'elle se devoit contenter de conserver
l'ordre qui étoit pour lors dans la Maison, où
il n'y avoit aucun scandale, & que pour des libertés innocentes, comme de s'aller promener
aux environs de la Maison, aux Granges &
autres lieux proches, cela étoit permis, &
qu'elle le devoit faire sans scrupule : Et pour
remedier à la cause du mal prétendu que l'on
attribuoit aux Capucins, il lui deffendit de ne
les plus faire prêcher à Port-Royal, & s'obligea de nommer des Religieux de l'Ordre, pour
le faire en leur place. Ce qui faisoit qu'il étoit
si bien informé de tout, étoit que cette Reli-

gieuſe nommée M. de Jumeauville, qui ſervoit comme de Gouvernante à la jeune Abbeſſe, étoit d'intelligence avec Mr. Arnauld, & l'épioit en toutes choſes pour lui en faire un fidéle raport.

L'impoſſibilité que l'Abbeſſe vit pour lors de réüſſir dans ſes prétentions ſi ſaintes, la fit réſoudre de ſuſpendre ſon deſſein, & s'il eut été poſſible de n'y plus penſer, pour ſ'épargner l'agitation d'eſprit qu'il lui cauſoit. Elle nous a dit qu'elle penſoit en elle-même, voyant toutes les oppoſitions que Mr. ſon Pere faiſoit à la réforme, qu'elle étoit bien malheureuſe, & les gens du monde bien injuſtes, que lors qu'elle étoit incapable de faire un choix, on l'avoit engagée & laiſſée depuis dans l'engagement d'une Profeſſion pour laquelle n'ayant point ni vocation, ni inclination, elle ne pouvoit être que miſérable, & qu'à cette heure que Dieu par ſa miſéricorde avoit réparé leur faute, en lui donnant l'amour de ſa condition, ils vouloient encore s'oppoſer à ſon bonheur, l'empéchant de ſe procurer le ſalut en l'empéchant de vivre ſelon les devoirs de ſa Profeſſion.

Tout cela ne contribuoit pas à lui faire perdre ſa fiévre quarte, avec laquelle elle s'en retourna à Port-Royal le 21. Septembre, ou le 22. Octobre, dans la réſolution de ne parler plus de rien, à moins que Dieu lui donnât d'autres ouvertures. Et les Avents aprochants, le grand Vicaire de Citeaux, ſelon qu'il l'avoit promis, envoya pour prêcher l'Avent, un jeune Bachelier, qui eſt préſentement Abbé de Vauclair, qu'il croyoit fort éloigné de la porter à la réforme : Mais par une conduite de Dieu toute particuliere, il ſe trouva dans des

sentimens tout contraires à cette opinion qu'on
avoit eu de lui, & au lieu que Mr. de Maurimont l'avoit assurée qu'elle pouvoit sans aucun scrupule s'aller promener aux environs de
l'Abbaye ; celui-ci la mit dans une autre extré-
mité, l'assurant qu'il y avoit peché mortel.
Elle reprit alors ses premieres pensées, d'essayer de faire un nouvel effort pour la réforme : mais comme cette Religieuse de St. Cyr,
lui nuisoit beaucoup parcequ'elle l'observoit
incessament & donnoit avis de tout à Mr. Arnauld ; elle traita si adroitement par le moyen
de Mr. de Vauclair, avec l'Abbesse de St. Cyr,
qu'elle la fit rapeller en sa Maison, & dès l'heure, la Mere devint plus libre, au moins de sa
part : mais il ne paroissoit point encore de disposition dans les Religieuses.

    La fiévre quarte entretenuë par la mélan-
colie, continuoit toûjours, & la M. Prieure
ainsi que toutes les Filles, s'en apercevoient
bien, car on n'ignoroit plus ses intentions dans
la Maison ; mais elle tâchoit de les dissimuler.
Il arriva qu'un jour en Carême 1609. la Prieure parla à Madame, & lui demanda d'où venoit qu'elle étoit si triste, qu'assurement c'étoit
ce qui la rendoit malade, & qu'elles en étoient
toutes affligées, car en effet elles avoient grande
amitié pour elle ; Madame lui répondit qu'elle
sçavoit assez le sujet de son ennui, & qu'il ne
tenoit qu'à elle de le faire cesser : Cette bonne
Fille lui répliqua, Madame, dites nous ce que
vous voulés que nous fassions, & pourvû que
vous soyez contente, je vous promets que nous
ferons toutes choses : Elle lui dit que ce qu'elle
desiroit, étoit qu'elles se missent en commun, la bonne Mere lui dit qu'elles le seroient ;
mais en même tems elle lui demanda si elle

y avoit bien penfé, & a l'augmentation de
dépenfe que cela cauferoit ; que pendant qu'on
avoit eu foin chacune de fes petites hardes, on
les avoit confervées ; mais qu'il n'en iroit pas
de même lorfque toutes chofes feroient communes : La M. Angelique répondit qu'il ne falloit point avoir égard à cela, & qu'il valloit
mieux qu'il en coutât davantage, & que les
ames fe fauvaffent, en obfervant le vœu de
pauvreté qu'elles avoient fait ; dès l'heure même la Prieure étant gagnée, elle qui avoit le
plus d'oppofition, fut elle-même foliciter les
autres qui s'y rendirent en un moment, & dès
le lendemain vinrent toutes apporter leurs hardes à Madame, jufqu'à une bonne Religieufe
qui étoit fourde & muette, à qui l'on n'avoit
point fait entendre tout cela, parceque l'on jugeoit que fon infirmité l'en pouvoit faire difpenfer : mais voyant toutes les autres apporter
leurs paquets, & quelques unes lui ayant fait
entendre ce que c'étoit, elle vint auffi apporter
le fien ; & depuis ce jour-là qui étoit la veille
de St. Jofeph, la Communauté fut toûjours
très-bien établie, & la Mere perdit fa fiévre
quarte.

En ce même tems, Mr. Arnauld fçachant
comment alloient les chofes, & voyant les dif-
pofitions de fa Fille, & peut-être même fe dé-
fiant du deffein qu'elle avoit toûjours dans l'efprit de fe défaire de l'Abbaye, outre qu'il étoit
abfolument néceffaire pour s'y établir fure-
ment, d'avoir de nouvelles provifions, envoya en Cour de Rome pour cet effet, & repré-
fenta à fa Sainteté, que fa Fille ayant fait Profeffion & étant entrée dans l'Abbaye trop jeune, Dieu lui avoit donné néanmoins tant de
bénédiction, que n'ayant encore alors que dix-

sept ans & demi, elle avoit déjà établi la réforme dans sa Maison, & que l'on espéroit qu'elle l'y conformeroit & l'augmenteroit, s'il plaisoit à sa Sainteté, &c. On dit que cette suplique ayant été lûë devant le Pape, sa Sainteté & tous ceux qui étoient présens, en témoignérent de l'admiration & de la joye, parcequ'en ce tems-là cela étoit tout à fait sans exemple. Ensuite il fit expédier de nouvelles Bulles qui portoit cette condition, qu'elles seroient nulles si dans six mois, à compter du jour qu'elles seroient signifiées, elle ne faisoit une nouvelle Profession.

La M. Angelique de son côté, poursuivoit avec zéle ce qu'elle avoit commencé avec tant de bonheur, & après avoir établi la Communauté, elle voulut aussi mettre la clôture. Cela alloit bien loin, & la suite fera voir les efforts que lui fit faire pour cela la charité divine, contre l'amour le plus fort & le plus sensible qui soit dans la nature. Ce fut la premiere chose qu'il fallut envisager dans ce dessein ; mais pour la maniere d'y arriver, elle la recommandoit à Dieu & l'attendoit de sa providence.

Elle déclara donc à sa Communauté qu'elle vouloit établir la clôture exacte, & qu'au lieu qu'auparavant les Parens des Religieuses & ceux qu'ils amenoient entroient tous, on ne les verroit plus qu'au parloir, qu'il n'y auroit aucune exception dans cette regle générale, & qu'elle y comprenoit aussi bien Mr. & Mad. Arnauld que les autres. Peut-être que cette conduite ne fut pas suivant toutes les regles de la discretion ; mais la proposition en fut utile & le succès heureux, car cela ferma la bouche à tous ceux qui se fussent offensés qu'on leur refusât la porte, lors qu'on les assuroit que Madame

dame n'en exceptoit pas plus Mr. son Pere que les autres.

La premiere occasion qui s'offrit de mettre cette résolution en effet, fut la véture d'une Fille qui prit l'habit un peu après Pâques : Il y avoit grande compagnie & l'on traita tout ce monde dehors, au lieu qu'on avoit accoutumé de le faire dedans, & quelques uns ne manquerent pas de trouver à redire à cette nouveauté ; mais ils demeurerent sans replique, quand on les assura que les Parens même de l'Abbesse n'auroient pas d'exception. Il y en eut qui n'eurent garde de le croire, & connoissant Mr. Arnauld comme ils faisoient, ils assuroient qu'ils n'avoient pas peur que sa Fille eut la hardiesse de lui refuser l'entrée de sa Maison : Mais l'événement montra le contraire.

Nous ne parlons que de ses actions extérieures dans cette réforme, parceque les personnes qui s'en souviennent & nous en ont fait le raport, ne voyoient que cela, & qu'elle avoit un soin très-grand de cacher tout ce qu'elle faisoit en son particulier d'extraordinaire. Une Religieuse qu'elle fit coucher avec elle au commencement de la réforme, je ne sçai par quelle occasion, peut-être qu'il n'y avoit point de place & qu'elle étoit bien aise de prendre cette incommodité sur elle : Cette Religieuse dis-je, nous a conté que quelquefois s'éveillant la nuit & ne la trouvant plus dans son lit, elle ouvroit doucement le rideau pour voir ce qu'elle faisoit, & qu'elle la voyoit qui faisoit degouter sur ses bras nuds de la cire toute brulante, de quoi lui parlant il n'y a pas long-tems ; elle répondit comme en se riant, tout étoit bon en ce tems-là. Elle porte encore sur ses jambes les marques des brulures qu'elle s'y étoit faites en

D

ce tems-là volontairement, quoique jamais elle
ne l'ait avoüé, sinon en se taisant quand on lui
dit ce qu'on en pense ; à quoi elle ne répond
rien.

Sa priere & son occupation d'esprit vers
Dieu n'étoit pas moins remarquable, encore
qu'elle eut grand soin de les cacher, ne voulant
pas même qu'on s'aperçût des retraites qu'elle
avoit dessein de faire. Elle se déchargeoit adroitement du soin des affaires qui n'étoient pas ab-
solument nécessaires, se tenant à sa Chambre
tout le tems qui lui étoit possible. Il n'y avoit
que la Fille qui la servoit, qui la voyoit per-
petuellement à genoux en priere.

Elle étoit si scrupuleuse, ou plutôt si exacte
observatrice de l'abstinence, ou du jeûne du
Carême, que cette année 1609. y ayant 7.
ou 8. mois qu'elle avoit la siévre quarte, &
qu'elle étoit dans une grande langueur, toutes
les permissions des Medecins & de l'Eglise,
ne la purent faire rendre à prendre seulement
des œufs, jusqu'à ce que Mr. Arnauld ne prenant point en jeu qu'elle se fit mourir ; envoya
exprès Mr. de Ste. Beuve Apoticaire, avec
commandement de lui faire avaller un œuf devant lui, & de l'obliger à en continuer l'usage ; & comme elle sçavoit bien en sa conscience
qu'elle en avoit besoin, elle s'y rendit de bonne grace, ne témoignant avoir regret que de
ce que n'aimant point naturellement les œufs,
celui-là lui avoit semblé bon.

Mr. Arnauld ne pouvant venir que rarement à Port-Royal, à cause de ses affaires,
elle eut un peu de tréve depuis l'établissement
de la clôture, en attendant les vacations, qui
étoit le tems qu'il prenoit pour la venir voir,
ne pouvant que difficilement quitter le Palais

*Son ex-
actitude à
l'abstinē-
te & au
jeûne.*

*Mr. de
Vauclair
lui con-
seille de
refuser la
porte à*

en un autre tems : Mais comme elle les vit a-
procher, il fallut aviser tout de bon de quelle
forte on fe conduiroit pour le faire agréer qu'on
obfervât la clôture à fon égard, qui étoit déjà
établie. La M. Angelique n'avoit pour cela
autre perfonne pour prendre avis & confeil,
que ce jeune Religieux qui eft maintenant Abbé de Vauclair, dont nous avons déjà parlé, &
qui n'avoit pas alors vingt-fept ou vingt-huit
ans, en qui elle prenoit une entiere créance :
Il lui donna un confeil bien proportionné à la
chaleur de fon âge & de fon zele ; mais Dieu
benit la déférence qu'elle y rendit. Il fut donc
d'avis que fans aucune modération, après l'a-
voir averti par une lettre, qu'elle ne pouvoit
plus en confcience, lui permettre l'entrée de
la Maifon ; s'il ne condefcendoit point à la très-
humble priere qu'elle lui devoit faire, & que
nonobftant il voulut venir comme de coutume
& entrer, de trouver bon qu'elle lui refufât la
porte d'autorité. Cette propofition étoit feule
capable de rebuter toute autre perfonne qui auroit eu moins de charité que la Mere, & de dé-
truire toute l'entreprife de la réforme ; mais les
fentimens d'affection & de refpect qu'elle avoit
pour un Pere qui l'aimoit tendrement, ne purent néanmoins l'emporter fur ce qu'elle croïoit
devoir à la loi de Dieu.

Mr. fon Pere.

La foumiffion fans réferve qu'elle a toûjours
eu pour ceux de qui elle a pris conduite, l'ayant
fait réfoudre à faire fans réflexion une chofe
à quoi on l'affuroit qu'elle étoit obligée ; elle
n'ofa néanmoins écrire directement à Mr. fon
Pere, ni à Mad. fa Mere ; mais elle crut qu'il
feroit plus à propos qu'elle s'adreffât pour cela
à Madem. Anne fa Sœur qui étoit auprès d'eux,
afin qu'elle menageât l'occafion de leur dire à

Elle é-
crit à fa
Sœur de
marquer
à Mr. &
M. Ar-
nauld, fa
réfolutiõ
fur ce fu-

propos ſes intentions, qui étoient que Dieu lui
ayant fait la grace d'établir la réforme & la
clôture dans ſon Monaſtere, qu'elle les ſuplioit
de n'y point mettre d'obſtacle, & de trouver
bon qu'elle leur demandât une grace, qui étoit
qu'au cas qu'ils euſſent deſſein de lui faire l'honneur de la venir voir à ces vacations prochai-
nes, ils ne trouvaſſent pas mauvais qu'elle les
reçût au parloir, comme elle faiſoit à cette
heure tout le monde, & que s'ils ne pouvoient
agréer cette condition, elle les ſuplioit de la
priver plutôt de l'honneur de leurs viſites, parce qu'elle étoit contrainte de les avertir, qu'elle ſeroit obligée en conſcience de leur refuſer
l'entrée.

*Le jour
eſt pris
pour la
venuë de
la famil-
le de Mr.
Arnauld
à Port-
Royal.*

Sa Sœur n'ayant rien oſé témoigner de ceci
à Mr. Arnauld, ſe contenta de le dire à Mad.
ſa Mere, qui répondit qu'elle connoiſſoit bien
ſa Fille, & qu'elle n'avoit pas peur qu'elle fit
ce tour-là à ſon Pere; c'eſt pourquoi qu'il étoit
inutile de lui en parler & de lui donner ſujet
de ſe fâcher d'une choſe qui n'arriveroit pas
enſuite; ils prirent un jour pour venir à Port-
Royal toute la famille enſemble, Mr. & Mad.
Arnauld, Mr. d'Andilly, Madem. le Maitre &
Madem. Anne Arnauld la Fille. On le manda
à Port-Royal, & on peut juger en quel état
cette nouvelle mit la M. Angelique, qui ſe préparoit à ce jour de combat par des prieres &
des immolations perpetuelles à Dieu, des paſ-
ſions les plus tendres qui ſoient dans la nature:
mais qui ne purent ébranler ſa fidélité pour
Dieu; l'angoiſe néanmoins de ſon eſprit étoit
peinte ſur ſon viſage, & toutes celles à qui elle
avoit oſé en confier le ſujet, joignirent leurs
prieres aux ſiennes, pour obtenir une bonne
iſſuë d'une entrepriſe auſſi difficile.

Le jour venu , qui fut le Vendredy avant
la St. Michel , dès le matin avec une préfence
d'efprit merveilleufe , elle eut foin de retirer à
elle toutes les clefs de clôture des mains de celles qui les gardoient d'ordinaire , de crainte de
furprife.

Sur l'heure du dîné , les Religieufes étant
au Refectoir , la compagnie arrive , & la Mere
qui fe préparoit devant Dieu , dans l'Eglife ,
à foutenir l'affaut , entendant le Caroffe , fort
& s'en va attendre à la porte de clôture , où
Mr. Arnauld & fa compagnie étoient. Dès
qu'ils furent décendus de Caroffe , ils vinrent
heurter pour fe faire ouvrir à l'ordinaire : Toutes celles qui fçavoient le deffein de la Mere ,
fe retirerent toutes , elle feule s'en vint avec
une réfolution merveilleufe , & ouvrant le guichet , Mr. Arnauld fe préfente & lui commande de lui ouvrir la porte. On ne fçait point en
quels termes elle lui répondit , parceque tout
le monde s'etoit éloigné , finon qu'on fçait
qu'elle le fuplia d'entrer dans un petit Parloir
qui étoit tout proche la porte , où elle lui pouroit parler. S'il y eut jamais perfonne furprife , ce fut lui & tous ceux qui étoient avec lui ,
qui n'auroient jamais attendu une telle réfolution d'une Fille de dix-huit ans : Il infifte ,
il preffe , il commande , il fe fâche , il frape
de plus en plus ; à tout cela elle ne fait que la
même réponfe , que s'il agréoit d'entrer dans
le Parloir , elle fe donnera l'honneur de lui
dire fes raifons. Mad. Arnauld entre en colere,
fe met à parler hautement à fa Fille , qu'elle
nomme une ingrate , & Mr. d'Andilly qui é-
toit un jeune homme de vingt ans , & tout de
feu , commence à le prendre d'un ton encore
plus haut , & à dire ce que les autres ne difoient

D iij

pas, & ce que la paſſion peut ſuggérer à un Fils qui croit agir avec d'autant plus de juſtice, qu'il ne vange pas ſa propre injure, mais celle d'un Pere offenſé par ſa propre Fille. Après l'avoir apellée un monſtre d'ingratitude & une paricide, qui répondroit devant Dieu de la mort de ſon Pere, qu'elle feroit mourir de regret d'avoir élevé avec tant d'amour une Fille qui le traitoit de la ſorte, il commença à s'en prendre aux Religieuſes, à les apeller, à les conjurer de ne pas ſouffrir qu'une perſonne à qui elles avoient tant d'obligations, ſouffrit cet affront chez elles. Le bruit qui ſe faiſoit à la porte, s'entendoit du Réfectoire : Celles qui étoient du ſentiment de la Mere, s'entre-regardoient & prioient Dieu dans leur cœur qu'il la fortifiât. Une bonne ancienne nommée M. Morel, qui n'étoit pas tant pour la réforme, ſortit dans la Cour toute en colere, & cherchant la Religieuſe qui avoit coutume d'avoir les clefs, crioit tout haut, quelle honte de ne pas ouvrir à Mr. Arnauld ! & elle en murmuroit hautement. Il n'y avoit pas juſqu'à de pauvres Femmes de journées qui étoient dans la Cour, qui n'en diſent leur ſentiment, & qui ne condamnaſſent l'ingratitude de Madame de Port-Royal, qui traitoit ſon Pere de la ſorte, & encore un Pere tel que Mr. Arnauld, qui étoit ſi bon, & qui faiſoit du bien à tout le païs pour l'amour d'elle ; ce qu'elles diſoient, parcequ'en effet il avoit fait beaucoup de bien aux pauvres en les faiſant travailler à ce qui étoit utile à la Maiſon.

Tout cela faiſoit grand bruit ; mais ne diminuoit rien de la conſtance de la Mere. Et Mr. Arnauld voyant qu'il n'avançoit rien par toutes ces voyes, commence à dire qu'il vou-

loit qu'on lui rendit tout à l'heure ses deux Filles qui étoient dans le Couvent. Il parloit
de la M. Agnès & de feüe ma S. Marie-Claire, qui n'étoit qu'un enfant de neuf ans.

La M. Angelique comprenant son dessein,
qui étoit qu'ouvrant la porte pour faire sortir
ses Filles, il prétendoit entrer lui-méme, &
ainsi en venir à bout, ou de gré ou de force.
Mais elle sans se troubler, & avec autant de
présence d'esprit, que si tout ce qui se passoit
ne l'eut point touchée, donna la clef de la petite porte à une Religieuse à qui elle se fioit, &
la chargea d'aller faire sortir ses deux Sœurs;
ce qui fut fait si promptement, que Mr. Arnauld fut tout surpris de les voir arriver avant
que de sçavoir qu'on les eut fait sortir. Mais
d'abord ce fut Mr. d'Andilly, qui les voyant
venir, s'en alla au devant d'elles dans la Cour,
& s'adressant à la M. Agnès, commença à
lui faire de grandes plaintes contre sa Sœur.
La M. Agnès répondit avec sa gravité, que
sa Sœur n'avoit point tort, qu'elle ne faisoit
que ce qu'elle étoit obligée de faire, & ce que
le Concile de Trente lui commandoit; Mr.
d'Andilly l'interrompant, commença à dire à
la compagnie; vrayment nous en tenons, en
voyci encore une qui se mêle de nous alléguer
les Canons & les Conciles.

Il n'y avoit en tout cela que les deux Sœurs,
Madem. le Maitre & Madem. Anne qui ne disoient mot, étant également touchées de la
peine de Mr. Arnauld & de celle de la M. Angelique, qu'elle sçavoient bien ne pas faire ce
qu'elle faisoit, sans qu'elle en souffrit beaucoup, & qu'elle ne fit un horrible effort à son
naturel.

Enfin, Mr. Arnauld voyant qu'il n'avançoit rien, fit mettre les Chevaux au Caroffe pour s'en retourner. Avant que de partir, il condefcendit à la fin, d'entrer dans le Parloir pour dire un mot à fa Fille qui l'en fuplioit avec de grandes foumiffions, elle y entre de fon côté. D'abord qu'elle ouvre la grille, elle aperçoit ce bon Pere dans un faififfement de douleur qui étoit peint fur fon vifage, & qui en produi- fit un en elle qui ne fe peut exprimer. Enfuite il lui parla en peu de mots, & lui fit entendre, que jufque-là elle avoit eu un Pere qui l'avoit aimée, qui avoit porté fes interéts & qui avoit pris foin de toutes fes affaires plus que des fien- nes propres; que dorénavant, fa conduite vers lui l'empêcheroit de lui pouvoir plus donner les mêmes preuves de l'amour qu'il ne laifferoit pas de conferver pour elle, & qu'en lui décla- rant qu'il ne la reverroit plus, il lui faifoit une derniere priere, qui étoit que pour l'amour de lui, elle eu foin de fe conferver elle-même & de ne pas ruiner fa fanté & fa vie par des auf- térités indifcretes.

Jufqu'icy le courage de la Mere, & la grace que Dieu avoit répanduë dans fon cœur l'avoit foutenuë, & comme renduë infenfible à tous les reproches & à la colere animée de paroles injurieufes des perfonnes qui la touchoient le plus. Mais à ce dernier coup qui n'attaquoit plus la conftance & la fermeté qu'elle s'étoit réfoluë de témoigner à Dieu; mais qui la blef- foit dans l'affection la plus fenfible & la plus tendre, qu'elle avoit pour un Pere auffi bon qu'il paroiffoit par ces dernieres paroles, lui perça le cœur d'une douleur fi vive, que fon corps ne pouvant plus porter l'horrible com- ba de fon efprit, elle tomba par terre toute évanoüie. A l'inftant toute l'affaire changea de face, Mr. Arnauld ne fe fouvenant plus qu'il étoit offenfé, mais qu'il étoit Pere, ne fçachant fi fa Fille étoit encore en vie, appelle pour faire venir les Religieufes, relever fa Fille qui étoit toute feule dans le Parloir ; mais pas une n'avoit l'affurance d'entrer ; car ce jour là, on étoit bien éloigné de courir où l'on entendoit du bruit, on s'enfuïoit plutôt ; Madem. Arnauld, Mr. d'Andilly & les autres, qui de leur côté n'étoient pas moins en peine, courent à la porte du Couvent, où ils commencent d'heurter & de faire un tel bruit, qu'il fembloit qu'ils la duffent mettre en pieces. Les Religieufes qui les entendoient, penfant que ce fut qu'ils vouluffent faire un dernier effort pour entrer, n'étoient pas fi hardies de fe préfenter pour leur répondre : Enfin pourtant, faifant un peu d'attention à ce qu'ils difoient, elles entendirent la voix de Mr. d'Andilly, qui leur crioit de toutes fes forces qu'elles s'en allaffent fonger à leur Abbeffe qui fe mouroit dans le Parloir ; à l'inftant elles y entrent toutes, & trouvent la pauvre Mere encore par terre fans fentiment & fans connoiffance : Après lui avoir fait tout ce qu'on a accoutumé de faire en femblables rencontres pour la faire revenir de fa foibleffe, elle commença avec peine à ouvrir les yeux, & voyant Mr. Arnauld fon Pere, encore à la grille, qui étoit dans une inquiétude & une aprehenfion qui ne fe peut dire, elle fit effort pour lui dire ces paroles ; qu'elle ne lui demandoit autre chofe, finon qu'il voulut bien ne s'en aller pas ce jour-là.

Le paffé étoit paffé, le pauvre Mr. Arnauld ne fe fouvenoit d'autre chofe que de l'état où il voyoit fa Fille, de forte qu'à l'inftant il lui promit qu'il feroit tout ce qu'elle voudroit. Cependant on emporta l'Abbesse dans sa Chambre pour la mettre au lit, & en même-tems, on prépara un autre lit dans le Parloir, pour l'y raporter lorsqu'elle auroit un peu repris ses forces & ses esprits.

Lorsqu'elle fut couchée dans le Parloir auprès de la grille, on se mit à parler tous paisiblement de tout ce qui s'étoit passé, toute l'animosité étant cessée dans les esprits; mais le bon fut, que le pauvre Mr. de Vauclair, qui pendant tout le combat avoit été trop heureux de se tenir clos & couvert sans oser paroitre; lorsqu'il sçut que la paix étoit faite, il s'imagina que l'occasion étoit belle de venir justifier son conseil, & commença de vouloir produire devant l'assemblée, ses autorités & raisons, mais il fut mal reçû, & entre autres Mr. d'Andilly le traita si durement, que si le pauvre homme ne se repentoit pas du conseil qu'il avoit donné à la Mere, au moins il se repentoit de bon cœur de s'être venu ainsi produire; il sortit tout honteux du Parloir, & fut trop heureux de se retirer.

La M. Angelique qui avoit du respect pour Mr. de Vauclair, eut plus de peine de ce qu'il s'étoit ainsi exposé à être traité de la sorte, que de ce qu'il l'avoit exposée elle-même par son conseil, à perdre la vie par l'effort qu'il l'avoit obligée de se faire.

Et il est si vrai que cela étoit capable de la faire mourir, que sans la bonté que lui témoigna Mr. Arnauld, qui lui pardonna tout sur l'heure, il est croyable que la douleur l'eut fait mourir, puisque nonobstant tout cela, cet effort fit une telle violence à toute la nature, que sa santé en fut fort affoiblie, comme me l'ont assuré celles qui l'ont connuë avant cela.

Ainsi Mr. Arnauld étant demeuré ce jour-là
& le lendemain, la Mere lui fit entendre paisiblement ses raisons; il se remit tout à fait, de
sorte que lorsqu'il venoit depuis, il n'entroit
plus : Mais après cela on accommoda les choses, & on eut permission de le faire entrer,
pour donner ordre aux Bâtimens & aux Jardins, sans entrer dans les lieux réguliers : Pour
Mad. sa Femme & ses Filles, on obtint des
Supérieurs, la permission de les faires entrer
quand elles le voudroient, ce qui ne fut pas sitôt; car Mad. Arnauld, lorsque sa Fille lui eut
refusé la porte & à Mr. Arnauld, jura dans la
colere, qu'elle ne reviendroit jamais à Port-
Royal, & elle se croyoit obligée à garder son
serment, jusqu'à ce qu'environ un an après,
le jour de St. Dominique, étant allée le matin aux Jacobins entendre le Sermon, il arriva que le Prédicateur parla des juremens, &
fit entendre que ceux qui par colere ou autrement, juroient quelque chose de mauvais, ne
devoient pas accomplir leur serment qui ne les
pouvoit obliger; de sorte qu'étant bien aise de
se voir libre du sien, dès aussi-tôt qu'elle eut
achevée de dîner, elle monta en Carosse & s'en
vint à Port-Royal, & dit à sa Fille l'occasion
qui la ramenoit, laquelle en eut une telle joye
que je crois qu'il ne s'est point passée d'année
qu'elle ne se soit souvenuë de ce jour; le 4.
d'Août; comme elle me l'a dit à moi-même
plusieurs fois.

Voilà l'Histoire mémorable de cette journée, qui a toûjours été nommée depuis, la journée du Guichet, & ensuite de laquelle la M.
Angelique n'eut plus d'oppositions à sa réforme, qu'elle tâchoit de perfectionner de jour
en jour. Et non seulement cette grande victoire

ruina tout ce qui s'oppofoit par dehors à tous
fes bons deffeins ; mais s'il m'eft permis de dire une réflexion que je fais en écrivant ceci ,
je crois que ce fut elle encore qui mérita de
Dieu , la grace qui l'a établie dans un fi parfait dégagement de toutes fortes d'attaches ,
aux interêts & aux perfonnes de fes plus proches , que rien de ce qui les a regardé ne l'a
touchée qu'autant qu'il a touché leur falut , &
elle a porté leur éloignement & leur perte même , avec tant de modération (j'avoüe mon
imperfection & m'en confeffe) que j'ai autrefois douté fi elle avoit du naturel pour fes proches & pour d'autres de fes amis , puifqu'elle
ne paroiffoit point en avoir dans les occafions ,
& je ne fuis demeurée perfuadée du contraire
qu'à la mort de Mr. de St. Cyran , lorfque la
voyant conferver la méme égalité d'ame & une
entiere foumiffion à Dieu , je fus perfuadée que
ce n'étoit pas un deffaut d'affection & d'eftime ;
mais la lumiere de fa foi & de fa charité pour
Dieu , qui abforboit dans ces rencontres tous
les fentimens naturels de fon cœur , & la foibleffe même de fes fens , lefquels en d'autres
perfonnes , quoique l'efprit foit foumis à Dieu ,
demeurent affujettis à la nature.

Elle ne laiffoit pas de pardonner aux autres,
ces premiers mouvemens de douleur ; mais je
fçai bien , par ce qu'elle a témoigné à mon fujet , & à celui de quelques autres perfonnes ,
qu'elle avoit grande peine à fouffrir qu'on voulut juftifier ces foibleffes , & qu'au lieu de s'en
humilier comme d'un deffaut , on en fit gloire
comme des marques d'un bon naturel , & que
l'on préférât de cette forte , les fentimens de
la nature , à ceux de la foi , aufquels feuls elle
adheroit fi puiffamment qu'à l'occafion d'une

auffi

aussi grande perte que fut celle de Mr. de St.
Cyran, elle nous a dit qu'elle n'eut jamais dans
l'esprit que ces deux paroles, *Dominus in Cœlo*;
concluant de là, que si l'on perdoit beaucoup
sur la Terre, Dieu étoit toûjours au Ciel, d'où
il voyoit toutes choses & pouvoit rémedier à
tout ; & dans cette foi & cette confiance, on
ne la voyoit jamais se laisser aller à l'abbatement, ni obmettre rien de ce qu'elle avoit accoutumé de faire, se contraignant même à
manger de peur de s'affoiblir. Il n'y a que
le sommeil seul, sur lequel elle nous disoit un
jour, que dans ces rencontres elle n'avoit pas
de pouvoir, quoiqu'elle ne laissât pas d'en prendre le tems & de se mettre en posture de dor-
mir ; mais l'esprit n'obéit pas toûjours comme
le corps.

Insensiblement je m'engagerois dans une
autre relation, si je m'arrétois plus long-tems
sur ce sujet, dont il y a divers exemples à produire, comme il faudra faire en un autre lieu:
C'est la résistance qu'elle fut obligée de faire
à Mr. son Pere, qui m'a engagée à dire tout
cecy : Et j'ai oubliée de remarquer qu'elle nous
a dit, qu'elle n'eut point été touchée lorsqu'il
lui parla à la grille, & qu'elle s'évanoüit, s'il
se fut mis en colere & qu'il lui eut parlé avec
colere, il en eut peut-être excité en elle ; mais
que de voir sa bonté & son affection, la sienne en fut touchée tout à fait, & il lui fut impossible de porter ce dernier effort.

J'ai aussi obmis de dire, que lorsque Mr.
Arnauld se fut appaisé, l'on fit rentrer doucement ses deux Filles qu'il avoit redemandées,
& de cette sorte, toutes choses demeurerent
en l'état qu'elles étoient auparavant. Il faut
encore ajouter que comme Dieu proportionne

ſes dons dans les ames, aux deſſeins qu'il a ſur elles, il avoit allié en celle de la M. Angelique, dès le premier moment qu'il la toucha, une ardente charité de contribuer au ſalut des ames tant qu'elle en auroit occaſion, avec l'humilité profonde qui lui faiſoit ſouhaiter d'en être hors de pouvoir en quittant ſa charge, pour ne ſonger plus qu'à l'unique choſe néceſſaire ; ſçavoir, de joüir de Dieu dans une ſainte retraite & une entiere ſéparation de tout autre deſir & penſée.

1609.
Elle admet dans la Communauté, des Religieuſes de St. Antoine des Champs.

Il ſe préſenta une occaſion de témoigner ſon zele à ſervir ceux que Dieu lui adreſſoit, au commencement de la réforme ; étant arrivé qu'en Carême, lorſque la Communauté fut établie à Port-Royal, Mr. de Vauclair, qui pour lors ſervoit la M. Angelique dans ce deſſein, fut prêcher à l'Abbaye de St. Antoine des Champs, où ayant fait grand récit de la vertu d'une petite Abbeſſe de dix-ſept ans, qui venoit de réformer ſa Maiſon ; il y eut deux bonnes Filles de cette Maiſon, nommées la M. de Nouveau & la M. de Louviers, qui le prierent de leur obtenir place dans Port-Royal, parce qu'elle ſouhaitoient extrêmement la réforme qui n'étoit pas dans St. Antoine ; la M. Angelique le leur promit de tout ſon cœur, & après avoir obtenu leur obéiſſance de Mr. de Citeaux, elles vinrent à Port-Royal, vers la Fête du St. Sacrement en 1609. Ce furent les deux premieres Religieuſes d'autres Maiſons, qu'elle reçût, leſquelles trouverent tant de ſatisfaction à Port-Royal, pour la piété & la vertu qu'elles y avoient ſeulement cherchée, que depuis qu'elles y furent, elles ne ceſſerent de ſoliciter une de leurs Compagnes, très-bonne Religieuſe, & leur bonne amie, nommée

la M. Philippe Paffart , afin qu'elle fit le même choix qui leur avoit fi bien réüffi, & cette
bonne Fille y vint enfin en 1616. Toutes les
trois ont vêcu avec grande édification dans la
Maifon , & y font mortes heureufement.

Mais retournons à notre hiftoire. La clôture ayant été confirmée par une action fi gene-
reufe, la Mere ne travailloit pas au refte avec
moins d'ardeur, & peu à peu elle perfection-
noit fa réforme, en réformant dans elle & dans
fes Filles, tout ce qui n'étoit pas encore conforme à la pauvreté & à l'humilité Religieufe:
Pour commencer par elle premierement & fervir d'exemple à fon troupeau, elle fe réfolut
avant toutes chofes de fe rendre libre de tout
interêt dans fon cœur, afin de n'être obligée
à aucune complaifance préjudiciable à fes intentions ; & pour cet effet afin de ne devoir
rien à Cefar, qu'elle fut obligée de lui rendre,
elle fit réfolution dès qu'elle fongea à la réforme, de ne plus demander d'argent à Mr. fon
Pere, comme il l'avoit obligée de faire jufquc-
là dans tous fes befoins, qu'il prévenoit même d'ordinaire en lui en envoyant quafi toutes
les femaines, fans qu'elle l'en priât ; la Maifon étant lors très pauvre, elle en fouffrit
beaucoup d'incommodités qu'elle portoit avec
joye, fa maxime étant que la pauvreté ne méritoit pas ce nom, fi elle ne donnoit occafion
de fouffrir ; & quoiqu'elle fut fouvent dans de
grands befoins, on n'a jamais vû qu'elle ait
été plus réfervée à pourvoir aux véritables befoins de fes Filles, & à contribuer à toutes les
charités qui fe préfentoient à faire, s'attendant à la providence de Dieu en toutes chofes,
lorfqu'elles lui paroiffoient être dans l'ordre
de fa volonté. Elle étoit fi accoutumée à être

E ij

dans cette néceffité & à devoir toûjours tout
l'argent qu'elle recevoit, qu'étant arrivé enfuite de la Profeffion d'une Fille, dont la dot
avoit acquité les petites dettes, & rémedié aux
befoins préfens, on lui apporta quelque argent
qu'on avoit touché de la vente des Bois de la
Maifon, elle rioit elle-même de l'inquiétude
où elle étoit de ne fçavoir que faire de cet argent, & d'être obligée de le garder, difant à
celles qui étoient auprès d'elle, que Dieu avoit
bien fait de ne la pas faire bien riche, qu'elle
en eut été trop chargée, puifque fi peu de chofe l'importunoit tant.

On a vû dans une autre relation de quelle
forte quand elle voulut auffi réformer l'Habit
de fes Religieufes, elle ne voulut pas demander de l'Etoffe à Mr. Arnauld, qui eut été trop
aife d'en donner, & ce qu'elle fit pour l'éviter : Je ne repeterai point non plus la peine
qu'il prit pour la perfuader qu'elle nétablit pas
de ne plus porter de linge, & comme il lui envoya de la Toile dans la créance qu'elle ne
portoit des chemifes de Serge, que parce qu'elle n'avoit pas de quoi acheter de la Toile. Je
veux feulement remarquer de qu'elle forte elle
réfifta à la Prieure qui mettoit oppofition à la
chofe & repréfentoit pour raifons, qu'elle ne
confidéroit autre avantage à porter du linge,
que la propreté, qu'elle fçavoit que la Laine
étoit fale & fujette à la vermine, & qu'au lieu
de leur faire porter des Chemifes de Serge, elle
leur en fit plutôt de fi grofe Toile, qu'elle fut
plus rude que la Serge ; à quoi la M. Angelique répondit fans fe relacher, que pour le premier point de la faleté, il étoit aifé d'y remédier en les lavant fouvent, & que pour l'autre
elles ne fe trompaffent point à croire qu'il y,

eut moins d'aufterité que les Chemifes de Toile, quelque grofes qu'elles fuffent, s'adouci-
roient toûjours en vieilliffant, quoique d'abord
elles euffent été plus rudes que celles de Serge
qui étoient toûjours également rudes, & devoient par conféquent être préférées. Elle la
perfuada fi bien, qu'elle la fit rendre & toutes
les autres, à cette mortification affez défagréable aux fens.

L'expérience fit connoître à la M. Angelique, que la conduite de Mr. de Vauclair de
qui elle avoit eu tant d'eftime, ne répondoit
pas en tout à la bonne opinion qu'elle en a-
voit prife, & qu'outre qu'il étoit trop jeune,
il prenoit trop de part en la créance que quelques Religieufes avoient en lui, felon la maniere ordinaire d'agir des Religieux. Il arriva
qu'elle eut connoiffance du Pere Archange Anglois, Capucin, par Mad. Arnauld, à qui
Mad. la Marquife de Meignelai l'avoit fait
connoître ; elle en écrivit ou en parla à fa Fille, je n'ai pû fçavoir comment cela ce fit ; tant
y a que par l'avis du Pere Archange & de Mr.
Arnauld, on conclut de fe défaire de Mr. de
Vauclair. Tout ceci fe traitoit par lettres, le
P. Archange n'étant point encore venu à Port-
Royal ; mais encore que l'on tâchât de tenir
l'affaire fort fecrete, une Religieufe qui étoit
toûjours auprès de Madame & de qui elle ne fe
défioit point du tout, en donna fecretement
avis audit fieur de Vauclair, qui avoit déjà fi
bien gagné quelques efprits de ces bonnes
Filles, qu'elles étoient plus à lui qu'à leur Abbeffe : Je ne fçai par quelle rencontre la Mere
l'apprit ; mais elle mit bon ordre depuis qu'il
n'arriva plus rien de femblable, ne commu-
niquant plus fes affaires importantes, qu'à des

E iij

personnes dont elle fut aussi assurée que d'elle-même, comme étoit la M. Agnès.

Le 9. de Décembre de cette même année, Mr. de Vauclair reçût une lettre du Pere Proviseur des Bernardins, qui le rapelloit de Port-Royal pour le renvoyer ailleurs. Le P. Archange commença à prendre soin de la Maison, & n'y pouvant venir que très-peu, il y suppleoit par lettres : Il pria la M. Angelique de vouloir associer avec lui, un bon Docteur, & un bon Religieux, pour partager entre eux trois la charge, dont ses divers occupations l'empêchoient de pouvoir seul s'acquiter comme il auroit souhaité ; le premier étoit Mr. Galot, qui vint à sa priere à Port-Royal, peu après le départ de Mr. de Vauclair, & l'autre le Pere Eustache de S. Paul, Feüillant, tous trois rendirent de grandes assistances à la Mere, l'aiderent de leurs conseils & de leur conduite très-sage avec beaucoup de charité & de prudence : entr'autres elle nous a dit que le Pere Archange l'avoit avertie en confidence qu'elle ne se servit point en matiere de conduite, de Religieux de son ordre, qu'il la prioit de l'en croire, & que tout Capucin qu'il étoit lui-même, il les connoissoit mieux que personne, aussi eut il toûjours soin de lui nommer pour Confesseurs, des Prêtres séculiers.

Nous avons remarqué, comme à Pâques de cette année 1609. Mr. Arnauld avoit envoyé à Rome, soliciter de nouvelles Bulles, lesquelles arriverent le 13. Novembre. La condition qu'elles portoient, étoit obligation de renouveller la Profession de la Mere, ou plutôt en faire un autre dans le terme de six mois, ce qui étoit bien avantageux à ses desseins, au cas qu'elle eut pû donner quelque occupation d'es-

Le Pere Archange prie la M. de lui associer Mr. Galot Docteur & le Pere Eustache.

Elle reçoit de nouvelles Bulles.

prit à Mr. fon Pere, qui eut pû lui faire oublier le foin de ce qui la regardoit ; car en ce
cas, elle eut été déchargée de l'Abbaye, où
ces Bulles ne l'établiffoient que fous cette condition, & l'on ne peut affés dire avec quelle
ardeur elle a fouhaité toute fa vie que Dieu
lui fit cette grace ; mais il falloit en effet qu'elle la reçût de lui, car Mr. Arnauld n'a jamais porté fon extréme amour pour elle, jufqu'à lui vouloir procurer cette fatisfaction : il
le fit paroître dans cette rencontre ; car comme il ne reftoit plus que fept jours du terme
prefcrit, que la bonne Mere n'avoit garde de
faire entre-voir ; le 6. May 1610. on vit arriver Mr. l'Argentier, Abbé de Clairvaux,
que Mr. Arnauld avoit été fupplier de venir
faire cette action, auffi-tôt qu'il eut apris qu'il
étoit aux Vaux de Cernai, & l'amena de cette forte à Port-Royal, fans que perfonne s'y
attendit, & la Mere Angelique travailla toute
la nuit à fe faire une robe de groffe ferge de
Nogent, dont on auroit bien de la peine à
recouvrer un échantillon pour fa rareté, tant
elle étoit lâche, groffe, bourruë, jaune &
graffe : auffi pourra t'on voir ailleurs ce qu'elle me dit une fois fur ce fujet, comme elle
étoit devenuë curieufe au choix de fes étoffes.

Elle fit fa Profeffion le lendemain 7. May
1610. entre les mains de Mr. de Clairvaux,
fans rien obmetre d'extérieur ; mais dans fon
efprit elle ne s'engagea à Dieu que pour les
trois vœux effentiels de religion, & prétendit ne s'obliger en aucune forte à l'Ordre, &
encore moins à la Maifon, qu'elle fe promettoit toûjours de quitter auffi-tôt que la Providence lui en feroit naitre l'occafion, & que
ceux de qui elle prenoit conduite le lui vou-

droit permettre. Etant donc de nouveau réta-
blie par l'autorité de ces dernieres Bulles,
dans la charge qui lui étoit si pesante, elle
tâchoit au moins d'en diminuer le poids, en
accroissant celui de la charité, qui seule cou-
vre les fautes, où les emplois exposent les
Supérieurs. Il n'y eut jamais rien de plus remarquable en elle, que cette vertu qui fait les
Saints : & si le commencement de cette histoire
en découvre les premieres lumieres, la suite
de sa vie & de sa conduite jusqu'à cette heure
en a fait ressentir les ardeurs à autant de personnes qu'il y en a qui la connoissent, & qui
admirent en elle ce don de Dieu, qui donne
sujet de dire d'elle, ce que Job dit de lui même ; qu'il semble que la charité & la miséricorde fussent nées avec elle, & ayent pris en
elle un accroissement continuel avec ses années.

L'amour & le suport qu'elle avoit pour ses
Filles, s'étendoit dans tous leurs besoins, aussi
bien à ceux qui ne regardoient que le soulagement de leur corps dans les maladies, qu'à
ceux qui concernoient la direction de leurs
ames. Il ne se peut dire avec quelle bonté elle
alloit visiter & consoler celles qui étoient malades, jusques-là qu'une de nos sœurs converses qui y étoit lors, m'assuroit il y a peu de
jours, que lorsqu'on la voyoit entrer dans l'Infirmerie, il sembloit que tout le monde s'y portoit bien, & les malades mêmes se croyoient
guéries, tant la joye de la voir, leur faisoit
perdre le sentiment de leurs maux : Elle ne
témoignoit pas sa charité par de simples pa-
rolles, mais leur rendoit elle-même toutes sortes de services, & cela d'aussi bon cœur à la
derniere pauvre Fille qui fut dans la Maison,

qu'à la Mere Agnès elle-même, jamais elle n'a fait de diftinction en ces rencontres. Ce fut afin de les pouvoir fecourir plus à propos qu'elle voulut aprendre à faigner, en quoi ayant parfaitement réüffi, elle le faifoit en toutes rencontres jours & nuit, quand il y avoit néceffité, fans avoir égard à fes propres incommodités, ce que la même Sœur dont je viens de parler me faifoit remarquer, étoit l'étonnement qu'elle eut au commencement qu'elle vint à Port-Royal (qui étoit peu après la réforme) que dans une maladie qu'elle eut alors, elle ne fe pouvoit remettre d'admiration, de voir Madame (comme on l'appelloit encore) lui tenir près de deux heures le pied dans l'eau pour la faigner, à quoi elle étoit fort difficile, jufqu'à en être fi échauffée & fi laffe, que de groffes gouttes d'eau lui en tomboient du vifage, & elle le faifoit avec un cœur qui valloit encore cent fois mieux que l'action.

Une autre fois la même S. Converfe ayant la fiévre quarte, dans cette petite Infirmerie, que l'on nomme encore la Chambre de St. Loüis ; la Mere Angelique y étant allée, la trouva feule qui trembloit fi fort le friffon, qu'elle enlevoit tout ce qui étoit fur elle, quoi qu'elle fut fort couverte : Elle commença à lui dire fort gayement, que fes couvertures n'étoient pas affez lourdes, & qu'elle lui en alloit fervir elle-même pour arrêter ce grand tremblement, en même-tems elle fe jette fur fon lit, & fe couche fur fes pieds, pour arrêter & appuyer les couvertures, & elle étoit ainfi fur elle les rideau fermés à l'haleine de cette fiévre, confolant cette pauvre malade par de bons entretiens, pendant qu'on la cherchoit par toute la Maifon, pour des chofes importantes, après qu'on y eut perdu bien du tems, ce fut la Mere Agnès qui s'avisa d'aller dans cette Infirmerie & de lever le rideau de la malade, & ayant trouvé la Mere sur son lit, elle ne pût s'empécher de lui dire toute étonnée, comment elle étoit-là, pendant qu'on la croïoit presque perduë, tant on avoit couru pour la chercher, à quoi elle répondit avec sa gayeté ordinaire, qu'elle servoit de couverture à une pauvre malade qui n'en avoit pas assez ; & ainsi s'en alla où on la demandoit. On auroit trop de ces exemples, si on les avoit voulu remarquer, & il n'étoit rien de plus ordinaire, devant les maladies de la Mere Angelique, depuis lesquelles on ne la laissoit gueres aller seule à cause de sa foiblesse, qu'après l'avoir cherchée dans tous les lieux de la Maison, on la trouvoit à la fin, dans quelque coin de Cuisine, assise sur un mannequin, qui parloit à quelque Sœur Cuisiniere qui l'avoit demandée, qu'elle aimoit mieux aller trouver là, que de l'envoïer quérir, afin de la détourner moins de son ouvrage.

Sa cha-
rité en-
vers les
Hôtes.

Si elle avoit soin du dedans, elle n'en avoit pas moins du dehors, & de faire que les Hôtes qu'on y recevoit y fussent bien traités, & avec toute sorte de charité, néanmoins toûjours avec la modestie religieuse, & sur-tout elle vouloit qu'on eut plus d'affection à bien traiter les Capucins & autres pauvres Religieux qui ont moins accoûtumé de l'être bien chez eux, disant à quelques personnes qui alléguoient, que n'étant pas d'ordinaire si bien traités dans leurs Couvents, on n'y devoit pas tant faire de façon, que c'étoit pour cette raison même, qu'elle prenoit plaisir à leur bien faire, puis-qu'ayant chez eux assez d'occasion de pratiquer la mortification, il ne leur étoit qu'utile d'en rencontrer quelques unes, où ils puffent recevoir le bien que la charité obligeoit à leur faire; afin qu'ils fçuffent fervir Dieu dans la pauvreté & dans l'abondance. Que fi elle croyoit devoir avoir ce fentiment pour eux, fa charité n'empêchoit pas que fa lumiere ne lui fit improuver leur conduite, lorfqu'ils exigoient ces chofes par eux-mêmes, au lieu de les recevoir par humilité de la main des autres, & elle ne pouvoit s'empêcher de faire paroître fa furprife, lorfqu'on lui témoignoit que des Eccléfiaftiques qu'on eftimoit vertueux, fe plaignoient de quelque-chofe de leur traitement, ou qu'ils choififfoient les meilleurs Lits quand ils fe trouvoient plufieurs, & les Chambres les plus commodes, en difant avec étonnement : Oh! qu'il fe trouve peu de perfonnes véritablement humbles, entre ceux mêmes qui fçavent mieux parler de l'humilité.

Mais fi jamais perfonnes mérita en ces matieres, d'être de ce petit nombre d'humbles, la Mere Angelique poura y tenir un des premiers rangs, puifqu'encore qu'elle ne foit pas exempte de la tentation de faire un choix en ce qui la regarde, c'eft toûjours néanmoins afin de prendre le pire, & je crois qu'on eft encore à attendre l'occafion qu'on puiffe dire qu'elle ait ufé un habit qui ait été fait pour elle, & qu'elle n'en ait pas plutôt ajufté & racommodé quelqu'un pour lui fervir, à moins que d'abord il n'y eut quelque chofe à redire dans ceux que l'on faifoit pour elle, ou dans l'étoffe ou dans la façon, qui le rendit digne qu'elle le portât ; ce que je dis des habits, je le dis de tout le refte, dont elle ne s'aproprioit que la vileté ; & s'il arrive qu'elle ait quelque chofe qui ne porte

pas cette marque, on eſt aſſuré qu'elle trouvera
bien-tôt occaſion de s'en défaire.

Si ſa charité a fait que ſon cœur n'a jamais
été à elle ; mais a Dieu & à tous ceux qui ont
eu beſoin de ſon aſſiſtance, on peu dire de même que ni ſa Maiſon, ni ſon Lit, ni ſa Chambre, ni rien qui ſervit à ſon uſage, n'a été à
elle, mais à ceux qui en ont eu beſoin : Si Dieu
lui a adreſſé quelque perſonne, ſa Maiſon leur
a été ouverte, s'il y a eu des malades ou d'autres, qui manquaſſent de place, elles en ont
toûjours trouvé dans ſa Chambre, où bien ſouvent même, elle eut transféré de bon cœur,
l'Apoticairerie & la Cuiſine, ſi on ne l'en eut
empêchée ; mais non pas ſi efficacement en
beaucoup de rencontres, qu'elle n'y ait fait
elle-même le boüillon pour les malades & les
remedes dont elles avoient beſoin.

Sa cha-
rité en-
vers les
Pauvres
Pour ce qui eſt de ſa charité pour les Pauvres, toute ſa vie n'en eſt qu'une hiſtoire, &
dès ce tems dont nous parlons qui eſt le commencement de la réforme ; comme il y en
avoit beaucoup dans le Païs, elle cherchoit à
les faire travailler, afin d'avoir occaſion de
leur donner, ayant toûjours tâché de faire en
ſorte que le bien qu'elle faiſoit au corps fut
auſſi utile aux ames, & qu'en recevant ſes
aumônes ils ne devinrent pas fainéans. Mr.
Arnauld ſecondoit bien ſes intentions en ce
point, car il étoit lui-même fort bon aux Pauvres, ayant entrepris, en partie pour cela, de
faire réparer les murs de la Clôture, on mit
après cet ouvrage, quantité de pauvres Gens
qui outre les journées qu'on leur payoit, étoient
nourris dans la Maiſon, la Mere Angelique
faiſant faire tous les jours une grande quantité
de potage qu'on leur portoit ſur des civieres,
dans

dans le jardin, avec de la viande, du pain &
un fçeau de vin, & elle étoit préfente elle-
même avec quelques Sœurs qui l'accompag-
noient, pour donner ordre à cette diftribution;
elle les faifoit ranger tous en bon ordre, &
pendant qu'ils dinoient, elle faifoit lire quelque petit garçon, à qui elle donnoit un livre
fpirituel proportionné à leur intelligence, afin
de les inftruire en même-tems qu'elle les nour-
riffoit, & elle faifoit toutes ces chofes avec
tant de zele & de fentiment, qu'y ayant eu une
fois un libertin, qui dit quelques paroles de
railleries fur ce qu'on difoit, elle ne put retenir fes larmes, de la peine qu'elle eut de voir
cette impiété.

Que fi fa charité a été grande à l'égard des
befoins & des néceffités extérieures des pauvres, & de toutes fortes de perfonnes ; elle l'a
été infiniment davantage à l'égard des néceffités fpirituelles des ames, & des foins qu'elle
a pris pour les aider à entrer ou à s'avancer
dans la voye de Dieu & de leur falut, qui eft
la feule chofe au monde, qui lui paroit confidérable comme elle le dit fouvent, & que les
miferes de la vie ne lui font fenfibles & dans
elle & dans les autres qu'en ce qu'elles figurent
celles de l'ame, ou qu'elles contribuent à les
accroître, quand elles ne font pas portées avec
foumiffion à Dieu. Il eft impoffible de dire de
quelle forte elle toleroit les défauts, aufquels
il n'étoit pas tems de remedier ; & fans en
produire d'autres exemples, elle a gagné la
plûpart de fes Sœurs ; & depuis, fes Niéces,
par cette conduite ; ce qui auroit paru moins
étrange fi elle les eut toûjours traités de la forte également en tout tems, ce qui auroit pû
paroître l'effet d'une amitié naturelle ; mais au

F

contraire, il n'y en a point eu, qu'elle ait trai-
tées avec tant de fermeté (je parle de ses
Sœurs) lors qu'elles en sont devenuës capables par leur vertu qui a été le fruit de sa bonne conduite & de sa douceur.

Sa cha-
rité pour
ses pro-
ches.

Feuë ma S. Marie-Claire, qu'elle avoit élevée dès l'âge de sept ans, étant devenuë de
fort mauvaise humeur, au retour d'un voyage
qu'elle avoit fait à Andilly, où elle s'étoit fort
dégoutée de la Religion, & avoit eu grande
peine à revenir à Port-Royal, elle pouvoit
avoir alors douze ou treize ans, se rendit fort
pénible & sacheuse. La Fille qui servoit la
Mere & sa petite Sœur, a remarqué & nous
l'a dit avec admiration, que c'étoit une chose
étonnante, de voir comme elle la suportoit ;
non pas en authorisant ses fautes, mais en les
dissimulant avec tant d'adresse qu'il ne paroissoit pas même qu'elle s'en aperçût, & au lieu
de se servir de l'authorité qu'elle avoit sur elle,
elle le sçut si bien gagner par sa douceur & son
suport, que sans la reprendre de quantité de
petites choses, ce qui n'auroit fait qu'aigrir
son esprit qui l'étoit déjà assés, elle la retira
de la tentation de l'amour du monde, qui lui
avoit un peu éblouï les sens ; & elle revint à
aimer la Religion avec tant de zéle, que l'on
fut contraint d'accorder à son ardeur & à ses
importunités, de lui donner l'habit à quatorze
ans, qui fut le 14. Septembre 1614. & deux
ans ensuite, jour pour jour, elle fut Professe.

La Mere Agnès en même-tems, mais d'une
autre façon, lui donna aussi sujet de faire paroître sa bonté ; elle eut une fort grande maladie au commencement du Carême 1609.
pour laquelle elle fut chez Mr. son Pere jusqu'à
la Mi-May ; peu de tems après elle devint hy·

dropique, & fut encore pour ce fujet à Andilly,
& nonobftant tout le foin qu'on en pût avoir,
elle demeura deux ans dans une telle langueur
& foibleffe, qu'on ne croyoit pas l'en pouvoir
retirer : on ne fçavoit pas trop ce que c'étoit
que fa maladie : une des premieres caufes aufquelles on l'attribua, fut un excès qu'elle fit
étant encore à St Cyr. Mere le Tireux qui lui,
fervoit encore de Gouvernante, la laiffa jeuner tout un Carême, n'ayant encore que douze
ou treize ans, ne faifant qu'un repas par jour.
Et enfuite de la réforme de Port-Royal, comme elle en embraffa toutes les pratiques avec
grande ardeur, pour ce qui regarde les chofes
intérieures, car elle n'étoit pas en état d'en
entreprendre d'autres ; elle s'affectionna fi fort
à l'Oraifon, que ne bougeant de fon Oratoire,
toute malade qu'elle étoit, quand elle pouvoit
n'être pas au lit, on l'y trouvoit fouvent tombée par terre comme évanoüie, fans aucune
connoiffance, & elle demeuroit des deux heures en cet état, quelque effort qu'on fit pour la
faire revenir. Elle fut long-tems alittée tout
à fait, étant très-mal & avec un tel dégout,
qu'il étoit comme impoffible de la réfoudre à
prendre aucune nourriture. Il eft inconceva-
ble ce que faifoit la M. Angelique, qui la confidéroit non feulement comme fa Sœur ; mais
comme une perfonne de qui elle efpéroit tout
ce qui en a réüffi. Combien de fois elle s'eft tenuë des heures entieres à genoux devant elle,
pour la prier & conjurer, mais en pleurant,
de vouloir prendre des confommés qu'elle lui
faifoit elle-même ; & je l'ay vû reprocher en
riant, à des perfonnes qui étoient fort attachées à la M. Agnès, & qui fembloient avoir
plus de froideur pour elle, qu'elles ne fça-

voient pas à qui elles avoient obligation de ce
que la M. Agnès étoit encore en vie, & combien il lui en avoit coûté d'inquiétudes, de peines & de larmes pour la tirer de la mort. Elle demeuroit les journées entieres auprès d'elle
dans une chambre assez étouffée, & aux grandes chaleurs de l'Eté, où tout étoit toûjours
fermé à cause qu'elle ne pouvoit pas seulement
porter le grand air sans s'évanoüir ; & à
moins d'affaires importantes, elle n'en sortoit
point du tout, si-non qu'un jour qu'il faisoit
fort chaud, elle se résolut quoique par force,
à cause des importunités qu'on lui en faisoit,
d'aller prendre un peu l'air au jardin. Il arriva qu'à son retour elle trouva la M. Agnès en
foiblesse, je ne sçai par quel accident elle y
étoit tombée ; mais tant y a que dès ce moment, la M. Angelique protesta qu'elle ne la
quitteroit plus du tout, & de fait elle ne partit
plus du chevet de son lit, qu'elle ne fut en meilleur état & ses forces un peu réparées ; de quoi
on a l'entiere obligation aux soins de la Mere
Angelique, qui la mirent enfin en état de pouvoir prendre l'habit, le 28. Janvier 1611. La
cérémonie se fit dans toutes les formes ordinaires, sinon qu'elle sortit au dehors avec son
habit de Novice Bénédictine, qu'elle quitta,
pour prendre celui de Citeaux. Depuis qu'elle
eut eu vrayement le dessein d'être Religieuse
à Port-Royal, la M. Angelique la traita de la
même sorte qu'elle eut fait la moindre des Novices, la mortifiant en toutes choses comme
les autres, sans lui rien laisser passer, quoiqu'auparavant elle eut eu de grandes répugnan-
ces à ces humiliations, & qu'étant comme elle
dit, toute Juive, elle croyoit qu'elles n'etoient
nécessaires qu'à celles qui font des fautes, que

là fageſſe naturelle de ſon eſprit lui perſuadoit qu'elle pouvoit facilement éviter : De ſorte qu'une fois, la M. Angelique lui parlant avant qu'elle fut entierement réſoluë ; mais néanmoins ſur la penſée qu'elle en avoit déjà, & lui demandant au cas qu'elle prit l'habit, ſi elle pouvoit bien ſe réſoudre à faire les penitences que faiſoient les autres Novices, & les ſatisfactions qu'ordonne la regle, quand on perd par ſa faute le commencement de l'Office, elle répondit avec ſa gravité, qu'il ne le falloit pas perdre. Mais ces ſentimens de l'orgüeil humain furent bien-tôt bannis de ſon eſprit, lorſqu'elle entra ſérieuſement dans ceux de l'humilité chretienne, par la grace que lui obtinrent les prieres & le zéle de la M. Angelique, qui la toûjours portée à ſouhaiter avec tant d'ardeur de déſintereſſement & une charité ſi pure, le véritable bien de ſes Sœurs, qu'elle n'a pû être refuſée en des deſſeins ſi juſtes, de celui qui lui donnoit le mouvement de lui demander cette grace avec tant d'ardeur.

Elles ſe ſont toutes cinq reconnuës obligées à ſes prieres, de la grace de la vocation religieuſe dans laquelle elles ont toutes vêcu ſous ſa conduite, & trois ſont déjà mortes entre ſes bras, & celle de cinq dont l'engagement dans le monde par le mariage, ſembloit lui devoir faire perdre l'eſpérance, qu'elle put comme les autres augmenter le nombre de ſes Filles, & venir vivre & mourir à Port-Royal, lui fut promiſe de Dieu, lors même qu'elle n'oſoit la lui demander, & qu'elle étoit encore avec Mr. le Maitre, ſon Mary, par un ſonge qu'elle n'a jamais pû oublier depuis, & que l'évenement a vérifié être une prophetie. C'eſt à elle-même que je l'ai oüi raconter & interprêter. Comme elle n'avoit point de plus grandes inquiétudes que celles du salut de ses proches, qu'elle demandoit à Dieu continuellement, & n'en voyoit point de plus engagés que Mr. d'Andilly & Madem. le Maitre, qui tous deux étoient pour lors mariés ; elle prioit Dieu pour eux avec plus d'affection, afin qu'ils fussent à lui en quelque maniere que ce put être. Elle songea une nuit qu'elle les voyoit tous deux montés sur un même cheval, le visage triste & abbatu, qui venoient à elle à Port-Royal des Champs, comme pour y trouver un lieu de refuge, ce que je lui oüi conter long-tems avant que Mr. d'Andilly eut quitté le monde, & dès l'heure pourtant elle l'interprétoit comme il est arrivé, & disoit que de dix enfans qu'ils étoient, il n'y avoit que ces deux qui eussent couru une même fortune d'être mariés, aussi les avoit elle vûs tous deux montés sur un même cheval, & que la tristesse de leur visage, marquoit la viduité, où il seroient réduits, & qu'en cet état ils viendroient à Port-Royal, comme dans un azile contre les orages qui les avoient agités différemment dans le monde. L'effet a vérifié mot pour mot cette prédiction.

Son zéle ne lui succéda pas moins heureusement en la personne de Mad. Arnauld sa Mere, & ce fut dès les premieres années de la réforme, qu'elle commença de lui rendre ce qu'elle n'avoit pas reçû d'elle, & de procurer à son ame, une vie incomparablement préférable à celle du corps dont elle lui étoit obligée.

Mad. Arnauld avoit toûjours vécu dans le monde, avec la réputation d'une femme d'honneur & qui se conduisoit avec beaucoup de sagesse ; mais au reste, elle étoit à l'égard de

Dieu & des chofes apartenantes à la piété chrétienne, dans l'ignorance commune de ce fie-
cle, qui étoit extrême : Sa Fille étant fortie
de ces mêmes tenebres, par une grace fi puif-
fante, que celle par laquelle Dieu lui avoit donné le mouvement de chercher & de fuivre la
lumiere, fe fut cruë indigne du bonheur que
Dieu lui avoit fait, fi elle n'eut tâché d'en rendre participantes, les perfonnes du monde aufquelles elle avoit plus d'obligation. Mr. fon
Pere fit paroître à fa mort, que la charité de
fa Fille n'avoit pas été fans fruit à fon égard,
puifqu'il y a lieu de lui attribuer les bons fentimens que Dieu lui donna pour lors, & qu'il
a exprimé dans le vœu qu'il fit, dont nous a-
vons une copie ; mais au lieu qu'il n'eut pas
le tems de produire les fruits qu'on efpéroit de
ces faintes femences. Mad. fon Epoufe commença de fi bonne heure, à faire ufage des
inftructions de fa Fille, qu'il y a fujet de croire que l'ouvrage de fa perfection étoit achevé
lorfqu'elle fut préfentée à Dieu par les mains
de celle qui y avoit la premiere travaillé avec
tant d'ardeur, quand elle la vit mourir entre
fes bras après onze ans de Profeffion, le 28.
Février 1641.

Une action remarquable qu'elle fit, témoigne
affez la confiance qu'elle avoit en la charité de fa
Fille, & en fa prudence pour fa conduite ; puifque la M. Agnès nous a dit que ce fut dès auparavant que la M. Angelique alla à Maubuiffon
en 1618. que Mad. Arnauld ayant pa. fes
avis pris réfolution de faire fa premiere confeffion générale, de quoi on ne parloit quafi
point en ce tems-là, elle l'écrivit toute de fa
propre main, toute la nuit, & l'envoya de
Paris à fa Fille, par un homme exprès, afin

qu'elle l'a vit, la corrigeat & lui marqua ce
qui avoit besoin d'éclaircissement.

*Elle con-
tinuë la
réforme,
& établit
l'abstinĕ-
de la viă-
de.*

Mais pour revenir à l'ordre de la réforme,
la M. Angelique y travailloit avec persévérance ; mais avec la même disposition que les
Anges se hâtent d'accomplir la volonté de
Dieu, pour être prêts d'obéïr à celles qu'il
leur fera connoître ensuite. Car tout ce qu'elle
connut d'abord être de devoir, elle l'embrassa
avec joye, & en même-tems, reconnoissant
que dans un siecle où il n'y avoit aucun Couvent des ordres anciens qui fussent réformés,
sinon Montmartre : Elle avoit besoin d'un peu
de tems & de la communication de personnes
éclairées, pour s'instruire de tous les devoirs
de la réforme : Elle recherchoit avec soin ceux
qu'on pouvoit croire être de ce nombre, & faisoit en sorte de voir les meilleurs Religieux,
& les personnes qui étoient en réputation de
piété & de doctrine, pour aprendre d'eux ce
qui lui restoit encore à faire : Mr. l'Abbé de
la Charmoye, qui étoit fort bon Religeux,
vint à Port-Royal, vers l'année 1612. & y
trouva le Pere Archange, qui pour lors conduisoit la Mere Angelique, & ce Pere Archange lui conseilla de se servir de ce Religieux,
qu'il en jugeoit capable, quand elle en auroit
occasion, & depuis il vint assez ordinairement
à Port-Royal ; ce fut lui qui fit faire Profession à la M. Agnès, le 1. May 1612. & qui
conseilla à la M. Angel[illegible]que, de tâcher d'établir l'abstinence de viande, qui manquoit encore à la réforme ; car jusques-là, on en mangeoit trois fois la semaine, depuis que la M.
Angelique en avoit retranché l'usage continuel
dès l'année 1607. un an avant qu'elle pensât
à la réforme.

Elle reçût avec grande joye cette propofition, quoiqu'elle prévit bien qu'elle auroit de
la peine à l'exécuter : de fait Mr. fon Pere y
fit de grandes opofitions, ne pouvant du tout
approuver les chofes qui alloient au détrui-
ment de la fanté de fa Fille, qu'il s'offrit de
nourrir lui-même, fans que la Maifon en fut
chargée, afin qu'elle ne put prendre prétexte
de la pauvreté où la Maifon étoit alors : mais
ce n'étoit nulement ce que la Mere confidéroit
en cela, n'ayant autre but que d'établir l'entiere obfervance de la regle qui y eft expreffe ;
de forte qu'aucune raifon ne l'en put diffuader.
Mais avant que d'en faire la propofition à la
Communauté (quoiqu'en fecret on n'ignorât
pas fon deffein, auquel plufieurs avoient grande répugnance) elle voulut elle-même commencer à faire expérience de cette pratique,
qui n'étoit en ufage en aucune Maifon de l'Ordre de Citeaux, pour voir fi elle ne feroit pas
trop penible. De forte que depuis le commencement du mois de Juillet 1614. jufqu'au 4.
Août fuivant, elle ne mangea tous les jours
qu'un morceau d'aumelette, qu'on lui fervoit
au Réfectoire, couvert d'une peau de queüe de
mouton étenduë par deffus, afin que la bonne
Mere Prieure en lui venant faire inclination,
ne s'en aperçût pas ; & elle ne mangeoit que
cela foir & matin, jufqu'à ce qu'elle fe foit
réfolut tout à fait, d'établir cette abftinence
le jour de St. Dominique 4. d'Août, qui fut
lors embraffée généralement de toutes, Dieu
ayant toûjours donné cette bénédiction aux
deffeins de la Mere & à fa dévotion, à ménager le tems & les efprits, que lorfqu'elle a voulu les exécuter, toutes fes Filles s'y font ren-
duës avec amour & avec joye. La bonne Prieu-

re lui fit même de grands reproches, de l'avoir si long-tems trichée, & de s'être ainsi maltraitée pour se cacher d'elle; mais la Mere ne lui fit autre excuse, sinon qu'elle n'avoit pas voulu leur demander une chose, qu'elle ne l'eut auparavant éprouvée elle-même, & non seulement elle en fit l'essai; mais elle continua plusieurs années cette abstinence sans l'interrompre, ce qu'elle n'a depuis fait, que lorsque les maladies l'y ont contrainte, & elle regrette encore tous les jours l'impuissance où elle est maintenant, par son âge, sa foiblesse & ses continuelles infirmités, en preuve de quoi je servirai de témoin avec plusieurs autres, de la joye qu'elle eut l'année passée 1651 lorsqu'un Medecin lui conseilla l'usage du lait pour sa nourriture ordinaire & unique, ce qu'elle pratiqua plus d'un mois, avec une satisfaction la plus grande du monde, non pour les avantages qu'on lui en promettoit pour sa santé; mais de ce qu'elle étoit si heureuse, que ce prétexte servit à la faire rentrer dans la pratique d'une abstinence plus austere que celle qu'elle avoit établie & pratiquée étant plus jeune : & qui la consoleroit en partie de la privation où elle étoit de pouvoir jeuner, se lever la nuit & faire les autres exercices de Religion, comme elle nous le disoit en ce tems-là, faisant reproche en riant à la M. Agnès, qu'elle n'étoit pas si heureuse qu'elle, parce que ce Medecin n'aprouvoit pas pour elle, ce même régime : & en effet la M. Agnès lui en porta envie ; mais cela ne dura pas long-tems, car la M. Angelique ayant trop en vûe l'abstinence, dans ce régime de santé, ne prenoit pas une quantité suffisante de lait pour se nourrir, de sorte que s'affoiblissant au lieu de re-

prendre ſes forces, elle fut obligée de le quitter.

J'ai fait cette diſgreſſion apropos de ſon zele, non ſeulement à établir ; mais à garder
elle-même toutes les obſervances les plus pénibles de la vie Religieuſe, qui commençoient
par ſes ſoins & par ceux des perſonnes de
piété dont elle ſe procura la connoiſſance, à
être pratiquées dans Port-Royal, avec une
ferveur, une exactitude & un eſprit de grace
vraiment digne d'être le modéle de celles que
Dieu apelleroit par ſa miſéricorde à bâtir ſur
les fondemens d'une ſi ſainte réforme, qui imi-
toit de près & avoit beaucoup de raport à l'eſprit primitif de Citeaux. Et pour me diſpenſer
d'en produire d'autres preuves, ce que la M.
Agnès en a écrit, qui m'eſt tombé heureuſe-
ment entre les mains, fera voir que s'il eſt
véritable que l'on n'avoit pas lors dans Port-
Royal, les lumieres dans l'eſprit, au point
qu'on les peut avoir à cet heure : on en avoit
l'amour dans le cœur & la pratique dans les
mœurs, ſi entiere qu'elle nous peut ſervir de
regle ſans être au-deſſous des inſtructions qu'on
nous donne ; leſquelles ne ſurpaſſent ce qui ſe
faiſoit lors, qu'en ce qu'elles ſont faire les mémes choſes avec plus de diſcernement, & des
raiſons qui y obligent, au lieu qu'alors on ne
s'y portoit que par un mouvement intérieur,
naiſſant de la charité, qui eſt plus ſujet à s'affoiblir, lorſque cette ferveur viendroit à perdre cette premiere chaleur dans les ames, comme elles y ſont toutes ſujettes ; & qu'au contraire, l'inſtruction de la vérité ſert à maintenir la charité, & à l'exciter dans les lan-
gueurs & les affoibliſſemens dont elle ne peut
être tout à fait exempte, pendant qu'elle eſt

exposée au combat de la concupiscence, qui
dure autant que la vie, dans les ames mêmes
les plus saintes.

---

*Voicy la Copie de ces huit points, dans lesquels
la M. Agnès exprime la conduite que l'on de-
sire d'établir dans la Maison, fondée sur
l'imitation de ce qui se pratiquoit dans l'ancien Monastere des Champs, avant qu'on l'eut
transféré en cette Ville.*

PREMIER POINT.

CE que nous avons de plus en recomman-
dation en ce Monastere, c'est de conserver le premier esprit de notre réforme, que
nous avons reçû en notre Maison des Champs,
vivant fort retirées, séparées & ignorées du
monde ; à quoi la situation de nôtre ancien
Monastere nous favorisoit beaucoup. Que si
pour les inconveniens qu'on nous a représen-
tés, nous avons quitté cette chere solitude, ce
n'a point été pour prendre part à la conversation de ceux de qui nous nous sommes apro-
chés, desirant que nôtre cœur demeure où notre corps n'a pû demeurer : & pour ne point
donner lieu aux visites du monde, nous tâ-
chons de ne nous point conformer à lui, parlant le moins que nous pouvons à ceux qui
nous viennent voir, & n'attirant personne
par quelque voye que ce soit, non pas même
des Filles pour être Religieuses, craignant
plutôt qu'il n'en vienne de riches & de nobles
que nous ne le desirons, pour les suites qui ac-
compagnent ces réceptions, rendant les Maisons célebres, connuës & fréquentées, & les
Filles pouvant être un sujet de diminuer la
discipline

discipline, quand on se porte à les épagner
par quelque secrete cupidité d'honneur où de
profit.

II. Nous desirons aussi nous conserver dans
la pauvreté & la petitesse, dont nous faisions
gloire dans notre premier Monastere, tout y
étant vil & abjet ; mais fort agréable à des
ames qui ne se vouloient plaire qu'en Dieu ;
c'est pourquoi regrettant beaucoup la faute que
nous avons faite de commencer le Bâtiment a-
vec tant de superfluité, nous desirons le continuer, quand Dieu nous en donnera le moïen,
le plus simplement qu'il nous sera possible.

III. L'expérience que nous avons faite de
la providence de Dieu, depuis notre réforme,
nous oblige d'y avoir une ferme confiance.
Nous avons vû notre nombre augmenter de
trente personnes tout à la fois, qui s'étoient
jettées entre les bras de notre Mere, à son départ de Maubuisson, qui n'avoient pas toutes
ensemble, cinq cens livres de pension, sans
avoir eu peine à les nourrir & entretenir : la
charité qui les avoit fait recevoir, étant cau-
tion pour elles, qu'elles trouveroient en Dieu
le soin qu'il a de nourrir les oiseaux & de vê-
tir les fleurs : c'est ce qui nous a ôté de l'esprit, l'apréhension de recevoir des Filles qui
manquent de commodités temporelles, sçachant bien qu'à celles qui cherchent le Royaume de Dieu & sa justice, toutes les autres choses sont données par surcroit.

IV. Un autre avantage que nous tirions de
notre desert, étoit que notre Eglise n'étant
point visitée, nous n'avions point aussi curiosité de l'orner & de l'enjoliver, n'ayant soin
que de la propreté & netteté qui regarde l'estime qu'on fait d'un lieu si saint : c'est ce que

nous defirons conferver dans notre changement de lieu, y ayant affez de belles Eglifes
dans Paris, pour exciter la dévotion de ceux
qui les vifitent, outre que notre pauvreté fa-
vorifant notre inftinct, nous difpenfe de nous
mettre en peine de parer nos Eglifes de riches
ornemens; mais non pas d'enrichir nos ames
de l'amour de la fainte pauvreté, de l'humilité d'une ardente charité, afin qu'elles foient
un vrai temple de Dieu.

V. Notre éloignement de Paris étoit caufe
que nous avions peu de communication fpirituelle au dehors de la Maifon, ne fe préfen-
tant perfonne pour cela, que ceux qui en é-
toient expreffement fupliés, en quoi nous étions
heureufes, ayant trois perfonnes d'élite, qui
nous vifitoient trois ou quatre fois l'an avec
grande charité, & qui imprimoient un même
efprit en toutes les Filles, d'où il réfultoit une
parfaite union, ce qui nous a fait aimer cette
conduite uniforme que nous garderons toûjours,
ne cherchant point au dehors ce que nous avons
dans la Maifon, en la perfonne de nos Con-
feffeurs, & par la confiance que les Sœurs ont
à leur conduite & en celle de leur Supérieure.

VI. La fituation de nôtre ancien Monaftere, conforme à l'inftitution de notre Ordre,
qui recherche les lieux deferts, écartés & qui
donne quelque forte d'horreur aux fens, nous
avoit imprimé l'amour de la retraite, non feulement au regard des perfonnes de dehors;
mais auffi des unes avec les autres, de forte
que fans aucune contrainte d'efprit, & comme par une autre nature, nous nous étions pri-
vées de la récréation, l'ayant réduite à des
conférences fpirituelles qui fe faifoient trois
ou quatre fois la femaine, à quoi nous avons

éprouvé tant de facilité & de vraie satisfaction, que ce nous seroit une peine d'avoir à nous ré- créer autrement que par une ouverture de cœur qui fait parler de ce qui doit former les pensées utiles & qui servent à donner de la vigueur, & non à éteindre l'esprit.

VII. Il n'y avoit que nous qui ne nous aper- cevions pas que notre Monastere étoit triste & mélancolique, étant dans une profonde val- lée, comme si on eut voulu le cacher aux lieux circonvoisins, aimant si fort cette demeure sombre & obscure, que nous n'avions pas seu- lement la pensée de nous promener dans nos Jardins, à moins qu'on en eut besoin, ce qui nous est tourné en habitude, en sorte que nous nous contentons de sçavoir que nous avons un Jardin & de prendre l'air par nos fenêtres, récompensant l'exercice que l'on fait en se pro- menant, de quelque travail qui profite au corps & à l'ame, quoiqu'il ne soit pas si agréable aux sens.

VIII. L'obligation que nous avions, étant à la Campagne, de subvenir aux pauvres de nos Villages, nous avoit donné inclination à faire l'aumône selon notre pouvoir, qui ne s'é- tend gueres loin, peut-être par notre peu de foi, ayant éprouvé plusieurs fois qu'il faut un peu se tromper soi-même, & ne pas tant penser au lendemain, quand il se présente des occasions de charité par lesquelles Dieu nous tente, pour voir si nous aurons la confiance en sa providen- ce divine, qui étant le Pere commun de tous, nous commande de nous regarder tous comme Freres, & n'a garde de delaisser ceux qui pour assister les autres s'appauvrissent eux-mêmes.

Il faut remarquer qu'entre les trois person- nes dont elle parle, qui prenoient soin de la

conduite fpirituelle de la Maifon ; le Pere Suffrant, Jefuite, en étoit un, que la Mere Añ-
gelique connoiffoit dès l'année 1614. au moins
nous avons encore des lettres qu'il lui écrivoit
dès cette année, & je ne fçai pas combien il
y avoit auparavant qu'elle avoit communiqué
avec lui ; mais on m'a affuré qu'elle l'avoit
beaucoup fouhaité & l'avoit procuré, fur la
réputation que fes prédications lui avoient ac-
quife dans Paris : il prêcha auffi quelque fois
à Port-Royal, & y venoit faire des retraites
& écouter des confeffions extraordinaires, avec
tant de fruit, qu'on dit que la Maifon paroiffoit toute renouvellée depuis qu'il y étoit venu.

Je n'ajouterois rien à ce que je viens de raporter de la Mere Agnès, fans qu'il me fou-
vient d'une chofe, qui n'eft confidérable qu'en
ce qu'elle eft une preuve de la ferveur où l'on
étoit lors dans Port-Royal, qui repréfentoit
une image de celle des premiers fiécles de l'E-
glife, dans lefquels il fe faifoit comme un
rejailliffement de la piété des chrétiens, dans
les enfans que l'on voyoit animés de foi & d'a-
mour pour Dieu, avant même qu'ils le puffent
bien connoître. Je porte peut-être trop haut
ma comparaifon ; mais tant y a, que feuë ma
S. Marie-Claire, nous a raconté, que n'aïant
que neuf ou dix ans, au commencement de la
réforme, elle remarquoit avec fes compagnes,
dans fa Sœur Abbeffe, & dans toutes fes Filles, tant d'ardeur pour la mortification & la
penitence, qu'elles mêmes en étoient échauf-
fées, & prenoient à tâche de les imiter, en
cherchant les occafions de furmonter leurs ré-
pugnances, pour pratiquer la mortification.
Deux de ces enfans s'étant avifées d'un bon
moïen pour cela, à leur avis, s'en allerent

cuëillir dans le Jardin, de méchantes herbes
& entr'autres, quantité de morelle, & les aïant
pillées, elles en bûrent le jus avec autant de
répugnance, qu'elles auroient fait une médecine, qui ne leur auroit pas été aussi dange-
reuse, s'étant mises au hazard de se faire bien
malades ; mais Dieu ne permit pas un si mauvais effet de leur dévotion, qu'ils voulurent
encore accompagner d'une action de charité,
s'imaginant qu'elles devoient communiquer
une invention si rare, à leur petite compagne
ma S. Marie-Claire, qui sans doute ne l'eut
pas trouvée d'elle-méme, parce qu'elle étoit
naturellement très-délicate pour sa bouche,
quoi que d'ailleurs elle fut aussi servente que
les autres pour imiter la dévotion & la penitence des Religieuses : elle le témoigna bien en
acceptant cela quand ses compagnes le lui pro-
poserent ; mais ce fut avec tant de violence,
& une si horible aversion, que la Fille qui la
servoit étant venuë par hazard dans la chambre, pendant que les deux autres alloient préparer le breuvage, que la pauvre enfant attendoit comme son suplice, elle la trouvât plus
pâle que la mort, & toute tremblante, de sorte qu'en étant surprise & croyant qu'elle fut
malade, elle la pressa de lui dire ce qu'elle a-
voit, & enfin par prieres, obtint quelle lui découvrit tout ce dessein qu'elle ne vouloit pas
d'abord lui avoüer. De cette sorte sa bonne
volonté fut réputée pour effet, & elle eut une
ample dispense de sa promesse, & ses compagnes, une petite réprimande de l'indiscré-
tion de leur zele.

Elle nous conroit encore au même-tems, que
la Mere Angelique, qui en effet n'aspiroit qu'à
la solitude de quelque Maison bien cachée,

n'entretenoit les enfans, & particulierement
sa petite Sœur, que des desseins qu'elle disoit
qu'elle avoit d'aller vivre dans un desert, où
elle ne vivroit que d'herbes & de racines, &
ne feroit que prier Dieu, & cette inclination
possédoit tellement son cœur, que toute sa vie
elle a pris plaisir à en faire des projets, dont
le seul entretien lui causoit de la joye, quoique ces choses fussent dans l'impossibilité ; &
comme sa petite Sœur Marie-Claire, qui l'aimoit avec passion, lui faisoit promettre qu'elle la meneroit donc avec elle, la Mere Angelique se servoit de cela, pour lui faire perdre
toutes ses petites délicatesses en son manger,
entr'autres, l'arversion qu'elle avoit pour le
maigre & pour les légumes, lui disant que si
elle ne pouvoit manger de toutes ces choses,
elle n'auroit garde de la mener avec elle, vivre au desert, où on ne mange que des racines : & ainsi elle l'y accoûtuma si bien, qu'elle
la mit en possession d'une mortification parfaite pour ce point, où elle passoit mêmes les regles communes.

Je laisse donc tout le reste qui se pouroit dire, de l'état où elle établit sa Maison ; & je
viens au fruit de ses prieres, par lesquelles elle
attira dans ce Paradis de grace, planté de la
main de Dieu, & arrosé par ses soins, les trois
autres Sœurs qui lui restoient dans le monde,
& leur bonne Mere même à la fin, comme il
se verra par la suite de l'histoire : mais pour
en observer l'ordre, il faut parler maintenant
de la vocation de Madem. Anne, la troisié-
me des six Filles, & plus jeune d'un an, que
la Mere Angelique.

Change- Elle avoit été mise dès l'âge de sept ans &
ment de demi, à l'Abbaye de St. Cyr, lorsque la M.

Agnès y prit l'habit en 1600. enſuite de ce qui c'étoit porté dans les conditions du traité qu'on avoit fait avec M. des Portes, pour ladite Abbaye, qu'elle ſeroit tenuë d'y nourir & entretenir la M. Agnès & une autre de ſes Sœurs, tant qu'elle en auroit le gouvernement. Il faut dire ici tout ce qu'il y a eu de bien & de mal, puiſque c'eſt la gloire de Dieu de faire ſervir toutes choſes à l'accompliſſement de ſes deſſeins. Elle paroiſſoit portée à la piété, & aimoit à prier Dieu, dès l'âge de neuf ou diſ ans; & quoi qu'elle eut peu d'inſtruction lorſqu'elle fit ſa premiere communion, à l'âge de treize ans & demi, elle reſſentit beaucoup de dévotion ſenſible, comme elle s'en ſouvient encore, & même dès auparavant, elle avoit eu quelque envie d'être Religieuſe, quoiqu'à la vérité ſon premier motif en ce deſſein, étoit qu'elle aimoit beaucoup ſa Sœur de Port-Royal, qui étoit déjà Abbeſſe, & avec laquelle elle eut été bien aiſe de paſſer ſa vie : mais Mr. Arnauld, qui n'aimoit point que ſes enſans le quitaſſent, & n'avoit eu autre part à la diſpoſition qui avoit été faite des deux petites Religieuſes, que celle du conſentement qu'il avoit donné aux pourſuites de Mr. Marion, ſon beau Pere, qui ſeul avoit ſollicité & obtenu ces deux Abbayes, pour ſes deux Filles, ayant ſçû que celle-ci penſoit auſſi à ſe faire Religieuſe, il témoigna qu'il ne l'approuveroit nulement, & ainſi il lui en fit perdre le deſſein avant qu'il fut encore bien formé.

Madem. le Maitre, qui étoit l'aînée de toutes, ayant été mariée avant le Carême 1605. à Pâques ſuivant, Mr. Arnauld retira ſa Fille de St. Cyr, qui avoit près de quatorze ans, laquelle en fut bien aiſe, & commença en en-

Madem. Anne Arnauld, & ſa vocation à l'état Religieux.

trant dans le monde, d'entrer en même-tems dans l'amour des vanités & des divertissemens qu'on y recherche, avec un entier oubli de Dieu & de ses premieres dévotions. Et dans ce qu'elle a écrit, elle s'exprime avec tant d'humilité & de ressentiment, qu'elle dit que le comble de l'iniquité faisoit lors en elle, le même effet qui est propre à la perfection de la charité de lui ôter toute crainte, ensorte qu'elle ne pensoit en nule façon, à son salut. Elle en produit une preuve, qui est qu'étant un jour par les champs en son carosse, pendant un orarage & un fort grand tonnerre, elle étoit à la portiere, attentive à lire un Roman, sans avoir aucune apréhension, & aussi assurée que si elle n'eut pas oüi la voix de Dieu qui la menaçoit par son tonnerre, ou qu'elle eut crû qu'il ne voyoit point son action. Elle eut à quinze ans, une apoplexie dont on l'en crut morte ; mais étant revenuë à force de remedes & de soins, elle continua à vivre comme auparavant, & à passer son tems le plus gayement qu'elle pouvoit, dans toutes les récréations & divertissemens honnêtes & permis par les loix du monde ; & cela dura quatre ans dans cette grande liberté.

Elle tient que ce fut cette mauvaise disposition qui donna lieu à une grande tentation qu'elle eut en ce tems-là contre la foi : la communication assez ordinaire qu'elle avoit avec quelques Dames & quelques Parentes Huguenotes, & qui avoient plus de vertus extérieures, que la plûpart des Catholiques, qui dans ce tems-là étoient dans une ignorance épouventable de tout ce qui regardoit la piété chrétienne, lui ayant fait naitre un doute dans l'esprit, touchant ces deux Religions, laquelle étoit la

meilleure, jufqu'au point de donner prefque
l'avantage à l'héréfie, & de méditer quelquefois dans fon efprit, les voyes qu'elle pouroit
prendre fi elle fe determinoit. Elle tenoit ces
penfées extrêmement fecretes, & n'en témoigna jamais rien à qui que ce foit, jufqu'à ce
qu'étant tombée malade de la petite vérole, en
1613. elle en fut d'abord fi mal, qu'elle eut
peur d'en mourir ; dans cette apréhenfion, toutes fes peines fe renouvellerent dans fon efprit, avec une angoife extrême, dans laquelle elle promit à Dieu de tout fon cœur, de le
fervir dans la meilleure des deux Religions,
fans déterminer autrement laquelle : mais
néanmoins elle n'en eut plus de doute depuis,
& oublia entierement les premieres penfées
que lui avoit caufées la tentation, qui ceffa
tout à fait alors.

Enfuite de cette maladie, elle fe mit à communier plus fouvent, fans connoître les dif-
pofitions pour le bien faire, aimant toûjours
beaucoup le monde, où rien ne lui déplaifoit
que le foin qu'on l'obligeoit de prendre du
ménage, ce qui l'importunoit extrêmement ;
mais elle ne le vouloit pas faire paroître ; finon
à fa Sœur de Port-Royal, pour qui elle avoit
beaucoup d'amitié & même quelque confiance,
dont la M. Angelique prenoit avantage, pour
tâcher en la confolant de fes peines, de lui
donner toûjours quelque avis utile pour fa confcience, & entr'autres, tâchoit de lui perfuader de quitter la lecture des Romans, à quoi
elle fe paffionnoit fort, elle répondit fort ré-
folument & avec la maniere haute & fuffifan-
te, qu'on dit qui lui étoit naturelle avant que
Dieu l'eut changée, qu'on ne lui perfuaderoit
point qu'il y eut du mal en cela, & ainfi elle
n'en faifoit pas d'avantage.

Enfin, l'an 1614. étant allée à Port-Royal, au mois de Septembre, pour aſſiſter à la vêture de ma S. Marie-Claire, ſa jeune Sœur, la M. Angelique lui perſuada & lui fit promettre de faire une confeſſion générale au P. Euſtache, ce qu'elle n'avoit encore fait de ſa vie. Elle s'y réſolut en effet, néanmoins ayant été enſuite à Andilly, & delà à Paris, elle la négligea, & ſur ces entrefaites, il ſe préſenta un parti pour elle ; c'étoit un fort honnête homme, qui ſouhaitoit avec paſſion l'alliance de Mr. Arnauld, lequel de ſa part l'agréa auſſi, & en fit la propoſition à ſa Fille, qui y conſentit.

Pendant que cette affaire ſe traitoit, & qu'elle ſe réſervoit à faire ſa confeſſion quand elle ſeroit accordée, pour ſe préparer à ſon mariage, il arriva qu'en parlant à M. Pichotel, qui étoit une ſi bonne femme, fort dévote, qui l'avoit élevée toute petite, & qu'elle aimoit bien ; Dieu la toucha enſuite des avis qu'elle lui donnoit, & qu'elle lui eut fait remarquer quelques fautes qu'elle avoit faite, dont elle ne s'étoit point confeſſée, n'en ſçachant point l'importance, & ayant été encore plus aſſurée qu'elle étoit obligée de le faire par le P. Suffrant, qu'elle en fit conſulter par cette bonne femme qui s'y confeſſoit d'ordinaire, elle ſe détermina tout de bon de penſer ſérieuſement à ſa confeſſion generale, & demanda jour au P. Euſtache, qui lui donna la veille des Rois, ce devoit être dans huit jours, pendant leſquels elle ſe mit à examiner ſa conſcience & à en connoître l'état avec tant de ſentiment & d'étonnement, de ſa vie paſſée, que Mad. d'Andilly, ſa belle Sœur, étant accouchée le 30. Décembre, de ſa Fille aînée, qui étoit ſon premier enfant, toute la famille étant dans la joye, & elle ayant été obligée de l'aller voir comme les autres, quelque effort qu'elle fit pour paroître gaye & diffimuler ce qu'elle avoit dans l'efprit, elle ne pût éviter qu'on ne s'en aperçût, & qu'une de fes Coufines ne lui dit qu'elle ne fçavoit pas ce qu'elle avoit d'extraordinaire; mais qu'elle avoit le vifage tout étonné.

Elle fit donc fa confeffion au jour nommé, avec tant d'exactitude, & paroiffant fi touchée, que le P. Euftache, dit depuis à la M. Angelique, qu'il n'avoit point été furpris quand il avoit apris qu'elle vouloit être Religieufe, ayant toûjours crû, après avoir oüi fa confeffion, qu'elle ne finiroit que par là, encore que pour l'heure, elle n'y penfât en aucune forte, étant au contraire, toute réfoluë à fe marier; & de fait, on y travailloit toûjours, & on en vint jufqu'aux articles, fur quoi l'on rompit; je ne fçai point pour quelle raifon, & une affaire importante étant furvenuë à Mr. Arnauld, on n'en parla plus avant le Carême; dequoi elle fut bien aife, parceque s'étant réfoluë enfuite de la confeffion qu'elle venoit de faire, à vivre plus chrétiennement, elle fe réjoüiffoit que cette affaire n'eut pas été concluë avant le Carême, afin de pouvoir entendre les Sermons du P. Suffrant, qui prêchoit lors à Paris, avec grand fruit, où elle alloit tous les jours à St. André des Arts, avec Madem. le Maitre, fa Sœur, qui étoit déjà féparée d'avec Mr. fon Mary, & demeuroit avec Mr. fon Pere: elle fut auffi cette année, aux prieres des quarante heures, qui fe faifoient à l'Eglife des Jefuites, les trois jours de Carnaval, au lieu que les années précédentes, quand Madem. fa Mere lui offroit même d'y aller avec elle,

elle l'en remercioit, & aimoit mieux aller voir quelque jeu, ou quelque folies, de celles qui se font en ce tems-là.

Cet honnête Homme qui la demandoit, ayant regret de la rupture de son Mariage, & souhaitant toûjours avec passion cette alliance, en fit parler de nouveau, après Pâques, & Mr. Arnauld, qui avoit été dans cet intervalle à P. R. où il avoit apris de la M. Angelique, qui avoit le secret de sa Sœur, qu'elle agréoit fort ce parti, & à laquelle il avoit répondu que si elle le vouloit, elle l'auroit, donna charge à Mr. d'Andilly son Fils aîné, d'en parler à sa Sœur de sa part & de lui dire qu'il ne s'étoit pas hâté de la marier pour avoir plus de loisir de faire un bon choix ; mais que si elle étoit satisfaite de celui dont on lui avoit déjà parlé, & qui la redemandoit de nouveau, il le lui donneroit de très-bon cœur ; elle lui répondit, quoi qu'elle n'en eut aucune pensée auparavant, que si elle ne changeoit de sentiment, pour l'heure elle ne souhaitoit pas qu'on conclut cette affaire : elle lui dit cela en pleurant. Mr. son Frere l'assura, que la volonté de Mr. son Pere, étoit de ne la point contraindre en rien, & qu'il lui feroit seulement dire les Partis qui se présenteroient, que ce seroit elle-même qui en feroit le choix ; ainsi le Mariage demeura rompu, sans qu'elle-même l'eut prémédité, quoique celui qui là demandoit, eut une telle passion d'épouser une Fille de Mr. Arnauld, que non seulement, il a attendu à se marier, que celle-ci ait été Professe ; mais même il ne l'a point voulu faire, qu'il n'ait vû la cadette Religieuse, qui lorsqu'on traitoit le Mariage de ma S. Anne, étoit un enfant de six ans.

Sui

Sur cela Mad. Arnauld & Mad. le Maitre, ayant eu befoin d'aller aux Eaux de Forges, elles y allerent & Mad. Anne y fut avec elles. Ce fut là que fe fit la connoiffance de Mad. de Ligny, Sœur de Mr. le Chancelier, qu'elles y trouverent, laquelle y étant allée fans penfer être groffe, y fut en péril d'accoucher avant terme, de fa Fille qui eft maintenant Religieufe ceans. Dans cette occafion, Mad. Arnauld, lui rendit toutes les affiftances imaginables avec tant de bonheur, qu'elle empécha cet accident, & fit avec elle, une amitié qui a duré jufqu'à la mort.

Elles revinrent de Forges, fur la fin de Juillet avec Mad. de Ligny, & ayant paffé par Andilly, arriverent à Paris en 1615. lorfqu'on étoit dans les allarmes, à caufe de l'armée que Mr. le Prince venoit de lever, & que l'on craignoit qu'il ne vint affamer la Ville & les Maifons d'alentour. Cet effroy où étoit tout le monde, fit ouvrir les yeux à ma Sœur Anne, pour voir la mifere de ceux qui ne penfent qu'à s'y établir, & fe connoître heureufe de ce qu'étant encore libre, elle étoit délivrée des inquiétudes de ceux qui dans ces miferes publiques, font chargés du foin d'une famille, & au hazard de voir leurs enfans périr de faim devant leurs yeux & tous leurs biens en proye. Elle étoit étonnée de ce qu'il lui fembloit que tout le monde étoit changé, & qu'elle n'y rencontroit plus les mêmes chofes qu'elle avoit accoutumé d'y voir ; & ne s'apercevoit point que c'étoit en elle que s'étoit fait ce changement, les chofes où elle trouvoit auparavant de la fatisfaction, lui déplaifoit, & infenfiblement, elle s'apercevoit que le mépris qu'elle faifoit du monde, lui donnoit de l'eftime de la grace que Dieu

H

faisoit à ceux qu'il appelloit à la Religion, &
eut souhaité être de ce nombre, de sorte que
quelquefois, elle se demandoit à elle-même,
si c'étoit avoir envie d'être Religieuse, que de
desirer si fort d'avoir cette volonté. Dans ces
pensées, elle souhaita d'aller voir une Religieuse de la Ville l'Evêque, qui étoit une Demoiselle qu'elle avoit fort connuë dans le monde, & qui étoit entrée en Religion sur le point
de se marier ; ayant parlé à cette bonne Fille,
elle lui parla fort bien sur cette vocation, &
lui persuada que c'en étoit une, l'exhortant à
beaucoup prier Dieu, qu'il lui fit connoître
d'avantage sa volonté, & à communier à cette intention. Elle le fit le lendemain jour de
Notre-Dame de Septembre, à St. Merry sa
Paroisse, & s'étant souvenuë d'avoir lû autrefois dans les Epitres de St. Jerôme, ce qu'il
dit à la loüange de la virginité, elle porta ce
livre à l'Eglise où elle retourna entendre Vêpres, ce même jour, & étant dans leur Chapelle, qui est celle de St. Laurent, elle y lût
les deux lettres qu'il écrit à Demetriade & à
Eustochie, sur ce sujet. Dieu la toucha par
cette lecture ; elle entra dans un profond recuëillement, & tout d'un coup, elle se sentit
transportée en esprit hors d'elle-même, &
emmenée en présence de nôtre Seigneur Jesus-Christ, devant lequel s'étant jettée à genoux, il s'aprocha d'elle & lui mit une bague
dans le doigt, en lui inspirant en même-tems
un desir si violent & si ferme, d'être Religieuse, qu'elle ne se reconnoissoit plus elle-même, tant ses sentimens étoient changés.

Ayant été au sortir de l'Eglise, à l'Hôtel
de Guise, avec Mad. sa Mere qui y alloit voir
M. la Duchesse de Guise, qui lui faisoit l'hon-

neur de l'aimer beaucoup ; comme elle se fut
retirée pour entretenir les Demoiselles, pendant que Mad. Arnauld entretenoit M. la Duchesse, qui étoit au lit : elle avoit l'esprit si fort
occupé, que ne sçachant que faire pour le cacher, elle prit un livre, que tenoit une Dem.
pour lui servir de contenance, afin qu'on ne
s'aperçût pas qu'elle avoit peine à parler. Le
P. Archange l'Anglois, parloit à M. de Guise,
lorsqu'elles arriverent, & après s'y être encore
un peu tenu avec Mad. Arnauld, il prit congé
& s'avisa, contre sa coutume en s'en allant,
de demander à sa Fille, qu'il vit avec ces Demoiselles, si elle n'avoit rien à lui dire, ce
qu'il n'avoit jamais fait, quoiqu'il l'eut vüe
assez souvent avec Mad. sa Mere, qui alloit
aprendre de lui, des nouvelles de Port-Royal,
dont il prenoit soin en ce tems-là. A l'instant
elle fut bien aise de cette occasion, & s'étant
retirée de la compagnie, elle lui découvrit son
dessein d'être Religieuse, qui étoit alors tout
formé : il en fut très surpris, & ne put d'abord
s'imaginer autre chose, sinon que c'étoit quelque déplaisir, ou qu'on la vouloit engager dans
quelque mariage qui ne lui plaisoit pas. Elle
l'assura qu'il n'y avoit rien de cela dans son
dessein, & qu'au contraire, elle en avoit refusé un depuis peu de tems, qui étoit tel qu'elle
l'eut pût souhaiter ; à quoi elle ajouta, avec
une merveilleuse résolution, ces propres mots.
Mon Pere, je vous déclare que quand vôtre
Mr. de Guise voudroit m'épouser, quoique je
ne sois qu'une petite Demoiselle, je ne vou-
drois point de lui, il faut que je sois mariée
à un plus grand Seigneur ; & sur cela le Pere
Archange, l'ayant exhorté à beaucoup prier
Dieu, & se souvenir qu'il y avoit à souffrir

partout, il seretira ; & elle, retourna avec ces
Demoiselles qu'elle avoit quittées ; lesquelles
ayant eu sujet de s'étonner de cette conférence,
elle leur fit entendre, au moins à l'une d'elles,
que c'étoit qu'elle lui avoit parlé d'un mariage
pour prendre quelques avis de lui.

La maniere si indifférente dont ce Pere reçut sa proposition, ce qu'il faisoit sans doute
à dessein de l'éprouver, l'ébranla si fort, qu'elle fut depuis ce jour, qui étoit un mardi, jusqu'au vendredi suivant, sans sçavoir quel conseil prendre : mais le P. Eustache étant venu
voir Mr. Arnauld, ce jour, sa Fille prit l'occasion de lui parler, & lui ouvrit son cœur
sur sa vocation à la Religion ; il écouta cette
nouvelle avec beaucoup de joye, & l'encoura-
gea dans cette résolution, autant qu'il sembloit que le P. Archange prenoit plaisir de l'y
tenter. L'une & l'autre conduite étant à bonne intention, elles servirent toute deux à l'y
affermir davantage ; de sorte que depuis cette
heure, elle n'hésita plus sur la volonté d'être
Religieuse.

Dans le même tems, on lui parla encore du
même mariage que cet honnête Homme solli-
citoit toûjours avec une ardeur étrange ; mais
elle répondit nettement à Mad. Pichotel, qui
lui en avoit parlé, qu'elle avoit bien d'autres
pensées & qu'elle vouloit être Religieuse ; mais
c'étoit un secret qu'elle ne confioit encore à personne, hors les deux Religieux dont nous avons
parlé, & cette bonne Femme, avec qui elle
se réjoüissoit en particulier, de son bonheur.

Le P. Eustache, étant allé voir la M. Angelique, en ce tems-là à Port-Royal, il lui dit
cette bonne nouvelle, qui la remplit de joye,
& lorsque Mad. Arnauld y vint peu après, &c.

que la Mere lui eut dit que sa Fille pensoit à ê-
tre Religieuse ; on dit qu'elle répondit : moi,
que je croye que ma Fille veut être Religieuse?
comment se résoudroit-elle à vous promettre
obéïssance ? elle a bien de la peine à la rendre
à son Pere & à moi ; si jamais cela arrivoit,
on pouroit dire que la Religion fait des miracles.

On ne sçait pas si c'est par Mad. Arnauld,
que cette nouvelle se sçut, & qu'elle vint jusqu'à Mr. son Pere ; car pour ma S. Anne, elle
a toûjours eu grand soin de n'en rien faire paroître, & de peur même qu'on s'en défiât en
aucune sorte, elle prenoit plus de peine que jamais, à s'ajuster & à s'accommoder selon la
mode, étant toûjours bien coëffée & bien vêtuë, afin qu'il ne parut point de changement,
& cependant elle nourissoit au dedans, sa nouvelle devotion par de saintes lectures, comme
étoit celle des trois discours de St. Ambroise,
qu'on lui aporta par hazard, au lieu d'un autre traité de St. Cyprien, sur le même sujet,
qu'elle avoit fait chercher & qu'on ne trouva
pas : cette lecture lui fit naître une tendre affection pour notre Seigneur Jesus-Christ, &
le desir de se faire Religieuse pour être à lui,
& lui appartenir singulierement, en vertu du
titre qu'il porte d'Epoux divin des Vierges.

Mr. Arnauld ayant donc apris, on ne sçait
par quelle voye, la nouvelle volonté de sa Fille (ce fut vers la fête de Noël) fut trouver
Mademoiselle le Maître qui étoit lors malade ;
il la chargea de dire de sa part, à sa Sœur,
qu'il ne consentiroit point qu'elle se fît Religieuse tant qu'il vivroit, & que lorsqu'il seroit
mort, elle auroit la liberté de faire tout ce
qu'elle voudroit ; qu'il ne vouloit point aussi

l'obliger à se marier ; mais que seulement on
lui diroit les partis qui se présenteroient ; qu'il
ne l'obligeroit à faire aucune visite, si elle ne
le vouloit ; qu'elle auroit la liberté toute entiere de voir quantité de Dames de vertu qui
lui faisoient l'honneur de l'aimer ; qu'en un
mot, il ne la contraindroit en rien. Quand
Mr. Arnauld se fut retiré, Mad. le Maitre ne
manqua pas de la faire apeller, & de s'acquitter de la commission dont elle étoit chargée.
Elle se sentit touchée de cette opposition ap-
parente à ses bons desseins, par un mouvement d'amour pour Jesus-Chist, & se retirant
du lit de sa Sœur, elle vit un tableau qui étoit
dans la chambre, représentant notre Seigneur
portant sa Croix, sur lequel jettant les yeux,
elle lui protesta qu'elle ne vouloit être qu'à lui.

Jusqu'à ce tems, on n'osoit aller jusqu'aux
Fauxbourgs à cause de la guerre ; mais une occasion ayant obligé Mr. Arnauld de l'envoyer
parler à Mad. de Pont-Chartrain, pour une
affaire de Port-Royal, elle crut qu'elle pourroit alors sans péril, aller jusqu'au Faubourg
St. Honnoré, trouver le P. Archange, & lui
rendre compte de ce que Mr. son Pere lui avoit
fait dire : son avis fut qu'elle devoit demeurer
une année pour le contenter, puisque dans les
conditions qu'il lui avoit fait offrir, il ne demandoit rien qui put nuire à sa vocation : Elle
prit donc cette résolution avec une autre assez
plaisante ; qui fut qu'ayant encore à demeurer
ce tems-là dans le monde, elle vouloit tâcher
de le tromper & lui cacher son dessein d'être
Religieuse, sous une vanité à laquelle elle se
laissa aller, de se faire plus brave qu'elle n'a-
voit jamais été, sous prétexte que ne voulant
plus être mariée, elle ne se mettoit pas en pei-

ne de ce qu'on en diroit. Elle ne laiſſoit pas de
dire ouvertement à tous ceux qui lui parloient,
qu'ils avoient oüi dire qu'elle vouloit être Religieuſe ; qu'il étoit vrai, & que quoi qu'ils lui
témoignaſſent n'en pouvoir rien croire, qu'elle ne laiſſeroit pas de l'être ; faiſant gloire de
ne leur point celer ſes ſentimens véritables,
& de leur perſuader en même-tems le contraire, par ſa curioſité extraordinaire à s'ajuſter,
afin d'avoir le plaiſir de les voir ſurpris lorſqu'elle iroit en Religion, quand ils s'y atten-
droient le moins.

Elle témoigne que jamais elle n'avoit eu
tant de contentement dans le monde, que pendant ces neuf mois de l'année 1616. auſſi les
paſſa t'elle fort agréablement ſelon les conditions accordées, ſans ſe contraindre à rien,
étant la plûpart du tems, en Ville, avec quelques unes des Dames de ſes amies, à aller à
toutes les dévotions de Paris, voir les Egliſes,
& les cérémonies qui ſe faiſoient aux Religions,
tout cela bien dévotement, & en même-tems
très-gaïement, toûjours fort brave : & en un
mot, ma S. Catherine de St. Jean m'a ſouvent
dit, qu'elle avoit trouvé la méthode d'une dévotion fort commode & bien agréable : Elle
l'étoit doublement, en ce que Dieu lui donnoit
lors intérieurement, beaucoup de joye & de
mouvemens ſenſibles dans toutes ſes actions
de piété extérieures, & lorſqu'elle aſſiſtoit à
des Profeſſions & des Vêtures, elle ſentoit croî-
tre en elle, le deſir qu'elle avoit d'entrer dans
cette heureuſe condition, & le mépris de toutes les choſes du monde, qu'elle ne voyoit plus
qu'avec indifférence & dégoût. On ne lui pût
même perſuader dans ce tems, d'aller voir
paſſer un Ambaſſadeur, & paſſant devant le

Luxembourg lorfqu'on le bâtiffoit, elle ne daigna pas y jetter les yeux, tant toutes ces chofes lui paroiffoient frivoles, par le fentiment qu'elle avoit dans le cœur, pour des biens plus folides qu'elle envifageoit feuls, dans toutes les chofes du monde. Elle m'a dit qu'elle s'étoit une fois entretenuë avec un extréme plaifir dans cette méditation, pendant qu'elle fut voir répéter un ballet à des Princeffes, où tout ce qui y paroiffoit beau, lui donnoit lieu de s'imaginer quelque chofe des beautés ineffables du Paradis.

N'héfitant point dans fon deffein, d'être Religieufe, elle n'étoit plus en doute que de la Religion qu'elle devoit choifir, & craignant que l'affection qu'elle avoit pour Port-Royal, ne fut un effet de l'amitié qu'elle portoit à fes Sœurs, elle fit prefque deffein de n'y point aller ; néanmoins avant que de rien conclure, elle voulut faire beaucoup prier Dieu, & prendre avis du P. Archange, qui étant toûjours porté à éprouver fa vocation, lui demanda fi elle vouloit être Capucine ; elle lui répondit qu'elle les croyoit trop aufteres ; mais nonobftant, voyant qu'il témoignoit que cela ne la devoit pas empécher d'y aller, & qu'il y en avoit de toutes conditions & élevées bien délicatement qui y demeuroient ; elle fe réfolut de s'y préfenter, & fit parler à une des Meres, pour fçavoir fi elles la voudroient bien recevoir : Cette bonne Mere lui répondit, qu'elles la recevroient de bon cœur ; mais que fçachant l'inclination qu'elle avoit pour Port-Royal, il n'étoit pas apropos qu'elle entrât dans leur Maifon, fi Dieu ne lui en donnoit autant de defir qu'elle en avoit pour être avec fes Sœurs.

Le P. Archange, qui felon toute aparence

ne lui avoit fait cette proposition que pour la
tenter, lui dit bien-tôt le contraire, prenant
prétexte d'un mal de tête, à quoi il fçût qu'elle étoit sujette, ce qui faifoit, felon lui, qu'elle
ne feroit pas propre aux Capucines, & ainfi
la réfolut d'aller à Port-Royal; mais elle y
répugnoit encore pour une raifon; fçavoir,
que l'Abbaye étoit à la nomination du Roy,
ce qui lui faifoit apréhender que le bien que fa
Sœur y avoit établi, n'y fubfiftât pas. Le P.
Euftache, qui n'étoit point d'avis qu'elle allât
ailleurs, l'affura qu'en ce cas, l'on trouveroit
bien moyen de l'en tirer : mais Mr. Arnauld
qui s'étoit réfolu de la laiffer être Religieufe,
vouloit abfolument que ce fut avec fes Sœurs,
& n'entendoit pas raillerie là-deffus.

Un jour que l'on avoit eu une grande conférence là deffus, fur ce fujet, où avoient été
le P. Archange & le P. Euftache, & les principaux de fa famille; comme il eut remarqué
que fa Fille avoit été au fortir, parler à Mad.
le Maitre fa Sœur, il la fuivit, & fe doutant
qu'elle lui diroit plus librement fa réfolution,
il l'écouta à la porte : de quoi s'étant aperçut
fans en faire femblant, elle dit feulement tout
haut, afin qu'il le pût entendre, que pour elle
fa derniere réfolution étoit de s'en tenir à ce
qui plairoit davantage à Mr. fon Pere; fur
quoi ce bon Pere ravi de joye, entra dans la
chambre, & fçachant que fa peine pour Port-
Royal, étoit fondée fur l'apréhenfion que l'Abbaye ne changeâ de mains, il lui montra un
Brevet du Roy, qu'il avoit obtenu, par lequel
il lui affuroit l'Abbaye, au cas que fa Fille,
qui étoit lors Abheffe, moûrut.

Tout étant ainfi conclu, elle le pria de trouver bon qu'elle entrât à Port-Royal, lorfqu'ils

iroient à la Profeſſion de ma S. Marie-Claire,
qui ſe devoit faire le 14. Septembre 1616.
mais il le refuſa pour lors, à cauſe de l'apré-
henſion de la Guerre qui continuoit toûjours.

Un mois aprés elle le ſçût prendre ſi apropos, pour lui faire encore la méme propoſition,
dans la conjonĉture d'une nouvelle qu'il venoit
d'aprendre, que Mr. de Guiſe étoit pour la
Reine Mere, ce qui l'avoit rendu tout gay,
qu'il ſe laiſſa aller cette fois & lui promit de
l'y mener lui méme. Le jour fut pris ; mais il
ne voulut point qu'elle dit adieu à perſonne de
la parenté, étant bien aiſe que l'on crût ſim-
plement qu'elle alloit voir ſes Sœurs, afin qu'elle fut plus libre de revenir, ſi elle en eut eu
envie, ſans que perſonne en put parler : elle
fut ſeulement prendre congé & ſe recommander aux prieres de quelques perſonnes Religieuſes, de ſa connoiſſance, entr'autres du Pere
Suffrant, qui lui dit tout haut devant tous ceux
qui étoient préſens, que ſa Sœur Mad. de
Port-Royal, étoit une Sainte, qu'il la tenoit
heureuſe tant que Dieu la lui conſerveroit ;
mais qu'en tout évenement il falloit eſpérer
en Dieu, & que Dieu ne mouroit pas.

Le vendredi 7. Oĉtobre 1616. qui étoit le
jour nommé, elle fut entendre la Meſſe à St.
Merry pour partir enſuite ; au ſortir de la Ville, elle ſentit un petit attendriſſement ; mais
cela ne dura pas, & elle continua le chemin
avec joye. La M. Angelique & ſes autres Sœurs
n'en eurent pas une moindre à ſon abord, &
furent ſatisfaites de voir à ſon Port, qu'elle
paroiſſoit déjà toute changée, ayant perdu la
maniere ſuffiſante qu'elle avoit auparavant :
La M. Agnès lui dit en riant, que venant cette
fois pour être Religieuſe, ſi elle eut voulu prati-

quer exactement les regles que St. Benoît prefcrit pour éprouver la vocation de ceux qui fe préfentent, elle l'eut dû recevoir avec des injures, mais qu'encore qu'elle ne lui en voulut pas dire, ni l'apeller une bête, elle lui promettoit néanmoins qu'elle la traiteroit comme fi elle en étoit une, c'eft-à-dire en l'humiliant & la faifant obéïr fans raifonner ; ce qu'elle difoit parce qu'elle étoit Maitreffe des Novices.

Elle entra le lendemain dans le Couvent, felon la permiffion qu'elle avoit eu de le faire, & non comme y devant demeurer, & de fait elle n'y coucha pas ; mais le jour de St. Denis 9. Octobre, elle dit adieu tout de bon, pour entrer après le dîner. Mr. Arnauld étoit déjà forti, qui ne vouloit pas fe trouver en cette occafion, qui lui étoit trop fenfible : mais ayant apris que fa Fille avoit pleuré en prenant congé de Mad. fa Mere & de fes Sœurs, qui étoient venuës avec elle, il revint fur fes pas pour la quérir & la ramener à Paris : mais elle le fuplia de la laiffer. Elle fut néanmoins fi tentée & fi agitée ce jour-là, qu'elle eut peur de ne pas perfévérer ; mais fes peines cefferent bien-tôt, & elle demeura très-contente.

Elle ne fçavoit pas encore toutes les coutumes de la Religion, & n'ayant pas encore perdu celles du monde, elle mit fa toilette dans fa Cellule, pour fe deshabiller le foir, la M. Angelique, en rit en elle-même, & ne lui en dit rien ; mais le lendemain, elle fit emporter la toilette : s'en étant aperçuë le foir, & n'en fçachant point la raifon, elle étendit un mouchoir blanc fur la table pour en tenir lieu, ne comprenant pas qu'une table toute nuë, pût être de même ufage. Mais enfin la M. Ange-

lique lui aprit le myftere de la pauvreté de Jefus-Chrift, qui n'eft révélé qu'aux humbles,
& elle le comprit fi bien, que le premier emploi qu'elle eut les premiers jours de fon No-
viat, fut de nettoyer le poullailler. Comme les
poftulantes en ce tems-là, demeuroient en habit féculier, elle fe fit faire un manteau gris,
avec un biais fur le col, afin que cet habit fut
humble & commode à toute forte de travail,
& qu'il lui tint lieu de penitence pour toutes
les curiofités aufquelles elle avoit été attachée
auparavant. Ce manteau fut depuis un héri-
tage, & on le donnoit à toutes les Filles qui
entroient, afin de ne plus voir l'habit du monde.

Peu de tems après l'entrée de ma S. Anne-
Eugenie, le P. Suffiant vint à Port-Royal,
il la voulut voir, & comme ce fut à une heure où il étoit preffé, on fut dire à ma S. Anne, qui pour lors fervoit à la Cuifine, qu'elle
s'y en allât promptement, de peur de le faire
attendre, elle y fut donc, comme elle étoit,
dans fon habit de Cuifine & tablier de toile
noire devant elle, avec un grand coûteau pen-
du à fa ceinture, & les mains telles qu'on les
peut avoir quand on écure des poëles & des
chaudrons : comme il ne l'avoit jamais vûë que
dans fes habits du monde, cette nouvelle pa-
rure le frapa davantage : il lui dit dans le mouvement de fa piété ; en vérité Madem. je ne
vous ai jamais vûë fi bien parée ; mais ne vous
faut-il plus de pommade pour vos mains ?
car il fçavoit que cette curiofité avoit été fa
grande attache. Elle répondit gayement, que
l'eau où on lavoit les écuëles étoit bien meilleure & qu'elle n'avoit plus befoin d'autre chofe.

Après

Après avoir passé deux mois dans cette
ferveur, comme on parla de lui donner l'habit, elle desira que ce fut le jour de Noël, nonobstant le travail du service de ce jour-là, &
l'extrême froid qu'il faisoit, on s'accorda de
bon cœur à sa demande, & elle le reçût avec
grande cérémonie, en présence de toute la parenté, excepté Mr. Arnauld qui n'y pût être,
ni à sa Profession, parce que ces cérémonies
l'attendrissoient trop. Elle passa son Noviciat
toûjours dans la ferveur, sinon qu'elle étoit
quelquefois un peu modérée par les scrupules, à
quoi elle fut un peu sujette dans ce commencement, dont Dieu la délivra quelque tems avant
sa Profession, la mettant dans un parfait repos d'esprit.

On fut en peine de ce qu'on devoit faire à
sa Profession, parce que Mr. Boucherat, Abbé de Citeaux, étant alors à Paris, on n'osoit
prier un autre de faire cette cérémonie, ce
qu'il auroit trouvé mauvais ; & d'ailleurs on
faisoit difficulté de l'en prier, de peur qu'il ne
voulut faire la cérémonie au dehors du Chœur
des Séculiers, comme il se pratiquoit avant
qu'on eut établi la clôture. Mais s'étant avisé
de demander de lui-même au Prieur des Vaux
de Cernay, qui fut le saluer, & à qui il fit
grand accueil, s'il n'y avoit point à Port-
Royal, des Filles qui dussent faire Profession,
il lui dit qu'il y avoit une des Filles de Mr.
Arnauld, Sœur de l'Abbesse, & en même-tems
lui fit entendre tout naïvement, la raison qui
faisoit qu'on n'avoit osé le suplier de prendre
la peine de faire la cérémonie. Mr. de Citeaux
répondit qu'il ne s'oposeroit point aux bonnes
coutumes, & qu'il y vouloit venir ; ce qu'il fit,
& ma S. Anne-Eugenie fit Profession entre ses

I

mains, le 17. Février 1618. & le lendemain, la Mere Angelique partit pour aller à Maubuisson.

Fin de la premiere Partie.

RELATION

COMMENÇANT

EN MIL SIX CENS DIX-HUIT.

SECONDE PARTIE.

C E fut en cette année 1618.
que la Mere Angelique reçût
commandement de Mr. de
Citeaux, d'aller à l'Abbaye
de Maubuiſſon, pour y établir
la réforme, après qu'il en eut
ait enlever l'Abbeſſe, Mad. d'Eſtrées, ce qui
rriva de cette ſorte.

Mad. d'Eſtrées, qui avoit été premierement
bbeſſe de Bertaucourt, étoit entrée en l'Ab-
aye de Maubuiſſon, par la faveur du Roy
lenri IV. en conſidération de ſa Sœur Mad.
labriële, qui demeuroit avec elle, & qui la
evoit ſuivre en ladite Abbaye de Maubuiſſon
our être plus proche de Paris. La conduite de
tte Dame, pendant vingt-cinq ans qu'elle
it Abbeſſe dans cette Maiſon, répondit à la
aniere dont elle y étoit entrée, & le ſcan-
ale des déſordres de cette Maiſon crût à un

II.
PARTIE

*L'état
de l'Ab-
baye de
Maubuiſ-
ſon.*

I ij

point, qu'il n'y avoit rien de si public. De
sorte que le feu Roy Loüis XIII. en fut informé comme tout le monde, & l'on tient que
ce fut lui qui donna ordre à Mr. Boucherat,
Abbé de Citeaux, d'en prendre connoissance
& d'y pourvoir par les remedes nécessaires.
On nous a dit aussi que Mad. d'Estrées ayant
toûjours tenu les deux Abbayes de Bertaucourt
& de Maubuisson, on lui fit perdre la premiere
qu'on l'obligea de quitter, & que Mr. de Citeaux voulant traiter doucement cette affaire,
& disposer cette Abbesse à se rendre d'elle-même, à l'ordre que l'on desiroit qu'elle établit
dans la Maison, & à faire cesser le scandale,
qu'elle-méme causoit en particulier : il voulut
lui faire donner cet avis de sa part, avant
que de se transporter lui-méme à Maubuisson,
& pour cet effet, chargea quelques Religieux,
de cette commission, lesquels, cette Dame
traita outrageusement, non seulement de paroles ; mais jusqu'à les tenir du tems enfermés
& comme en prison, sans manger, y ajoutant
encore de plus grands excès & plus injurieux,
ce qu'elle faisoit dans l'assurance que Mr. de
Citeaux n'oseroit passer plus avant dans cette
affaire, à cause des personnes puissantes à qui
elle apartenoit, & que depuis vingt-cinq ans,
on n'avoit fait aucune visite dans cette Abbäie.

Ayant renvoyé ces Religieux après les avoir
ainsi maltraités, il parut qu'elle avoit eu quelque apréhension que l'on ne prit plus avant
connoissance de sa conduite, & ayant fait un
voyage à Chartres, où elle alloit souvent pour
ses affaires particulieres, elle passa par Port-
Royal, ce fut environ en 1616. car c'étoit
bien un an ou un an & demi avant que la M.
Angelique allât à Maubuisson : Elle la demanda

& l'entretint affez long-tems au parloir, lui
faifant entendre qu'elle vouloit penfer à établir quelque bon réglement dans fa Maifon ;
mais qu'elle y trouveroit affés de difficulté,
qu'elle eut eu befoin d'avoir du fecours dans
cette entreprife , & d'être affurée de quelques
perfonnes qui travaillaffent avec elle pour la
faire réüffir ; la M. Angelique ne fçachant s'il
étoit vrai ou non, par le pur motif de fa charité & du bien de cette Maifon , qui étoit celle
de fa Profeffion, répondit à Mad. d'Eftrées,
que fi elle la jugeoit capable de lui rendre quelques fervices dans un fi bon deffein , elle s'offroit de tout fon cœur d'aller être fa Prieure,
pour l'y affifter , & qu'auffi-bien , les Dames
qui la connoiffoient du tems qu'elle y avoit été
petite , auroient peut-être plus d'affection pour
elle que pour une autre. Mais Mad. de Maubuiffon , qui dans la vérité ne penfoit à rien
moins , & qui n'employoit cette diffimulation ,
que pour amufer les efprits par cette efpérance
de réforme qu'elle témoignoit vouloir faire elle-même ; enfuite de ce que la Mere lui eut répondu, ne parla plus de cela, & y penfa encore moins, continuant dans fes mêmes défor-
dres , avec un tel fcandale, que Mr. de Citeaux
ne pouvant plus fe difpenfer , fur les plaintes
qu'il en recevoit de tous côtés, de penfer à y
donner ordre , députa un Religieux, nommé
Mr. de R . . . pour aller comme Commiffaire , informer fur les lieux, de la conduite de
cette Abbeffe. Ce Religieux étant arrivé à
Maubuiffon , demanda à parler à Mad. d'Eftrées, de la part de Mr. de Citeaux : Elle qui
fçavoit bien ce qu'il venoit lui dire , le refufa
ce jour-là , fous quelque prétexte , & en même tems donna ordre que l'on conduifit ce Re-

II. PARTIE

ligieux & sa suite, dans l'une des Tours de l'Abbaye, comme pour y loger, & aussi-tôt qu'ils y furent entrés, elle en fit fermer les portes, & les y tint quatre jours, les faisant jeûner ce tems-là, au pain & à l'eau & les traitant avec toutes sortes d'outrages, jusqu'à faire donner tous les jours les étrivieres à ce Religieux, Commissaire de Mr. de Citeaux, qu'elle eut peut-être fait périr là-dedans, s'il n'eut trouvé au bout de quatre jours, l'invention de se sauver par une fenêtre, après quoi il fut trouver Mr. de Citeaux, qu'il informa d'une si étrange violence. Mr. de Citeaux vit bien qu'il n'y avoit plus rien à ménager, & vint aussi-tôt à Paris pour faire ses plaintes. Les Parens même de Mad. d'Estrées, donnerent les mains à Mr. de Citeaux, pour remédier à ces désordres, par telles voyes qu'il aviseroit bon être ; & entr'autres Mr. le Cardinal de Sourdis son Cousin & le Maréchal d'Estrées son Frere, lequel en son particulier avoit eu beaucoup de mécontentement de son procédé, dans le Mariage de sa jeune Sœur, laquelle étant Novice à Maubuisson, Mad. de Maubuisson, fit épouser au Comte de Sancé, sans le sçû & le consentement des Parens, & ce Mariage se fit dans l'Eglise même de l'Abbaïe ; de sorte que toutes les personnes puissantes, & sans lesquelles on n'eut jamais entrepris cette affaire, l'ayant abandonnée entierement, Mr. de Citeaux se transporta à Maubuisson, pour y commencer sa visite.

En l'année 1617. Mr. de Citeaux souhaitant fort que Mad. de Maubuisson se rendit sans violence, à faire cesser le scandale & le déréglement de sa Maison, s'en alla à cette Abbaye, & fit donner avis à l'Abbesse, de la visite qu'il y venoit faire, afin qu'elle eut elle-même à rendre compte de sa conduite & de celle de sa Maison, & à aviser avec lui dans cette visite, de ce qui étoit à faire après avoir vû l'état des choses. Elle refusa entierement cette proposition, & dit qu'elle ne recevroit point de visite ; sur quoi Mr. de Citeaux ne laissa pas d'entrer au Chapitre, & de la commencer de sa propre autorité, après en avoir fait l'ouverture à toute la Communauté, il entendit toutes les Religieuses en particulier, l'une après l'autre, comme il se pratique en semblables occasions ; ensuite de quoi, le Chapitre étant assemblé de nouveau, pour la conclusion de la visite, Mr. de Citeaux envoya prier Mad. d'Estrées de s'y trouver, elle s'en excusa, disant qu'elle se trouvoit mal ; il envoya encore la prier & la conjurer de sa part, de vouloir condescendre pour ses intérêts propres. Enfin, voyant sa résistance opiniâtre, il lui envoya faire un commandement absolu de venir, qu'elle méprisa comme le reste ; de sorte que Mr. de Citeaux, conclut la visite sans elle, & en ayant dressé l'acte, il s'en revint à Paris, où on dit qu'il informa le Roy, de ce qui s'étoit passé ; & qu'en ayant aussi fait le raport à Messieurs les Parens de ladite Abbesse, ils lui donnerent de nouveau, pouvoir d'agir contre elle, avec une entiere assurance d'approuver tout ce qu'il feroit, & de n'y mettre aucune oposition.

Sur cela cet Abbé, avisant aux moyens de remédier aux déréglement de cette Maison, dont sa visite lui avoit donné une entiere connoissance, il jugea qu'on ne le pouvoit faire en aucune sorte, qu'en ôtant l'Abbesse, qui s'y oposoit si violemment ; & trouvant qu'on ne

L'Abbesse de Maubuisson est enlevée.

le pouvoit faire par d'autres voyes ; il se résolut de la faire enlever & enfermer dans quelque Couvent, tant pour lui donner le loisir de
se reconnoître, que pour pouvoir en son absence, établir une Commissaire qui pût, avec
l'autorité qu'il lui en donneroit, y établir la
discipline, & y mettre un bon commencement
de réforme.

Il exécuta cette résolution, obtenant une
Commission de la Cour, pour l'enlever de son
Abbaye, & la faire conduire aux Filles Penitentes de Paris. De cette sorte étant parti de
Paris le 2. ou 3. Février 1618. accompagné
des Archers qui devoient faire cet enlevement,
il s'en vint droit à Maubuisson, & le Prévôt
& les Archers s'en allerent à Pontoise, attendre ses ordres, qu'il leur devoit faire sçavoir,
après avoir encore tenté si l'on pouroit éviter
cette violence au cas qu'elle voulut lui parler
& faire ce qu'il voudroit.

Il y avoit long-tems que des personnes de
ses amis l'avertissoient de ne se pas tenir dans
une si grande assurance, & de se résoudre de
donner à Mr. de Citeaux, la satisfaction qu'il
demandoit, ou bien de penser à la sureté de sa
personne & à se retirer de bonne heure. Mais
elle croyoit être si forte, à cause du pouvoir de
Messieurs ses Parens, qu'elle ne s'étonnoit de
rien, & se mocquoit de toutes ces apréhensions
qu'on lui vouloit donner. Mr. de Citeaux étant
arrivé à l'Abbaye, en fait donner avis à Madame, & la fait suplier de lui venir parler ;
elle fait acroire qu'elle étoit fatiguée & qu'elle
n'y pouvoit aller. Cependant des Religieuses
qui apréhendoient ce qui arriva, lui faisoient
toutes les instances imaginables, & ne la quittoient quasi point, qu'il n'y en eut quelqu'une

à la conjurer, pendant ces 2. jours que Mr. de Citeaux fut à Maubuisson, qu'elle voulut consentir à le voir, afin qu'il pur demeurer satisfait.

Tous ces efforts furent employés en vain, & Mr. de Citeaux jugeant qu'il n'y avoit rien à attendre davantage, se résolut de la faire enlever, selon le pouvoir qu'il en avoit du Parlement, & ayant mandé le Prévôt, il se rendit avec ses Archers, de bonne heure, à Maubuisson, le 5. Février 1618. Mr. de Citeaux, qui étoit au dehors, leur fait ouvrir la premiere porte, ensuite ils viennent à celle du Couvent, dont les Religieuses avoient la clef, ils commencerent d'y heurter, faisant commandement de par le Roy, qu'on eut à l'ouvrir; mais personne ne se présenta pour le faire : cependant les Archers enfoncent la porte, qui n'étoit pas bien forte, d'autres monterent avec des échelles, par des fenêtres, & tous étant dans la Maison, s'en allerent au Logis de l'Abbesse, laquelle ayant eu avis de ce qui se passoit, n'avoit eu le tems que de se lever de son lit, & s'enfuir quasi toute nuë se cacher dans la chambre d'une de ses Confidentes. Le Prévôt n'ayant point trouvé l'Abbesse chez-elle; mais ayant bien vû qu'elle ne venoit que de sortir de son lit, qu'ils trouverent encore tout chaud, ils se séparerent tous, par tous les lieux de la Maison, la cherchant avec grand soin; mais avec toutes leurs diligence, ils passerent presque tout le jour, sans la pouvoir découvrir : Il étoit déjà trois heures après midy, & ils se disposoient quasi à s'en retourner sans avoir rien fait, lorsqu'enfin, quelqu'uns des Archers qui étoient en sentinelle proche de ce lieu-là, entendirent remuer, & la découvri-

rent par-là. Le Prévôt y arriva auffi-tôt, &
la pria civilement de venir, où l'ordre du Roy
la demandoit, & après beaucoup de réfiftan-
ce, il la fit enlever par fes gens, & comme
elle étoit toute tranfie du froid qu'il faifoit &
d'avoir été là toute nuë depuis le matin, qu'elle n'avoit pas eu le tems de prendre fes habits;
il la ramenerent dans fon lit, où on lui fit
prendre de la nourriture, & on tâchoit de la
difpofer à partir; mais elle différoit & trouvoit des inventions pour amufer, faifant femblant qu'on ne pouvoit trouver fes habits, dans
l'efpérance qu'étant fi tard & prefque nuit, on
pouroit différer jufqu'au lendemain à l'emmener, & que peut-être trouveroit-elle moyen de
s'échaper la nuit : mais le Prévôt s'ennuyant
de tant de remifes, & voyant que le jour qui
s'abbaiffoit, les preffoit de partir, commanda
à quatre Archers, de prendre par les quatre
coins, le matelas fur lequel elle étoit couchée,
& qu'ils la portaffent dans fon propre caroffe,
qu'ils avoient fait tenir tout prêt dans la cour,
pour l'emmener en diligence à Paris, ce qui
fut exécuté, & pour la bien fceance, ils mirent avec elle une jeune Profeffe, apellée M.
du Puis, & les conduifirent jufque dans les Filles Penitentes, & ainfi acheverent leur com-
miffion.

Mr. de Citeaux, qui n'avoit point paru, &
s'étoit tenu au dehors, pendant que ces chofes fe paffoient, entra dans le Couvent, auffi-
tôt que l'Abbeffe en fut fortie, & fit affembler
toutes les Religieufes, aufquelles il déclara fes
deffeins, & comme dans l'abfence de leur Abbeffe, il leur vouloit donner une Commiffaire,
qui étant apuyée de l'authorité qu'il lui donneroit, put établir dans leur Maifon, l'ordre

& le bon réglement qu'il souhaitoit d'y voir,
& qu'il n'avoit pû encore leur procurer, à cause de la résistance de leur Abbesse ; & quoi
qu'il eut déjà jetté les yeux sur la M. Angelique, Abbesse de Port-Royal, pour la charger
de cette commission, néanmoins n'étant pas
assuré si elle-même, & beaucoup plus Mr. Arnauld son Pere, y voudroit consentir ; & pour
moins cabrer l'esprit de ces Religieuses qui a-
préhendoient la réforme, il mit à leur choix,
trois Abbesses de l'Ordre, qu'il leur nomma ;
Mad. du Thrésor, Mad. du Pont aux Dames
& Mad. de Port-Royal ; leur donnant jusqu'au
lendemain, qu'il devoit revenir à Paris, pour
délibérer.

Ces pauvres Filles passerent presque toute
la nuit en consultation sur ce sujet : Elles aimoient toutes Mad. de Port-Royal ; de ce
qu'elles l'avoient connuë petite à Maubuisson ;
mais elles redoutoient étrangement sa grande
réforme, dont il étoit grand bruit dans tout
l'Ordre ; les plus anciennes & les meilleures y
inclinoient pourtant tout à fait ; mais les autres ne se pouvant accorder, elles résolurent
de faire toutes ensemble, une autre proposition
à Mr. de Citeaux, & de le suplier très-humblement, de donner plutôt cette authorité à
une des Professes de leur Maison même, dont
il feroit le meilleur choix, selon sa lumiere,
pour prendre la plus capable. Mr. de Citeaux
témoigna être fort satisfait, & agréer cette
demande, qu'il leur promit de leur accorder,
comme il avoit dessein certainement de le faire ; mais non pas en la maniere qu'elles se le
promettoit : Dès-lors étant revenu à Paris, il
prévint Mr. Arnauld, pour tacher de le faire
consentir de trouver bon que sa Fille, l'Ab-

besse de Port-Royal, qui étoit en effet Professe de Maubuisson, se chargeât de la conduite d'une entreprise aussi difficile & aussi importante, qu'étoit celle de remédier aux derniers désordres de cette Abbaye Royale, qui
avoient scandalisé une partie de la France,
& d'y établir une bonne discipline & une parfaite réforme, comme elle avoit fait si heureusement à Port-Royal ; Mr. Arnauld eut assez
de peine à se rendre, n'ayant nule inclination
d'exposer la santé & la vie de sa Fille, au travail extrême qu'il jugeoit bien qu'il y auroit à
faire réüssir ce dessein, & où le zele de sa Fille
ne lui permettoit pas d'user de discrétion ; néanmoins après bien des instances & des prieres,
de Mr. de Citeaux, & encore plus les raisons
qu'il lui alléguoit, & dont en effet il étoit persuadé, qu'il n'y en avoit point dans l'Ordre
qui fut si capable de cette entreprise : Il se laissa vaincre & y donna son consentement, &
ensuite l'un & l'autre le manderent à P. R.

La Mere Angelique, ayant apris cette
nouvelle de Monsieur son Pere, fort peu de
tems après l'enlevement de Mad. d'Estrées, &
ayant ensuite reçû les ordres que lui fit signi-
fier Mr. de Citeaux, son Supérieur, elle se
rendit avec soumission à prendre cette charge
où elle n'envisageoit qu'un emploi de charité,
de beaucoup de peines & de travail, & par conséquent, un objet agréable à son zele ; & peut-
être même consideroit elle dès-lors, cette occasion, comme pouvant être un jour, avec son
industrie, un moyen de se décharger d'un autre fardeau si intolérable, comme elle l'appelle elle-même, sçavoir, de son Abbaye qu'elle
méditoit de quitter, ce qu'elle voulut faire effectivement, peu de tems après.

On

On ne peut dire quelle douleur cette nouvelle répandit dans toute la Maiſon, où pas une
de ſes Filles, ne s'étoit attenduë, que l'union
qu'elles tachoient d'avoir avec Dieu, & à toutes ſes volontés adorables, les dût ſéparer ſi-
tôt de celle par laquelle elles avoient reçû les
prémices de cet eſprit de grace, & de l'aide de
laquelle elles croyoient avoir tant de beſoin,
pour s'y établir plus ſolidement. Ce fut au milieu de tant de larmes, que Mr. de Citeaux,
étant arrivé le 17. Février, fit faire Profeſſion
à ma S. Anne-Eugenie, Sœur de la M. Angelique, & le jour ſuivant 18. du même mois
1618. emmena M. de Port-Roïal à Paris, chez
Mr. ſon Pere, pour la conduire de là, à Maubuiſſon. Elle ſortit accompagnée de trois Religieuſes: ſçavoir, la M. de la Croix, une des
anciennes qu'elle avoit réformées, & qu'elle
avoit menée à Maubuiſſon, lorſqu'elle y fut
dire adieu aux Religieuſes, après qu'elle eut
été benie Abheſſe, ainſi que nous l'avons marqué dans la premiere Partie de cette Relation,
& deux autres jeunes Profeſſés; ſçavoir, ſa
jeune Sœur ma S. Marie-Claire, qui n'avoit
pas encore dix-huit ans, & ma S. Iſabelle de
Château - Neuf, qui n'avoit qu'un an d'a-
vantage; mais qui étoit une excellente Religieuſe, & d'un eſprit très-ſage, qu'elle avoit
reçûë & façonnée elle-même, depuis environ
trois ans qu'elle étoit venuë à Port-Royal.

Cette ſortie de la Mere, remplit Port-Roïal
de douleur & d'affliction; mais ne ſçachant
pas les ſentimens particuliers de toutes les autres, je dirai ſeulement que la M. Agnès, qui
étoit en cette affaire, la plus interreſſée & la
plus conſidérable, nous a conté d'elle même.
Elle nous a dit, qu'après avoir dit adieu & vû

K

partir la M. Angelique sa Sœur, avec des sentimens qui n'ont point de paroles qui les puis-
sent exprimer ; elle vint à l'Eglise se jetter aux
pieds de Jesus-Christ, & avec une confiance
toute entiere, sentant bien qu'elle n'avoit plus
rien à perdre après ce qu'elle venoit de laisser,
dit ces paroles de St. Pierre, *Ecce nos reliqui-*
mus omnia : & repéta plusieurs fois, *omnia om-*
nia ; dans une disposition & une douleur, qui
ne lui laissoit pas lieu de douter que ces paroles ne fussent sinceres, & plus encore dans
son cœur que sur ses levres.

Mr. de Citeaux, qui fut lui-même témoin
de la douleur que causa cette séparation, en fut
aussi touché, & dit avec compassion, qu'il é-
toit aisé de voir qu'on arrachoit les entrailles
à toutes ces pauvres Filles, en leur ôtant leur
Mere. Il n'y avoit dans cet orage, que ma S.
Anne-Eugenie, qui fut calme, laquelle ayant
été Professe la veille, ne pouvoit pleurer non
plus que les enfans de l'Epoux avec qui elle venoit de contracter une alliance si divine : &
se souvenant que dans la premiere institution
de ce Sacrement, qui est le plus grand de tous,
Dieu a commandé à l'homme de quitter son
Pere & sa Mere, elle n'avoit point de douleur
de voir partir la sienne, & demeuroit immobile, dans les sentimens de sa joye spirituelle,
au milieu des regrets de tant d'autres & des reproches que quelques unes lui faisoient de son
insensibilité, à quoi en répondant, elle n'oposoit que l'impuissance où elle se trouvoit, de
pouvoir ressentir de la tristesse, lorsqu'elle é-
toit si possédée de la joye de son bonheur, dans
lequel elle n'étoit entrée que depuis un jour.
Et ainsi, pendant que les autres mouroient
de douleur, il s'en falloit peu, comme elle le

disoit elle-même, qu'elle ne dansât de ravis-
sement & de joye.

Madame de Port-Royal, & ses Religieuses
qu'elle menoit avec elle, demeurerent chez
Mr. Arnauld, à Paris, depuis le 19. Février
jusqu'au 29. du même mois, pendant quoi Mr.
de Citeaux fit sçavoir aux Dames de Maubuisson, comme il travailloit à s'acquiter de la
promesse qu'il leur avoit faite, de leur donner
pour Commissaire, ainsi qu'elles l'en avoient
prié, une Professe de leur Maison, sçavoir,
Mad. de Port-Royal, qu'il leur meneroit lui-
même dans peu de jours ; de quoi elles ne furent pas peu surprises, ne s'étant point attenduës que Mr. de Citeaux les dût joüer de la
sorte : Mais elles furent obligées de dissimuler,
n'étant plus apropos de s'oposer à son autorité, & voyant bien que c'étoit une affaire faite.

Au même tems, la Religieuse qu'on avoit
menée avec Mad. d'Estrées, ayant fait solli-
citer Mr. de Citeaux, par ses Parens, pour
avoir la permission de sortir des Filles Penitentes, où elle étoit demeurée, & retourner à
Maubuisson, il le lui permit, & l'ayant man-
dée, elle partit de Paris avec Mr. de Citeaux,
Mad. de Port-Royal & le reste de sa Compagnie, pour venir à Maubuisson.

Ils y arriverent comme les Religieuses é-
toient au Chœur, qui disoient une heure d'Office, d'une façon tout ensemble, si pitoyable
& si ridicule, qu'on eut eu peine à juger si elles
chantoient ou si elles se quérelloient ; aussi-tôt
qu'elles eurent achevé de chanter, elles s'as-
semblerent à la porte pour recevoir Mr. de
Citeaux & la M. Angelique, laquelle elles sa-
luerent d'abord avec respect ; mais d'une maniere assez froide, jusqu'à ce que la Mere, les

ayant reçûës avec la bonté & la franchise qui
lui est si naturelle, elle leur ouvrit tout à l'heure
le cœur, & elles commencerent à découvrir
que sa réforme ne l'avoit pas renduë si sauvage qu'elles se l'étoient figurées ; ce qu'elles se
persuaderent davantage, lorsqu'elles virent
que rencontrant une d'elles nommée Dame
Desmarets, elle la fut embrasser & lui dit gaïement ; bon jour ma grande amie, se souvenant
qu'elle l'apelloit ainsi pendant qu'elle étoit enfant, & que ces bonnes Meres aimoient ces petites caresses, ayant quasi toutes entre elles, ces
sortes d'alliance d'amitié : aussi furent elles tellement ravies de cette franchise & de cette
gayeté de la Mere ; que se croyant échapées
des mains du monstre chimérique d'une réforme si affreuse & si sauvage, comme elles se
l'étoient imaginées, elles commencerent à lui
rendre des témoignages d'affection & de joye
de son arrivée, plus grands que n'avoient été
ceux de leur crainte & de leur froideur à son
premier abord.

Mr. de Citeaux, l'ayant ensuite conduite au
Chapitre, il l'établit de son autorité, Commissaire dans cette Maison, pour y exercer la
charge en la place de l'Abbesse absente, lui
donnant un plein pouvoir d'ordonner & disposer de toutes choses, tant pour le spirituel
que pour le temporel, ainsi qu'elle jugeroit à
propos, pour établir un bon réglement dans
cette Abbaye ; ce qu'ayant fait, il s'en retourna à Paris.

Tous ces premiers jours se passerent à apri-
voiser doucemet l'esprit de ces pauvres Filles,
qui ne sçavoient pas encore ce qu'elles devoient
attendre de ce nouveau gouvernement : elle
commença par les traiter avec des bontés non

pareilles , renouvellant toutes ses anciennes connoissances, avec toute sorte de témoignages d'amitié envers elles toutes : entr'autres elle avoit grand soin d'aller voir une des anciennes , nommée Dame le Vasseur, qui étoit une bonne Fille & qui avoit été autrefois sa maitresse lorsqu'elle étoit petite , laquelle , depuis quelques années , étoit devenuë aveugle.

Elle lui faisoit toutes les caresses imaginables , & lui rendoit toutes sortes de devoirs , s'assujettissant pendant tout ce carême, d'aller tous les soirs , la voir & faire sa collation auprès d'elle , qui consistoit en du pain des Sœurs Converses , n'en voulant point manger de celui du Couvent , qui étoit plus beau , avec sept ou huit feüilles de chicoré sauvage , toute cruë, sans huile ni vinaigre , ne voulant pas seulement qu'on les lui servit dans un plat ; mais elle faisoit un creux dans le morceau de pain qu'on lui aportoit , où elle mettoit cette salade si aisée à assaisonner : Elle réjoüissoit cette bonne ancienne , la consollant de son'aveuglement , & tachant de la gagner à Dieu , ce qu'elle faisoit de même à l'égard de toutes les autres, qui étoient dans un tel étonnement de voir sa vie & sa conduite , aussi bien que celle de ses Religieuses , qu'elles leur paroissoient comme de nouvelles créatures arrivées d'un nouveau monde , tant elles avoient vû peu d'exemples d'une vie si sainte & si religieuse , ou plutôt , tant cette vie étoit éloignée de ce qu'elles avoient vû toute leur vie. Une S. Converse de céans , qui étoit alors Séculiere à Maubuisson , où elle servoit cette bonne Religieuse aveugle , que je viens de nommer , me disoit ces jours passés , que toutes les personnes de la Maison , étoient dans une tel-

le admiration, de la piété, de la mortification
& de la modeſtie, qui paroiſſoit juſque dans
les habits, le viſage, la façon & les moindres
déportemens de ces nouvelles Religieuſes,
qu'elles leurs paroiſſoient comme des prodiges,
qu'elles ne ſe laſſoient point de les conſidérer,
& que ſouvent elle & d'autres Filles Séculieres qui étoient auſſi de la Maiſon, ſe donnoient
des rendés-vous pour les aller regarder de
quelque part, où elles les puſſent voir, tant
elles avoient de ſatisfaction & de dévotion
dans la ſeule vûë de leur compoſition extérieu-
re, qui étoit ſi religieuſe & ſi édifiante, & qui
paroiſſoit ſi nouvelle, en un lieu où toutes choſes lui étoient ſi opoſées à une conduite ſi ſainte. Il faut un peu dire quelque choſe de l'état
où la M. Angelique, trouva cette Abbaye lorſqu'elle y entra, quoique ce ſoit avec deſſein
de ſuprimer les choſes les plus importantes,
puiſqu'auſſi-bien n'étoient elles que trop ſçûës.

Lorſque la M. Angelique alla à Maubuiſſon
pour la réformer, elle y trouva environ vingt-
deux Religieuſes, dont la plûpart & preſque
toutes, y avoient été miſes contre leur gré, &
y menoient une vie auſſi éloignée de leur état,
qu'elles l'aimoient peu ; & non-ſeulement elles
en ignoroient les obligations ; mais elles ne
ſçavoient quaſi pas même les premiers élémens
du Chriſtianiſme, & les principaux myſteres
de la Foi, étant dans une ignorance, pour toutes ces choſes, qui n'étoit pas concevable, &
qui fut depuis un ſujet d'exercice à la charité
de la M. Angelique, & de celle des perſonnes
qu'elle pria de s'y employer, comme on le
verra en ſon lieu.

Elles ne ſçavoient pas même ſe confeſſer,
lorſqu'elles ſe préſentoient pour le faire, à un

Religieux Bernardin, qui leur servoit de Confesseur, & qui en effet n'en portoit pas le nom
en vain, puisque c'étoit toûjours lui qui disoit
leur confession, & leur nommoit les pechez
qu'il vouloit qu'elles disent, quoi qu'elles ne
les eussent peut-être pas faits, c'étoit même
tout ce qu'il pouvoit faire, que de les résoudre à prononcer un oüy ou un non, sur lequel
il leur donnoit l'absolution, sans autre enquê-
te, jusqu'à ce qu'étant ennuyées des reproches
que ce *Pater* leur faisoit de leur ignorance,
elles crurent avoir trouvé une excellente méthode pour se bien confesser : c'étoit de com-
poser toutes ensemble avec beaucoup d'étude,
trois sortes de confessions, une pour les grandes Fêtes, une pour les Dimanches & une pour
les jours Ouvriers, lesquelles ayant écrites dans
un livre, elles se le prétoient pour s'aller confesser l'une après l'autre, ce qu'elles auroient
aisement pû faire toutes à la fois, puisqu'elles
n'y répétoient que la même chose.

Tout le reste alloit de même, l'Office y é-
toit célébré d'une maniere tout à fait pitoyable & ridicule ; & encore qu'elles eussent conservé la coutume de tout chanter en nottes,
depuis le premier mot des Matines jusqu'au
dernier de Complies, c'étoit avec une si épou-
vantable précipitation & un tel désacord, que
tant s'en faut qu'on eut pû discerner aucune
parole de ce qu'elle disoient, que c'étoit beaucoup qu'on pût juger d'abord dans cette horrible confusion, que ce fussent des voix humaines.

Elles passoient leur tems hors l'Office, qui
de cette sorte ne leur en prenoit guere, à se
divertir en toutes les manieres qu'elles pouvoient, à entretenir le monde qui les venoit

voir & qui entroit indifféremment dans le Couvent, avec autant de liberté qu'on pourroit faire dans une Maison Séculiere, de Noblesse, de Campagne, à joüer des Comedies pour réjoüir les Compagnies qui les venoient voir, & ainsi à tout ce qu'elles se pouvoient aviser.

Plusieurs d'entr'elles avoient leurs jardins particuliers, où il y avoit des cabinets pour donner la collation, & ce qui prouve plus que toute chose, que le déréglement dans cette Maison, n'étoit pas personnel, mais passé en une coutume bien établie; les jours d'été qu'il faisoit beau-tems, après avoir dit Vêpres & Complies tout de suite, le plus à la hâte qu'elles pouvoient, la Prieure menoit tout le Couvent hors de l'Abbaye, se promener sur les Etangs qui sont sur le grand chemin de Paris, où souvent, les Moines de Saint Martin des Champs, qui en sont tout proches, venoient danser avec ces Religieuses, & cela, avec la même liberté qu'on feroit la chose du monde où l'on trouveroit moins à redire.

Il seroit fort inutile d'en particulariser rien davantage, puisque de ces libertés si publiques, on peu aisément inférer le reste, qu'il est beaucoup meilleur de suprimer; & ce que nous en disons en général, suffit assez pour faire voir le travail qu'on attendoit de la M. Angelique, dans cette Vigne, que la providence de Dieu l'envoya cultiver. Elle qui avoit été élevée petite en cette Abbaye, n'ignoroit rien de tout ce qui s'y passoit, principalement ayant été souvent auprès de l'Abbesse pendant ce tems, où on en aprenoit beaucoup plus qu'ailleurs; c'est pourquoi, lorsqu'elle fit le choix de ces deux jeunes Professes qui l'y devoient acompagner; l'une d'elles, fçavoir, ma S. Marie-Claire, m'a conté qu'elle les y prépara en leur difant, que lorfqu'elles s'étoient données à Dieu, elles lui avoient offert leur vie, & que jufqu'à cette heure, il n'avoit pas encore donné de marques vifibles qu'il voulut recevoir leur offrande ; mais que l'occafion qui fe préfentoit, en étoit une, & qu'elles la devoient embraffer avec une entiere réfolution d'y faire à Dieu, non-feulement un facrifice de leurs force & de leur fanté ; mais encore de leur propre vie, qu'elles fe devoient réfoudre d'expofer de bon cœur, dans l'extréme travail qu'elles feroient obligées de prendre, pour fervir cette Maifon qui en avoit tant de befoin ; & parlant particulierement à ma S. Marie-Claire fa Sœur, dont elle connoiffoit la ferveur, auffi-bien que la délicateffe ; elle lui dit que dans cette rencontre, elle ne lui donnoit point de regle de difcrétion à obferver ; mais feulement celle d'une grande charité qui les obligeoit toutes d'oublier leurs propres interéts & leur fanté, pour tâcher de procurer ceux des ames ; & que dans la connoiffance qu'elle avoit de fa complexion, elle avoit déjà donné fa vie à Dieu, où tout au moins, elle ne doutoit pas qu'elle n'y dût perdre fa fanté, & que pour ce fujet, elle lui marquoit fa place & le lit qu'elle lui avoit déjà deftiné, dans une des infirmeries de Port-Royal, pour y paffer le refte de fa vie languiffante, après qu'elle en auroit épuifé les forces à donner bon exemple à ces Religieufes, qui avoient befoin d'être inftruites plutôt par actions que par paroles.

On peut affurer que cette exhortation & cette prédiction toute enfemble, a eu fon entier effet en ces deux Religieufes, qui y travaillerent avec un zele & une ferveur, qui étoit un sujet d'admiration continuelle à tous céux qui les voyoient, & celles qui les ont vûës & qui reſtent à Maubuiſſon, ne s'en peuvent encore taire : la M. Iſabelle Agnès n'eut point de ſanté depuis, & mourut un peu après qu'on fut en cette Ville, n'ayant encore que vingt huit ans : Et ma S. Marie-Claire m'a aſſuré deux ans avant ſa mort, que depuis ſon entrée à Maubuiſſon (il y avoit pour lors vingt-deux ans) elle n'avoit pas paſſez deux jours ſans fievre ; ce qui n'a pas empêché que juſqu'à la mort, elle n'ait obſervé dans Port-Royal, ce que la M. Angelique ne lui avoit demandé que pour Maubuiſſon, n'ayant point donné d'autres bornes à ſa diſcrétion, que celle de ſa ferveur & de ſa charité, qui alloit ſouvent au-delà de ſes forces, & qui lui ont enfin abregé la vie.

Environ dix-ſept mois après que la M. Angelique fut à Maubuiſſon, elle y fit venir ma S. Anne-Eugenie, à la priere des anciennes Meres de Maubuiſſon, qui ayant apris qu'elle avoit ſa Sœur malade à Port-Royal, de ces longues fievres qui y ſont ordinaires, & que le changement d'air guérit quelquefois, conjurerent la M. Angelique de la mander, dequoi elle obtint permiſſion de Mr. de Clairvaux, qui ayant paſſé quelque tems auparavant à Port-Royal, y avoit vû ma S. Anne-Eugenie, ſi mal, qu'elle lui avoit fait pitié, ce qui fit qu'il accorda cette obédiance de fort bon cœur.

Se voyant appuyée de l'autorité de Mr. de Cirɛaux, pour travailler ſelon ſon zele & ſa lumiere, au rétabliſſement ſpirituel de cette Maiſon, la prèmiere choſe qu'elle crût devoir

re , fut de se décharger du soin du temporel ,
moins en partie , en obtenant de Mr. de
eaux , un Procureur comptable qui prit soin
affaires de l'Abbaye, qui étoient alors fort
barrassées à cause des Procès qu'il falloit
tenir contre Mad. d'Estrées , qui plaidoit
r rentrer : Le Procureur, néanmoins ne fai-
rien qu'ensuite des ordres que lui en don-
t la M. Angelique , tant pour les affaires ,
pour le maniment du bien de la Maison :
aisant donc soulager autant qu'elle pouvoit
outes ces choses , c'étoit avec dessein de se
rger davantage du soin des ames de ces pau-
Religieuses , qui n'avoit pas besoin d'une
ndre charité que la sienne , pour les résou-
à perdre une partie de cette liberté que l'on
rroit nommer libertinage, qu'elles aimoient
que toutes choses.

lle eut tant d'adresse pour les gagner ,
n peu de tems & sous l'autorité de Mr. de
aux, elle commença d'établir la clôture ,
rdisant l'entrée aux Séculiers , & faisant
des parloirs & poser des grilles , les an-
nes l'ayant souffert doucement , quoi que
leur fut bien sensible, se voyant ainsi à
avis devenir en quelque sorte prisonnie-
mais elles avoient déjà tant d'amour &
spect pour la M. Angelique , qu'elles ne
soient résister en rien.

près avoir établi ces choses , qui n'étoient
les moindres commencemens , elle jugea
qu'il seroit impossible de travailler à la
de son dessein , d'établir en cette Maison
véritable réforme , qui n'en eut pas seu-
nt l'extérieur & les apparences ; mais
le fondement fut un véritable esprit de
& de piété qu'on n'osoit pas se promet-

tre de voir sitôt naître en ces anciennes Réligieuses, dont les longues & pernicieuses habitudes y étoient entierement opposées, si on ne se déterminoit pas à recevoir de nouvelles Filles, qui n'ayant encore aucune impression, pussent être instruites & façonnées par ses soins aux exercices d'une vie Sainte & Religieuse.

Elle en obtint le pouvoir de Mr. de Citeaux, qui aprouva fort son dessein, & il y en a qui disent, qu'il fallut aussi une permission de la Cour, à cause qu'elle ne gouvernoit que par commission, & l'on dit qu'il lui fut permis de recevoir jusqu'à quarante Filles, dans lesquelles on n'auroit égard qu'à la vocation & à la solidité de la vertu, sans leur demander aucun dot, la M. Angelique ayant bien jugé que cette condition étoit importante pour faire un bon choix.

Elle reçût donc un bon nombre de Filles en peu de tems, & leur ayant établi un Noviciat entierement séparé de la conversation des anciennes; elle leur donna pour maitresse, la M. Isabelle-Agnès. On verra dans la Relation de ma S. Magdelaine Candide, Religieuse de ladite Abbaye de Maubuisson, qui est présentement associée ceans, ce que je me dispense de raporter : ce qu'elle en dit, elle l'a apris des Religieuses de cette Abbaye, qui furent reçûës en ce tems-là, dont plusieurs vivent encore, & d'autres qui sont mortes, & qui l'en avoient aussi entretenuës, & elle témoigne ne se pouvoir lasser de parler des exemples de vertu & de charité, que la M. Angelique & ses Religieuses ont fait paroître dans cette Maison, où l'odeur qu'elle y en a laissé ne s'y peut perdre.

RELATION

RELATION

*De ma S. Madelaine Candide, touchant l'ordre
que la M. Angelique établit dans le Noviciat,
& le soin qu'elle prit pour bien élever ses Filles.*

L A M. Angelique ayant reçû à Maubuisson,
quantité de Filles pour rien, des plus propres qu'elle pût trouver pour la Religion, établit un Noviciat séparé de la conversation des
Anciennes, & leur donna pour Maitresse, la
S. Isabelle Agnès, Fille très vertueuse & très
capable de former le véritable esprit de Religion dans ces Novices. Elle avoit une très-
grande charité pour elles, & prenoit un soin
très particulier de les instruire & de faire ensorte qu'elles n'eussent aucune communication
avec les Anciennes : Elles demeuroient dans
un quartier à part, & la M. Angelique avec
ses nouvelles Filles & les trois Religieuses,
faisoient ensemble un réfectoire à part, & tous
les exercices de la Religion séparement, excepté l'Office qui ne se pouvoit faire ailleurs qu'à
l'Eglise, & par conséquent, il falloit se joindre avec les Meres Anciennes, au Chœur seulement.

La M. Angelique avoit un tel soin de l'édu-
cation de ses nouvelles Filles, qu'elle étoit in-
fatigable à la peine qu'elle prenoit pour les former à la vertu, tant par ses paroles, que par
les exemples qu'elle leur donnoit.

Elle se rendoit assiduë au Chœur, alloit tous
les jours à Matines, & le long du jour à toutes
les heures de l'Office, & n'en perdoit aucune,
à moins d'être empéchée aux choses absolu-
ment nécessaires pour les affaires de la Maison,

Exacti-
tude &
piété dans
la récita-
tion de

L

ou quand on la demandoit au parloir. La M.
Angelique prenoit un grand foin de faire célébrer l'Office Divin, par fes nouvelles Filles,
avec dévotion & révérence, pour réparer, difoit-elle, devant Dieu, l'indévotion & l'irré-
vérence avec laquelle il étoit célébré en ce lieu
avant ce tems-là. Elle avoit amené avec elle
Mad. de la Croix, pour aprendre le chant aux
Filles, & exprès, elle ne lui donna que cet
emploi, afin qu'elle s'en pût mieux acquiter,
tellement que prefque tout le long du jour, elle
ne faifoit autre chofe, que de leur aprendre le
plein chant, étant néceffaire qu'elles le fçuffent parfaitement, pour pouvoir foutenir au
Chœur, contre les Anciennes, qui avoient toutes des voix fortes & difcordantes, enforte que
fi la M. Angelique avec fes Filles, n'euffent
foutenu le chant, contre ces Meres, à pleine
& forte voix, l'Office eut continué d'être dit
à leur ancienne mode, qui étoit plûtôt capable de diftraire que d'édifier les affiftans. La
M. Angelique fe rompoit l'eftomac, auffi-bien
que fes Filles, pour tâcher de couvrir par leur
chant, dit avec révérence, le chant indévôt
de ces Anciennes, ce qui ne fe pouvoit faire
qu'avec de grands efforts; car elles avoient de
groffes voix, fi rudes & détonnantes, que
quand elles chantoient feules, il fembloit plûtôt
qu'elles fe quérelloient enfemble que non pas
qu'elles chantaffent : Tout le monde s'étonnoit comment la M. Angelique & fes Filles
pouvoient porter l'effort, qu'elles étoient obligées de faire en cela, ce qui étoit continuel
tous les jours, depuis le commencement de Matines, jufqu'à la fin de Complies, pendant l'ef-
pace de cinq ans, en quoi elle faifoit paroître
tant de patience de charité & d'humilité, que

cela n'est pas imaginable, ne témoignant jamais aux Anciennes, la peine qu'elle avoit de leur chant, qu'elle dissimuloit avec prudence, de peur de les mécontenter, car ces Meres étoient fort susceptibles, quand elle les avertissoit de quelque chose qu'il falloit corriger, & croyoient aisément que l'on avoit du mépris pour elles. La M. Angelique avoit besoin d'être en possession comme elle étoit, d'une admirable patience, discrétion & charité, pour gagner leurs esprits & pouvoir être utile à leurs ames, & c'étoit son but principal, aimant mieux suporter toute cette peine, que de choquer tant soit peu leurs esprits.

Il passa un jour des Religieuses par Maubuisson, lesquelles y séjournerent quelques jours, & considérant ce grand travail que la M. Angelique prenoit pour le Chœur, sa patience & sa charité à suporter le chant de ces Meres, sans leur en témoigner de la peine, ne pouvoient assez admirer sa vertu, ni comprendre comment elle & ses nouvelles Filles, pouvoient suporter ce travail, & disoient aux Sœurs, que pour elles, il leur seroit impossible d'y subsister ; comme en effet, elle s'y est beaucoup usée, & plusieurs de ses Filles ont souffert de grandes incommodités, pour avoir chanté si continuellement ; mais cela ne leur étoit rien non plus qu'à elle, & la serveur que la Mere avoit pour bien célébrer le service Divin, lui faisoit à elle & aux autres, souffrir avec joye toutes ces peines, sans se lasser.

Elle étoit toûjours occupée à faire aprendre le chant aux nouvelles venuës ; elle alloit souvent au lieu où on leur aprenoit à chanter, & recommandoit sans cesse aux Maitresses, d'en être bien soigneuses : quand elle pensoit qu'el-

les avoient négligé de bien aprendre à quelque
fille, elle les reprenoit fortement, & ne jugeant
pas la M. de la Croix suffisante pour aprendre
à toutes les Filles, elle y employa la S. Marie-
Claire, sa Sœur, quoi qu'elle eut d'autres occupations assez nécessaires, & qu'elle l'eut pû
soulager en d'autres affaires, dont il falloit
qu'elle se chargeât. Enfin, au raport des Filles qui étoient de son tems à Maubuisson, on
ne peut pas voir une plus grande serveur que
celle qu'elle avoit pour faire que le Divin Office fut célébré avec dévotion & révérence,
non point en chants nouveaux & en musique ;
mais simplement en plein-chant, selon la coûtume de l'ordre.

On l'a vûë plusieurs fois lorsqu'elle étoit occupée à des affaires temporelles, assez importantes, quitter tout pour s'en aller faire répéter un répons à une Fille, lorsqu'elle doutoit
qu'elle l'eut assez bien apris pour le dire au
Chœur, & ne la point quitter jusqu'à ce qu'elle
le sçut parfaitement, & quand il y avoit des
filles sans disposition, dont les maitresses dé-
sespéroient, c'étoit à celle-là, qu'elle s'atta-
choit d'avantage, & recommandoit aux maitresses d'y aporter tous leurs soins, les encourageant & les exhortant à ne se point lasser,
& encourageant aussi tellement ces pauvres filles, que toutes choses leurs devenoient faciles,
& elles ne tardoient guere à aprendre leur chant,
ce qu'elles attribuoient à la charité que la Mere
avoit pour elles, ayant reconnu souvent, que
ses paroles portoient effet, car quand elle avoit
dit à ces Filles, qu'elles eussent bon courage, &
qu'elles sçauroient bien-tôt ce qu'on leur vouloit aprendre, elles s'en tenoient toutes assu-
rées, ce qui arrivoit aussi-tôt, souvent contre -

toute aparence humaine : Comme il arriva un jour, qu'une S. Novice, nommée Angelique-Basilisse, très-bonne fille ; mais délicate & boiteuse, & qui d'ailleurs, n'avoit point de voix pour servir au Chœur, ni les autres talens nécessaires à une fille sans bien, pour être acceptée des Anciennes, sans le consentement desquelles on ne pouvoit les recevoir à Profession. La M. Angelique, considérant plus dans les filles, la vocation & la vertu, que l'argent & les talens naturels sans la grace, avoit grande compassion de cette bonne fille ; un jour parlant à elle, elle l'exhorta d'avoir bon courage & se confier en Dieu, & de faire quelques prieres particulieres, pour obtenir de la voix, afin qu'elle pût être reçuë à Profession ; il arriva quelques jours après, que selon le desir de cette fille, faisant sa priere avec grande ferveur, elle en obtint l'effet, de sorte que s'en allant au lieu où l'on aprenoit les autres à chanter, elle se mit en devoir de le faire, & entonnant un répons ; les maitresses furent surprises de l'entendre, & ne sçavoient ce que ce pouvoit être ; mais s'en informant elles l'aprirent & en rendirent graces à Dieu avec elle, & attribuerent cette grace à la priere & à la foi de la M. Angelique. La fille fut reçuë à Profession, & au lieu du peu de voix qu'elle avoit, fort mauvaise & discordante, elle en reçût de Dieu, par l'intercession de la Ste. Vierge, à laquelle elle s'étoit adressée, suivant le conseil de la M. Angelique, une très belle, très-forte & très - douce ; ensorte qu'après sa Profession, nous lui avons vû exercer l'office de premiere chantre jusqu'à sa mort, & même on ressentoit de la dévotion à l'entendre chanter ; c'étoit une très-bonne fille, qui excelloit en obéïs-

II. PARTIE

fance, humilité & fimplicité religieufe, & en charité envers les filles qui lui furent commi-fes, du tems que la M. Marie des Anges étoit Abbeffe de Maubuiffon, pour leur aprendre à chanter : elle a fait une fin fi heureufe, que je ne puis m'en fouvenir fans confolation. Je l'ai affiftée dans fa maladie.

Du travail des mains.

Outre l'affiduité au chœur de la M. Angelique, pendant fon féjour à Maubuiffon, elle avoit auffi une très-particuliere exactitude à fe trouver aux heures du travail manuel, avec fes filles, & fe mettoit indifféremment à toute forte de travail, à porter du bois aux cuifines & autres lieux de la Maifon, balayer les paffages, l'Eglife, le dortoir, le cloître, laver les écuelles, porter le linge de la leffive au grenier, farcler au jardin ; & elle faifoit tout cela avec un tel témoignage de joye, qu'il paroiffoit qu'elle n'avoit pas de plus grand plaifir au monde, que de s'occuper avec fes filles, dans ces exercices vils & pénibles : elle les encourageoit avec tant de cordialité & de ferveur leur difant de petits mots pour les exciter ; aux unes, elle propofoit l'exemple de notre Seigneur, aux autres, l'imitation de nos Saints Peres, encourageant les autres à la mortification, à l'humilité, felon le befoin de chacune: elle leur faifoit trouver matiere propre à bâtir leur édifice fpirituel, & j'ai oüi dire à plufieurs de ces filles, qu'en tous ces exercices pénibles, elles ne fentoient aucune peine, quoi qu'il y en eut entre elle de fort délicates, tant l'exemple & les paroles de la M. Angelique, les animoit & les encourageoit : Elles nous en parloient encore avec admiration, quoiqu'il y eut vingt-cinq ou trente ans que cela fut paffé, cela renouvelloit tellement leur joye, qu'elle ne quittoient qu'avec peine cet entretien.

La M. Angelique formant ses Filles de Maubuisson au travail, avoit un très grand soin de faire garder un parfait silence & pour ce sujet, prenant connoissance de toutes choses en général & en particulier, elle régloit tellement les occupations de chacune d'elles, & proportionnoit si bien le travail à leur pouvoir & capacité, qu'il n'étoit pas besoin de beaucoup parler, & elles pouvoient faire ce qui leur étoit commandé sans bruit ni distraction. J'ai oüi dire à plusieurs de ces filles, qu'elle maintenoit un tel ordre en toutes choses, que quoi qu'il y eut le nombre d'Anciennes qui a été dit, lesqu'elles n'avoient jamais été dans la pratique d'une vie aussi réglée ; mais toute oposée, l'on n'eut pas dit qu'il y eut eu rien à faire, tant les choses se passoient doucement, & que l'on servoit ces Anciennes, fort difficiles, avec paix & charité suivant l'ordre de la Mere, qui les faisoit servir par ses nouvelles filles, avec grand soin & grand respect, pour essayer de les gagner & de leur donner bonne édification, afin que par ce bon exemple, elle pussent un peu ouvrir les yeux & envisager la vertu dont elles étoient fort éloignées ; elle faisoit souvent des exhortations à ses filles, sur ce sujet, leur faisant voir l'importance qu'il y avoit, d'aprendre par action à ces Meres, ce qu'on avoit pas lieu de leur aprendre par des paroles, parce qu'elles ne l'eussent pû porter.

La M. Angelique, pendant son séjour à Maubuisson, étoit dans une extréme ferveur & desir, de voir revivre l'esprit d'austérité & de pauvreté de nos Saints Peres, ce qui lui faisoit toûjours trouver de nouvelles inventions pour se mortifier en toutes choses & pour l'in-

II.
PARTIE

sinuer dans l'esprit de ses filles, tant par ses exemples que par ses instructions, & elle avoit une attention toute particuliere à se mortifier toute la premiere : pour sa demeure, elle choisit la cellule du dortoir, la plus laide de toute, où l'on ne voyoit presque goute, elle n'avoit été habitée que par quelques pauvres Sœurs Converses, ou Servantes, qui ne pouvoient avoir mieux ; elle étoit proche d'un escalier, qui étoit un passage commun, ce qui pouvoit lui ôter son repos : cette cellule étoit très-mal saine, car elle étoit proche des tuiles & d'un grand égout qui y donnoit une fort mauvaise odeur, & même à cause de cet égout, qui passoit le long de la fenétre, il entroit quelquefois dans ce lieu, des crapeaux & des lezards, ce qui faisoit que personne n'y vouloit demeurer, de plus, il y avoit force punaises, à cause que n'y voyant goute, on ne la pouvoit nettoyer : La M. Angelique y coucha long-tems, avec grande joye d'avoir trouvé une si bonne occasion pour pratiquer la pauvreté, la mortification & l'humilité qu'elle aimoit tant : quand on lui en parloit, & qu'on se mettoit en peine pour lui en faire prendre une autre, elle disoit qu'on lui faisoit un grand déplaisir, & que cette chambre étoit toute sa consolation, que quand elle y étoit, il lui sembloit qu'elle étoit dans la grotte de Béthleéme, où l'on ne voyoit goute extérieurement ; mais que Jesus-Christ en étoit la lumiere & qu'il n'étoit pas bésoin d'en avoir une autre. Enfin, elle se deffendoit si adroitement, pour ne pas changer sa chambre, qu'on étoit contraint de consentir à sa dévotion : elle a demeuré dans cette cellule, jusqu'à ce que la nécessité d'en sortir lui survint, ensorte qu'il n'étoit plus en son pouvoir d'y résister, com-

me elle ordonnoit de toutes chofes , elle prenoit toûjours pour elle la place la plus incommode , le plus mauvais lit & tout ce qu'elle pouvoit trouver de pire : On l'a rarement vû coucher fur un bois de lit ; mais prefque toûjours
fur une paillaffe jettée par terre , en un coin
de chambre , & fouvent auprès de quelque malade. C'a été la M. Angelique qui a introduit
à Maubuiffon , de coucher fur de la paille avec
des draps de ferge felon la reglé , comme on
l'y pratique encore à préfent , & de n'avoir aucun meuble dans les cellules , finon une chai-
fe de paille , une petite table , & pour tableau ,
un Crucifix de papier , les lits , une paillaffe
fur trois ais , pofés fur deux petits traiteaux.

Pour fon manger , c'étoit une chofe étonnante que les inventions qu'elle trouvoit pour
s'y mortifier : Elle avoit établi une maniere de
vie fort auftere pour fes filles ; mais cela ne fuffifoit pas pour elle ; le jeûne de la regle y étoit
étroitement obfervé , & l'on donnoit à chacune , une livre de pain par jour , conformement
à notre Sainte Regle , & au diner , quand les
Sœurs étoient affifes à table , celles qui fervoient leur ayant mis à chacune une écuelle
fur leur affiete , leur mettoient dedans du boüillon aux herbes l'été , & aux choux l'hyver ,
ou à la purée , & les Sœurs rompoient dans ce
boüillon , de ce pain ce qu'elles en vouloient ,
& avec ce pain trempé , on leur donnoit à chacune , deux jaunes d'œufs , qui fouvent étoient
affez mauvais ; l'été , au lieu de ces jaunes
d'œufs , on leur donnoit de l'aumelette ou des
œufs broüillés , & de quelque façon que ce fut ,
les Sœurs qui fervoient au réfectoire , leur mettoient leur portion fur leur potage , & elles mangeoient ainfi ces œufs & ce potage broüillés en

semble ; pour ragout, la M. Angelique leur faiſoit donner, l'été, une ſalade de chicoiée amere, ſans huile, avec un peu de ſel, & pluſieurs la mangeoient ſans vinaigre, principalement la M. Angelique, laquelle après qu'on avoit paſſé le boüillon qu'on donnoit aux Sœurs, l'été, elle ſe faiſoit aporter les herbes qui reſtoient de ce boüillon, avec ſon pain, dequoi elle faiſoit ſon dîner, ſans prendre d'œufs comme les autres, croyant que ces herbes ſuffiſoient pour ſa nourriture, ſinon l'hyver qu'elle ne pouvoit avoir d'herbes, elle ſe faiſoit réſervér quelque vieux reſte de pluſieurs façons d'œufs, gardés de pluſieurs jours ; & ainſi, trouvoit tous les jours de nouveaux moyens de mortification pour ſon manger comme pour le reſte.

Souvent quand elle étoit malade, & qu'il arrivoit que ce qu'on lui avoit apréré pour ſon manger ou pour ſes remedes, n'étoit pas bien ou qu'il fut gâté, comme des œufs durcis, au lieu d'étre clairs, ou du boüillon trop ſalé, ou enfin gâté, croique ce pût étre, elle recevoit ces petites rencontres avec tant de joye, qu'elle ne vouloit point qu'on lui apréta autre choſe, & perſuadoit ſi bien aux Sœurs que cela ne lui pouvoit faire de mal, qu'on étoit contraint de le lui donner ; elle diſoit à ce ſujet qu'infailliblement, ces occaſions de mortification n'arrivoient que par la providence de Dieu, que c'étoit pour cela que nous les devions beaucoup aimer, & ne pas tant craindre qu'elles fiſſent mal.

Pour ce qui eſt de ſes habits, & ceux de ſes nouvelles filles, elle faiſoit toûjours chercher les plus viles étoffes, & prenoit ſoigneuſement garde qu'il ne s'y coulât quelque vanité ou ſuperfluité ; quand elle voyoit qu'une fille aimoit

tant foit peu l'ajuftement, s'il étoit en fon pouvoir, elle l'en reprenoit fortement & charitablement ; mais quand elle ne pouvoit pas l'en
avertir pour quelque raifon, elle en fouffroit
une peine extrême, ce que l'on remarquoit fouvent au fujet des Anciennes de Maubuiffon,
lefquelles au commencement qu'elle y alla, é-
toient coëffées & vétuës d'une maniere toute
mondaine, & quand elle les confidéroit, elle
ne pouvoit exprimer la peine qu'elle en reffen-
toit, tant elle avoit ce deffaut en horreur ; jamais fes filles de Maubuiffon, n'ont pû gagner
fur elle, de lui faire porter une robe neuve ;
auffi-tôt qu'on lui en avoit aporté une, diffi-
mulant de la vouloir, elle l'acceptoit & la laiffoit quelques jours fans la vouloir vétir, feig-
nant de l'oublier, pour avoir le tems de con-
iderer celle d'entre elles qui en avoit le plus de
befoin, puis prenant un tems propre pour la
lui faire mettre, elle le faifoit auffi-tôt.

Celles qui avoient foin des habits, croyant
au commencement, qu'elle n'eut autre deffein,
finon de faire plaifir à d'autres, lui en portoient
une autre, dont adroitement elle faifoit le même ufage, & donnoit de fi bonne raifons aux
fœurs, qu'elles ne s'apercevoient pas de fon
intention. Enfin, réiterant plufieurs fois de lui
en porter de nouveaux, dont elle trouvoit toûjours moyen de fe deffaire, cela leur fit con-
oitre fon deffein, & elles fe réfolurent de ne
rien plus donner ; mais effayoient feulement
de lui en faire porter qui fuffent un peu plus
onnêtes, ce qu'elles avoient bien de la peine à
obtenir, faifant fi bien qu'elle trouvoit toûjours
moyen d'avoir les plus méchans.

Lorfque Madame de Soiffons arriva à Maubuiffon, on jugea néceffaire que la M. Ange-

lique, fut proprement habillée, pour la confideration de cette Dame, en la compagnie de laquelle elle devoit être fouvent : Pour ce fujet, on lui fit faire une robe neuve, qu'elle vêtit à grand regret. Un jour étant avec fes nouvelles filles qu'elle avoit fait affembler, pour leur faire la conference, & les inftruires, & quelquefois jettant les yeux fur fa robe, elle interrompoit fon difcours pour dire deux ou trois fois ; quelle robe ? eft-il poffible que je fois obligée de porter cette robe ? & oubliant ainfi ce qu'elle avoit commencé de leur dire, elle fe mit à les entretenir de la vertu de pauvreté, & leur parla fi admirablement & fi efficacement, qu'elles en demeurerent toutes touchées, & elle en méme-tems, cherchant quelque moyen de diminuer la peine que lui caufoit cette robe, fe mit à vifiter tous les habits de deffous, de fes filles, & fe trouvant une poftulante qui avoit un méchant habit blanc tout de pieces, elle eut l'invention de l'avoir pour elle, fans qu'on s'en aperçut que longtems après, & elle aimoit tellement ce pauvre habit, qu'on fut contraint de le lui laiffer achever d'ufer, & elle étoit fort foigneufe d'y remettre des pieces elle-méme, pieces fur pieces pour la faire durer plus long-tems.

Voilà ce qu'a écrit ma S. Candide, fur le raport de celles mêmes qui le fçavoient d'original & qui n'en parloient pas par ouïr dire ; mais pour avoir été inftruites & élevées dans ce premier Noviciat que la M. Angelique établit dans Maubuiffon.

Il faut retourner à la fuite de l'Hiftoire.

La M. Angelique ayant travaillé avec tant de zele & de fuccès, toute cette année 1618. à cette œuvre fi utile à laquelle Dieu l'avoit

deftinée

deſtinée ; il voulut animer davantage ſa charité, & la récompenſer déjà en quelque ſorte,
lui donner la connoiſſance du B. Evêque de
Geneve, qui étoit à Paris au commencement
de 1619. Monſieur de Bonneüil, qui recevoit
les Ambaſſadeurs, ayant fait connoiſſance a-
vec la M. Angelique, au ſujet de ſa Fille aînée, Novice aux Clairettes, qu'elle avoit reçûë à ſa priere, & qui étoit avec elle à Maubuiſſon, il y avoit déjà quelques mois ; s'aviſa
après Pâques de cette année 1619, d'amener
à Maubuiſſon, Mr. de Geneve, qu'il avoit
prié de Confirmer ſa Fille. Nous ne ſçavons
aucune particularités de ce qui ſe paſſa à ce
premier abord, entre ce Saint Evéque & la
Mere Angelique ; tout ce qu'on en auroit pû
aprendre, étant mort, avec ma S. Marie-Claire, qui ſçavoit ſeule une infinité de choſes,
dont pas une autre n'avoit connoiſſance ; ce qui
fit dire à la M. Angelique, après ſa mort, qu'elle loüoit Dieu de ce qu'on ne ſçavoit jamais
que peu de choſes de ſa vie, puiſque celle qui
en avoit une plus entiere connoiſſance, l'avoit
emportée avec elle.

Toute la certitude que l'on a, eſt que dès ce
moment, Dieu fit une telle liaiſon de grace entre ces deux ames, qui en étoient remplies,
que la M. Angelique ne douta point qu'une ſi
heureuſe rencontre ne fut un effet de la providence de celui qu'elle adoroit dans le Ciel,
comme ſon véritable Pere & qui vouloit qu'elle en eut un ſur la terre, en la perſonne de ce
Saint Prélat : auſſi, lui-même de ſon côté, re-
çût-il avec joye, cette nouvelle Fille, & conçût dès l'heure pour elle, tous les ſentimens
d'un vray Pere, qu'ils lui a conſervés juſqu'à
la mort, ainſi qu'on le peut voir dans les let-

II.
PARTIE

---

* veƵ veut*
réſigner
ſon Ab-
baye.

M

II.
PARTIE

tres qu'il lui a écrites, dans l'une desquelles,
entre autres il lui témoigne l'opinion qu'il a-
voit conçûë de la perfection & de la vertu non
commune, à laquelle il prévoyoit que Dieu
deſtinoit la Mere : c'eſt dans l'épitre 43. du
neuviéme livre, qu'il eſt bon de voir toute entiere. Il dit cecy au commencement » Je com-
» mence par où vous finiſſez, ma très-chere &
» très-véritablement bien aimée Fille : car vô-
» tre derniere finit ainſi : Je crois que vous me
» connoiſſez bien ? Or, il eſt vrai certe, je vous
» connois bien, & que vous avez toûjours dans
» le cœur une invariable réſolution de vivre
» tout à Dieu ; mais auſſi, que cette grande ac-
» tivité naturelle vous fait ſentir une viſſici-
» tude de ſaillies. O ma Fille, non, je vous
» prie, ne croyez pas que l'œuvre que nous a-
» vons entrepris de faire en vous, puiſſe être
» ſitôt fait : les Ceriſiers portent bien-tôt leurs
» fruits, parce que leurs fruits ne ſont que des
» Ceriſes de peu de durée ; mais les Palmiers,
» Princes des Arbres, ne portent leurs Dattes,
» que cent ans après que l'on les a plantés,
» ce dit-on : une médiocre vie ſe peut acqué-
» rir en un an ; mais la perfection à laquelle
» nous tendons ; ô Dieu ! ma chere Fille, ne
» peut venir qu'en pluſieurs années »

Et il finit cette lettre par ces paroles » de-
» meurés en paix : ma chere Fille, & priés
» ſouvent pour mon amandement, afin que je
» ſois ſauvé, & qu'un jour nous travaillons
» en la joye éternelle, nous reſſouvenant des
» attraits dont Dieu nous a favoriſés, & dés
» réciproques conſolations qu'il a voulu que
» nous euſſions, en parlant de lui, en ce mon-
» de. Du 16. Novembre 1619. »

Enſuite de cette heureuſe connoiſſance, que

la providence fit naitre à la M. Angelique, que
fa lumiere lui fit difcerner, & que la grace lui
fit eftimer comme elle méritoit en lui donnant
le mouvement de fe foumettre avec une parfaite confiance à ce St. Evêque, elle ne différa
point de lui mettre fon ame entre les mains
par une confeffion générale qu'elle lui fit, avec
deffein d'entrer tout de nouveau avec un fi bon
guide dans la voye de Dieu : Elle fut dans une
grande retraite pendant ce têms-là, elle ne
bougeoit du parloir, où il y avoit un petit oratoire ; elle n'en fortoit que pour prendre deux
œufs, qui faifoient tout fon diner, & y retour-
noit au même moment, pour ménager le tems
de fon St. Directeur, qui la voyoit tout le plus
qu'il pouvoit, prévoyant bien qu'il n'auroit
pas beaucoup d'autres occafions de l'entretenir.

Elle procura auffi que la M. Agnès, qui é-
toit à Port-Royal des Champs, fe difpofât à
en faire autant lorfqu'il iroit porter la bénédiction dans cette Maifon, ainfi qu'elle l'en
priât, & qu'il lui accorda au mois   de la
même année ; Mr. Mad. Arnauld & Mr. d'Andilly & tout le refte de la famille, eurent auffi
part à la charité de ce Bien-heureux Prélat,
qu'il leur fit l'honneur d'aller paffer quelques
jours à Andilly, où il donna fa bénédiction
aux petits enfans de Mr. d'Andilly & de Mad.
le Maître, & prédit en cette occafion, la mort
du petit François, troifiéme Fils de Mr. d'Andilly, qui n'avoit que deux ans, duquel il dit
en le careffant : cet enfant a la mort dans les
yeux, quoique pour l'heure il fe portât parfaitement bien : de fait il mourut de la petite ve-
role, peu de mois après.

Ce fut auffi entre fes mains que Madem. le
Maitre, qui étoit déjà féparée depuis quelque

tems d'avec ſon Mari , fit vœu de chaſteté per-
pétuelle le jour de St. Alexis 1619.

La M. Angelique, en qui l'eſprit de Dieu
ne changeoit pas , quoique les accroiſſemens
de ſa charité & de la grace, fiſſent paroître tous
les jours quelque choſe de nouveau , dans la conduite de ſa vie , conſervoit avec cette nouvelle
ferveur où elle étoit entrée par la communication de Mr. de Geneve , ſon ancienne inclination de ſe décharger du poids de ſa charge d'Abbeſſe , pour courir avec moins de peine à l'o-
deur des parfums de l'humilité de Jeſus-Chriſt,
qu'elle ſouhaitoit de ſuivre par l'imitation de
ſa vie inconnuë & mépriſée, dont les diſcours
de ce nouvel Apôtre lui avoit fait naitre encore
un amour plus ardent ; & aprenant de lui comme il avoit établi le nouvel inſtitut de la viſi-
tation ſur ces profonds ſentimens de l'humilité & de la ſimplicité , elle conçût un extréme
deſir d'y avoir entrée.

[Il eſt dit dans la vie de la M. de Chantal,
qu'il ne voulut pas lui donner place , pour ne
la pas ravir à ſon Ordre ; mais il n'y a pas de
contradiction , parce que le voulant d'abord ,
ce ne fut que dans la ſuite , que ce Bien-heureux changeât de ſentiment, voyant par les
difficultés qui ſe rencontroient à exécuter ce
deſſein, que Dieu en avoit de plus grands ſur
cette ame extraordinaire ; c'eſt ce qu'il lui témoigna par une lettre qu'il lui écrivit peu a-
vant que de mourir , dans laquelle il lui mandoit expreſſement qu'elle ne ſe donnât point
d'inquiétude , & qu'elle ſuivit Dieu qui vouloit
ſe ſervir d'elle pour de très-grande choſes ; &
je tiens ceci d'elle-même, qui me l'a dit dans
ſa derniere maladie ; car j'écris cette addition
depuis ſa mort , & elle m'en parla au ſujet de

tout ce qui étoit arrivé dans la Maison depuis vingt ans, & de ce que Dieu avoit daigné nous donner en ce tems-cy, si grande part à la persécution que souffre la vérité. Je ne sçai s'il se trouvera quelque copie de cette lettre? mais tous les originaux de celles que Mr. de Geneve lui avoit écrite, ont été perdus, parce que la Mere Angelique, après sa démission ne se voulut réserver aucune chose, qu'elle ne mit entre les mains de la Supérieure, pas même les lettres, que l'on peut dire qui étoient son trésor, si on peu dire qu'elle en eut avant sur la terre, puisqu'elle n'y avoit d'attache pour quoi que ce soit. Elle le fit paroître dans cette occasion comme dans toutes les autres, les Meres de Dijon, qui avoient alors presque l'entiere conduite de la Maison, ayant fait si peu d'état de ces lettres, qui pouvoient passer pour de saintes Reliques, qu'elles les donnerent à l'Apoticaire pour s'en servir à enveloper & couvrir ses drogues, sans que la M. Angelique en fit paroître aucune peine, parce qu'elle en avoit moins à souffrir cela, qu'à se réserver aucune attache pour aucune chose, quelque sainte qu'elle pût-être, nous aprenant par son exemple, comme elle a fait sans cesse par ses paroles, qu'il n'y a point de véritable richesses spirituelles, que celles qui se rencontrent dans cet entier dépoüillement.]

La M. Angelique étant donc dans ce dessein, de se retirer à Ste. Marie, il étoit question avant toute choses, de trouver l'invention de se deffaire de sa charge, & elle en trouva une qui eut pû réüffir, si Mr. Arnauld n'eut aporté autant de soin à prévenir les desseins de sa Fille, qu'elle usoit d'adresse pour le surprendre.

Elle prit donc occasion de son absence de

Port-Royal, pour faire entendre à Mr. son Pere, que l'emploi qu'on lui avoit donné dans cette Abbaye de Maubuisson, n'étoit pas pour finir sitôt, & demandant le travail de plusieurs années, il étoit à propos de pourvoir sa Maison de Port-Royal, d'une autre Abbesse, les Couvens ne se trouvant pas bien d'être long-tems gouvernés sans autorité, que pour cela, elle avoit jetté les yeux sur la M. Agnès, à laquelle elle le suplioit de trouver bon qu'elle résignât l'Abbaye ; Mr. Arnauld connut aussi-tôt à quelle fin elle tendoit, & sans lui faire paroître, il lui dit seulement qu'en effet sa raison étoit considérable ; mais qu'il y avoit une autre voye de rémédier à sa longue absence, en faisant sa Sœur Coadjutrice, la Mere lui répliqua qu'elle avoit oüi dire qu'on ne donnoit plus de Coadjutorerie à la Cour, & que par conséquent, le premier expédient, étoit le plus court & le plus sur ; mais Mr. Arnauld sans rien conclure davantage avec elle, sollicita cette affaire si secretement, qu'il obtint le Brevet de Coadjutorerie pour la M. Agnès, sans que la M. Angelique en put rien découvrir ; de sorte que l'affaire étoit faite, avant qu'elle eu sçû qu'on la traitoit, & ainsi, ses desseins furent encore rompus.

Mr. de Geneve sçachant ce qui se traitoit, on dit qu'il dit à la M. Angelique, au sujet de ce qu'elle avoit fait choix de la M. Agnès pour cette charge » Ma Fille, étes vous aussi de cel- » les qui veulent perpétuer les charges dans » leur Maison ? » à quoi la M. répondit qu'elle étoit très-éloignée de ce sentiment, que si elle eut vû dans Port-Royal, une seule Fille aussi capable que la M. Agnès, elle l'auroit infailliblement préférée ; mais qu'elle n'en voïoit

aucune, ce que ce bon Prélat aprouva extrêmement.

On eut ce Brevet au mois de Juillet 1619.
mais les Bulles ne furent expédiées à Rome,
qu'au mois de Septembre 1620. parce qu'il y
eut de la difficulté à les obtenir. On dit même
que les bons PP. Jefuites fe mêlerent de cette
affaire, pour tâcher de l'empêcher, par l'ancienne amitié qu'ils portent au nom d'Arnauld,
dont les caufes étoient encore un peu récentes
en ce tems-là.

Mr. de Geneve, depuis cette vifite qu'il fit
à Maubuiffon après Pâques 1619. revint encore à la St. Barnabé, & à la St. Alexis de la
même année, & y précha, & quand il fut prêt
de s'en retourner en Savoye, il voulut donner
plus de tems à la derniere qu'il fit à Maubuiffon, fur la fin du mois d'Août, il y fut neuf
jours, & y précha le jour de la Décollation de
St. Jean, & confacra le grand Autel le jour de
St. Loüis, enfuite de quoi, il fit un excellent
Sermon, où il parut animé d'une ardeur toute extraordinaire, il defira voir les Saintes
Reliques de cette Abbaye, qu'on lui aporta à
la grille, où les anciennes Religieufes fe trouverent, entre lefquelles Mr. de Boiffy, Frere
de Mr. de Geneve, en remarqua une qui paroiffoit entre les autres, par la fingularité de
fon habit, qui marquoit beaucoup de vanité,
auffi bien que fon gefte & fon port ; elle fe nommoit de la Serre, & on en parlera dans la fuite de l'hiftoire, s'étant donc enquis quel efprit
c'étoit, ayant apris que c'étoit une Fille in-
telligente, mais un efprit hautain, fuperbe &
artificieux, il eut mouvement de tâcher de la
gagner, & Mr. de Geneve aprouvant qu'il lui
parlât, il la vit plufieurs fois, & fit ce qu'il pût

pour tâcher de la perfuader de quitter la vanité de fon habit, ce qu'elle lui promettoit, mais
fans effet, de forte que la derniere fois qu'il
lui parlât, il fut obligé de le faire très-forte-
ment, & avec menace de la punition que Dieu
tireroit du mépris qu'elle faifoit de tant d'avertiffemens qu'il lui avoit fait donner, par ceux
qui prenoient à fon falut, la part qu'elle n'y
prenoit pas elle-même ; mais pour l'heure, ces
dernieres paroles lui firent auffi peu d'impreffion que toutes les autres ; elles avoient befoin
d'être arrofées des larmes & des prieres que la
Mere Angelique répandit continuellement devant Dieu, pour la converfion véritable de ces
pauvres Religieufes, avant que de produire
leur fruit, qui devoit être un effet de fa patience, & principalement à l'égard de celle-cy,
que nous allons voir, qui contribua à lui en
faire produire un exemple affez remarquable.

Mr. de Geneve partit de Maubuiffon, les
premiers jours de Septembre après avoir témoigné, pendant ce petit féjour qu'il y fit, une
charité & une affection pour la M. Angelique
& à fa confidération, pour toutes fes Filles, qui
n'eft pas imaginable ; & il n'y a pas lieu de
douter qu'il n'ait eu beaucoup de pouvoir pour
obtenir de Dieu, la grace qu'il a faite depuis
à ces Religieufes anciennes de la Maifon, qu'il
y avoit fi peu de fujet defpérer alors dans la
difpofition toute oppofée où elles étoient, qui
étoit ce qui rempliffoit de douleur, l'ame de
leur véritable Mere, dont l'un des plus fenfibles regrets dans le départ de fon bon Pere,
& dont elle lui fit à lui même des plaintes en
lui difant adieu, étoit qu'elle perdoit par fon
éloignement, l'efpérance qu'elle avoit euë jufqu'alors, que fa charité & fes foins pour ces

pauvres filles, serviroient à les ramener à Dieu & dans la voye de leur salut, à quoi le Saint Prélat répondit en la consolant, qu'elle ne s'affligeât, ni ne se décourageât de ne voir pas encore l'effet du travail de tant de personnes qu'elle avoit employées à instruire & exhorter ces filles, qu'encore que leurs paroles parussent effacées dans leur esprit, elles s'en souviendroient un jour, & que ces semences qui sembloient perduës, produiroient leur fruit en leur tems, & qu'ainsi elle ne s'ennuïat point de cultiver cette terre tarride & ingrate, que sa charité rendroit enfin feconde ; cette heureuse prédiction a été vérifiée par un favorable succés, comme on verra en son lieu.

L'union si particuliere qui a été entre la M. le Chantal & la M. Angelique, fut un effet de cette heureuse connoissance & de cette liaison de grace qu'elle avoit eu avec son Saint Directeur, & ne pouvant pas se dire Fille du même Pere, sans contracter entre elles, l'amitié la plus parfaite & la plus égale ; celle qu'elles conçurent l'une pour l'autre, surpassoit de beaucoup l'amour qui doit être entre deux Sœurs, puisque la M. de Chantal témoigne, dans une de ses lettres, à la M. Angelique, que le seniment qu'elle avoit pour elle, la portoit jusqu'à croire qu'elles n'avoient toutes deux qu'un même cœur. Cela se voit dans ses lettres imprimées dans le premier tome des lettres de Mr. de St. Cyran, qui prouvent la liaison si parfaite qui a été entre ces deux Meres, de sorte qu'il ne me reste à dire, sinon que ce fut au premier voyage que la M. de Chantal fit à Paris, pour l'établissement du premier Couvent de Sainte Marie, l'année d'après que Mr. de Geneve s'en fut retourné, qu'elle vint voir la

M. de Chantal, fait un voyage à Paris, & va voir la M. Angelique.

II.
PARTIE

M. Angelique à Maubuiſſon, qu'elle n'avoit
encore vuë qu'en eſprit, & pour laquelle elle
avoit déjà une très-grande eſtime & beaucoup
d'affection ; comme de ſon côté, la M. Angelique avoit une telle opinion de ſa vertu, que
cette bonne Mere, s'étant fait ſaigner de la
main de la M. Angelique pendant qu'elle fut en
cette Abbaye, on fit ſécher de ſon ſang, que
nous avons encore, pour le conſerver comme
dès Reliques, & de fait, nous en donnons préſentement en cette qualité, à ceux qui ſouhai-
tent d'en avoir, dans l'opinion qu'on a de ſa
Sainteté.

Fort peu de jours après que Mr. de Geneve
partit de Maubuiſſon, qui s'en alla comme nous
avons dit, au commencement de Septembre :
Madame d'Eſtrées, qui avoit continuellement
plaidé depuis ſon enlevement, pour rentrer
dans ſon Abbaye, & qui étoit, à ce que l'on dit,
preſque en termes de gagner ſa cauſe ; par une
conduite de Dieu qui fait tout réüſſir à ſes fins,
détruiſit elle-méme, par une entrepriſe violente & indiſcrete, toutes les eſpérances qu'elle
auroit pû avoir de ſon rétabliſſement, par les
voyes de la juſtice.

Ce fut donc le dixiéme jour de Septembre
1619. que s'étant échapées des Filles Penitentes, où on l'avoit miſe, aſſiſtée du Comte de
Sanzé, ſon beau Frere, & d'autres Gentils-
Hommes, elle arriva dès ſix heures du matin
à Maubuiſſon, & voulut entrer par la porte de
la baſſe cour, qu'on appelle la porte de l'au-
noye, qui eſt proche des étangs. Le Portier
refuſa d'ouvrir ; mais ils forcerent la porte,
& menaçant le Portier de le jetter dans les é-
tangs, ils l'outragerent effectivement & le
bleſſerent à un bras : On oüit cette violence

le l'Eglise qui est tout proche, d'où on enten-
loit ce pauvre homme crier à l'aide; mais on
e sçavoit ce que ce pouvoit être.

Etant entrée de cette sorte par violence,
lans la basse cour, le Portier effrayé de tout
e qui se passoit & des menaces qu'ils faisoient
quiconque leur résisteroit, n'osant rentrer
ans la Maison, il eut dans la pensée de s'en
ller tout blessé qu'il étoit, à Paris, trouver
Mr. Arnauld, pour lui donner avis de ce qui
e passoit.

Cependant Mad. d'Estrées s'en vint à la
orte de l'Eglise, pour entrer dans l'Abbaye,
ù elle avoit une Religieuse nommée Dame de
a Serre, dont nous avons déjà parlé, qui é-
oit d'intelligence avec elle, & qui avoit fait
aire une fausse clef de cette porte, par l'in-
ention d'un moule de cire qu'elle avoit don-
é au Serrurier, comme il est porté par le
rocès-verbal qui en fut fait.

Cette Religieuse qui avoit le mot, l'atten-
oit à la porte & la fit entrer dès qu'elle s'y
résenta; au même tems que Mad. d'Estrées
ntroit par cette grande porte de l'Eglise, la
M. Angelique sortoit d'un confessionnaire qui
t tout proche de la même porte, de sorte
'elle la rencontra de front : Elle ne se trou-
a point d'une chose si peu attenduë; & Mad.
Estrées prenant la parole, lui dit d'un visa-
e tout ému; Madame, il y a assez long-tems
e vous tenez ma place, je reviens à ma Mai-
on, il faut que vous en sortiez : la M. Angeli-
e lui répondit avec fermeté; Madame, je
uis toute prête de le faire, quand ceux qui
'y ont mise m'en retireront : l'autre lui ré-
iqua en colere, qu'elle en sortiroit, & elle
répéta plusieurs fois; mais la Mere sans s'é-

mouvoir & sans lui répondre davantage, la suivit pour l'heure, & la conduisit de l'Eglise, dans son logis Abbatial.

Mad. d'Estrées entrant dans sa chambre, où la M. Angelique demeuroit, & qui par conséquent, faisoit partie de l'infirmerie, puisque de tout tems, elle n'a pû rien avoir de propre à elle, qui ne fut commun à tous ceux qui en avoient besoin, elle la trouva en assez mauvais ordre, y ayant deux paillasses par terre, sur lesquelles étoient couchées deux Religieuses de la M. Angelique, qui avoient pris médecine ce jour-là. Mad. d'Estrées commença à dire avec dédain, qu'on ôta toutes ces saletés de sa chambre, quelles vilanies c'étoit que cela. La Mere lui répondit froidement, Madame, si votre chambre est en mauvais ordre, la faute est bien pardonnable, on ne vous attendoit pas.

Peu de tems après, elle la laissa dans sa chambre, & s'en alla donner ordre à diverses choses, comme à serrer des papiers & mettre ordre à d'autres affaires, prévoyant bien ce qui pouroit arriver ; mais elle n'oublia pas d'aller elle-même à la cuisine, faire préparer un dîné honnête pour Mad. d'Estrées ; & soigner surtout, que ses nouvelles Filles qu'elle avoit reçuës, fussent en ordre pour faire ce qu'elles avoient à faire, sans trouble & sans confusion.

Ensuite, la Mere alla à Tierce & à la grande Messe, qu'elle fit chanter fort solemnellement : Mad. d'Estrées y vint aussi ; mais elle n'osa pas entrer dans le Chœur, & la M. Angelique, tout à sa face, osa bien se mettre dans la chaire de l'Abbesse à son ordinaire ; ce qui lui fit un tel dépit, qu'elle ne pût s'empêcher de dire tout en colere : quelle hardiesse ! que mon Ecoliere prenne ma place en ma présence ! Mais

Mais les anciennes de la Maison, qui aimoient déjà quaſi toutes la M. Angelique, furent ravies qu'elle eut fait cette action ſans timidité.

La Mere & la plûpart de ſes Filles, communierent à cette Meſſe, pour ſe préparer à tout ce qu'il plairoit à Dieu qu'il leur arrivât, & enſuite elles s'occuperent en paix, chacunes à ce qu'elles avoient à faire juſqu'au dîner.

Mad. d'Eſtrées, de ſon côté, ſe promenoit par toute la Maiſon, & penſant à ſon rétabliſſement, tàchoit à ſe remettre dans l'eſprit des Religieuſes. Elle fit appeller une des anciennes, nommée Dame Deſmarets, & ſon aſſiſtante nommée Dame Dupuis, qu'elle tâcha de gagner à elle, parce qu'elles étoient toutes à la M. Angelique, pour qui elles avoient grande affection & grand reſpect, & étoient fort portées à l'établiſſement du bon ordre qu'elle tâchoit de mettre dans la Maiſon. Elle leur commanda en préſence de la M. Angelique, de lui rendre les clefs : ces deux bonnes Filles lui répondirent, qu'elles les avoient remiſes entre les mains de Madame ; entendant parler de la M. Angelique : ce qui offença tellement Mad. d'Eſtrées, que leur ayant demandé en colere, s'il y avoit dans la Maiſon, une autre Madame qu'elle, elle les renvoya & ne les voulut plus voir, jugeant bien qu'elles n'étoient pas capables de la ſervir dans une méchante affaire.

L'heure du dîner étant venuë, la M. Angelique, après avoir fait ſervir celui de Madame d'Eſtrées, s'en alla avec ſes Filles à leur réfectoire, & avant de ſe mettre à table, elle leur dit à toutes : mes Sœurs, nous ne ſçavons ce qui nous arrivera aujourd'hui ; toutes choſes ſont entre les mains de Dieu, il faut nous re-

commander à lui : peut-être feront nous obligées de nous en aller à pied de cette Maison,
il faut être prétes à tout ; mais pour cela méme,
il faut que toutes tâchent de manger afin d'a-
voir de la force, si Dieu veut que nous ayons
de la peine, ensuite elle se mit à table. On fit
la lecture pendant le diner, & l'on chanta grace comme de coutume, sans avoir égard que
Mad. d'Estrées pouroit l'entendre de sa chambre qui étoit au-dessus, & qu'elle ne manqueroit pas de se mocquer de ces nouveautez.

Après le diner le Confesseur des anciennes,
nommé Dom l'Abastier, qui étoit du parti de
Mad. d'Estrées, fit appeller la M. Angelique
au parloir, à qui il tâcha de persuader qu'elle
se retirât d'elle-même doucement, sans attendre la violence dont le Comte de Sanzé & ses
adherans étoient capables, la voulant intimi-
der par là, & lui raportant avec grandes exa-
gérations, les menaces de ces personnes.

La M. Angelique lui répondit avec grande
résolution, qu'il n'étoit pas question de délibérer en cette affaire, que puisqu'elle étoit toute de violence, elle n'avoit rien à faire qu'à
céder à la force, quand elle n'y pouroit plus
résister ; mais jusques-là, elle ne feroit rien de
contraire à l'autorité de ceux qui l'avoient établie dans cette Maison, d'où elle ne pouvoit
sortir que par la même voye qu'elle y étoit entrée, ou par la violence, à moins dequoi sans
autre raison, elle étoit obligée de garder la
clôture, de sorte que ce Religieux vit bien qu'il
ne s'en devoit rien promettre davantage.

Ensuite la M. Angelique fit assembler toutes ses Filles, afin qu'elles fussent toutes prêtes, pour tout ce qui pouroit arriver, & les y
disposant, elle leur dit : mes Sœurs, il faut

nous recommander à Dieu, nous somme entre les mains d'un fol ; parlant du Comte de San-zé qui en avoit la réputation ; mais le cœur de l'homme est entre les mains de Dieu, après quoi ayant mis ordre à quelques affaires, Mad. d'Estrées la vint trouver, & lui ayant tenu quelques discours tendants à la faire résoudre de sortir d'elle-même ; la Mere lui fit entendre que cela n'étoit point en son pouvoir, à moins que la même authorité qui l'y avoit mise, n'intervint pour l'en retirer, & que la loi seule de la clôture lui deffendoit de sortir, quand elle n'auroit pas eu d'autres raisons pour l'obliger d'attendre d'autres permissions que celle de son commandement. Mad. d'Estrées voyant bien qu'elle ne gagneroit rien sur la fermeté de son esprit, elle se résolut de l'emporter par artifice ou par force. Elle lui dit donc qu'elle vouloit qu'elle vint avec elle à l'Eglise ; la Mere lui répondit, allons Madame, nous ne sçaurions être mieux nule part ; quoi qu'elle prévit bien son dessein ; mais elle le dissimuloit.

Elles y allerent donc toutes deux, toutes les Filles de la M. Angelique la suivirent, y étant arrivées, la Mere & sa compagnie se mettent à prier Dieu & à lui demander son assistance dans tout ce qu'elles prévoyoient leur devoir arriver. Et Mad. d'Estrées aussi empêchée de son côté, à imaginer les moyens de faire réüssir sa prétention, tâchoit de persuader les anciennes de s'employer à faire sortir la Mere, & si elles ne pouvoient obtenir qu'elle le fit de bon gré, qu'elles lui aidassent à la mettre dehors par force. Elle parla entre autres fort long-tems tout bas, à la Prieure, pour ce sujet ; mais elle ne pût rien gagner, ni sur son esprit, ni sur celui de ces autres bonnes Filles, que la charité de la Mere avoit déjà tellement gagnées, que rien ne les pût contraindre d'abandonner une cause si juste, pour servir à une passion si injustes; voyant cet artifice sans effet, elle commença à vouloir user de violence, & après s'être adressée à la M. Angelique, & lui avoir dit hautement & en colere, qu'il falloit qu'elle sortit tout à l'heure, & qu'elle n'eut reçû de sa constance, que la même réponse qu'elle lui avoit faite déjà tant de fois, qu'elle ne le pouvoit faire, & qu'elle ne consentiroit point à une chose que les loix & sa conscience lui deffendoient, à moins qu'elle n'y fut contrainte par force. Elle voulu la faire marcher vers la grande porte de l'Eglise, par où elle prétendoit la faire sortir; mais la Mere refusant de le faire, & Mad. d'Estrées l'y voulant tirer par force, toutes les novices de la Mere, se mirent à lui résister & à la retenir contre Mad. d'Estrées, avec tant de contestation de part & d'autre, qu'en la tiraillant de la sorte, Mad. d'Estrées lui arracha son voile; ce que voyant une de ses novices, qui étoit une grande Fille fort puissante, elle ne le pût souffrir, & fut prendre Mad. d'Estrées, & l'ayant mise par terre, elle lui arracha aussi son voile & toute sa coëffure, sur quoi entrant furieusement en colere, elle se mit à crier de toutes ses forces, & appeller les anciennes à son secours; mais au lieu de venir, elles s'enfuyoient toutes, ne voulant point prendre part en cette affaire: voyant cela, elle se mit à appeller le Comte de Sanzé, & crioit de toutes ses forces, à moi, mon Frere, à moi, on me tuë. En même tems, Dame de la Serre, qui attendoit le mot, ouvre la porte avec sa fausse clef, & aussi-tôt, le Comte & sa compagnie entrent dans l'Eglise, l'épée nuë à la main, s'en viennent auprès de la grille du chœur. Il y en eut un qui déchargea un coup de piftolet, penfant effrayer par là. Dom l'A-baftier entra auffi avec cette belle compagnie, & felon fon métier, n'ayant point d'armes, il tâchoit de vaincre par de belles exhortations, difant à la Mere, qu'elle ne devoit pas réfifter davantage, & qu'elle étoit enfin obligée de cé-der à la force. La Mere lui repartit fortement, oüi mon Pere, quand elle m'emportera, & ainfi après que tout le monde lui eut beaucoup dit d'écouter ce Religieux qui la confeilloit, & qu'ils eurent fçû le peu de pouvoir qu'il avoit auffi-bien qu'eux, fur une réfolution fi conftan-te; le Comte & Mad. d'Eftrées fe mirent à la vouloir entraîner de force à la porte; & les no-vices s'y opofant comme la premiere fois, ce-la dura jufqu'à ce que la M. Angelique étant demeurée fi laffe qu'elle n'en pouvoit plus, d'étre tirée de la forte de tous côtés, elle obli-gea les novices de la laiffer; voulant que l'on cédât fans qu'on s'en aperçût, & fe laiffa ainfi emporter hors de l'Eglife, dans la baffe court, où Mad. d'Eftrées avoit fait tenir un caroffe tout prêt pour la mettre dedans. En fortant de la porte de l'Eglife, Mad. d'Eftrées & fa con-fidente de la Serre, vouloient empêcher que pas une des Filles ne fortit avec la M. Angelique; mais elles n'en eurent pas le pouvoir. Les qua-tre Religieufes de Port-Royal la fuivirent; fça-voir, la M. de la Croix, la S. Anne-Eugenie, la S. Marie-Claire & ma S. Ifabelle-Agnès, trois autres Religieufes des anciennes de Mau-buiffon; fçavoir, Dame Defmarets, Dame Dupuis & Dame du Chevet, onze novices, à qui la Mere avoit donné l'habit depuis peu, & toutes les poftulantes qu'elle avoit reçûës. La

N iij.

Mere étant avec toute cette suite dans la basse
cour, on dit que le Comte & sa troupe, la trai-
terent de paroles avec des injures outrageuses,
auſquelles elle ne répondit que par ſa modeſtie
& ſon ſilence. Ils l'obligerent enſuite de monter dans le caroſſe qui l'attendoit elle & ſes qua-
tres Religieuſes, ayant deſſein de ne laiſſer
ſortir que cela ; mais ils n'en purent être les
maitres, les trois bonnes anciennes de Maubuiſſon y entrerent avec elles & des novices,
tout ce qu'il en pût tenir : celles qui n'y trouverent point de place, monterent derriere le
caroſſe, d'autres ſe tenoient au roües, il y en
eut qui ſe tinrent ſuſpenduës à l'impériale du
caroſſe : enfin, le Comte & ſes adherans voïant
que ni la crainte, ni les épées n'étoient pas
aſſez puiſſantes pour ſéparer ces bonnes Filles
de la charité de leur bonne Mere ; ils furent
obligés de crier au cocher qu'il ne touchât pas
de peur de faire pluſieurs meurtres au lieu d'un
enlevement.

Sur ces entrefaites, une des Religieuſes qui
étoient avec la Mere dans le caroſſe, lui demanda ; mais ma Mere, où allons nous ? &
dans l'inſtant la Mere faiſant réflexion qu'il
n'y avoit point de ſureté d'être entre les mains
de ces gens-là, & qu'elle ne ſçavoit pas quels
deſſeins ils avoient ſur elle, & où ils prétendoit la mener ; elle ſe jette en bas du caroſſe
& toutes ſes Filles de même, ce qui ne ſurprit
pas peu Mad. d'Eſtrées, qui employa toute forte d'artifices pour la perſuader de vouloir ſortir d'elle-même, mais en vain, la Mere ayant
toûjours perſiſté fermement à lui dire qu'il n'y
auroit jamais que la violence qui eut ce pouvoir ſur ſon corps, & que l'injuſtice n'en auroit point ſur ſa conſcience, qui l'obligeoit à

ne point violer volontairement sa clôture, sans
un ordre legitime ; ayant ensuite partie de gré,
partie de force, conduit la Mere jusqu'à la derniere porte de l'Abbaïe ; elle mit un de ses hommes derriere la porte, pour empêcher qu'aucune de ces Filles ne sortit, excepté la M. Angelique & les quatre Religieuses de Port-Roïal,
& elle sortant dehors la premiere, se mit à tirer la M. Angelique avec grand effort pour la
faire sortir, ce qu'ayant fait, l'apréhension
prit à ces Filles, que Mad. d'Estrées, rentrant,
elle ne leur fit fermer la porte, comme c'étoit
son dessein, de sorte que pour la prévenir,
une novice, fille fort courageuse & qui est morte depuis peu Prieure de Maubuisson, commença à parler hardiment au portier que Madame
d'Estrées avoit mis, & lui dit d'un ton de voix
si résolu, que s'il pensoit les empêcher de sortir, elles alloient toutes l'écraser derriere la
porte, qu'en effet le pauvre homme en eut peur
en même-tems, une autre fille extrémement
forte, pousse la porte contre lui, & sort, &
voulant empêcher que Mad. d'Estrées ne ren-
tiât, qui les auroit empêchées de sortir, elle
la fut prendre par le milieu du corps & la porta par terre, & la tint assise en son séant sur
l'herbe, jusqu'à ce que tout le noviciat fut sor-
ti ; ce qui se fit dans une telle diligence, qu'il
fut impossible au portier de s'y opeser, qui fut
en effet tellement pressé derriere la porte, par
cette foule, qu'il ne pût pas même se remuer
bien loin de leur résister.

Toutes ces filles qui sortirent de Maubuisson
avec la Mere, faisoient plus de trente personnes, qu'elle avoit toutes reçûes, excepté les
trois bonnes anciennes qui l'avoient voulu suivre ; & il ne demeura de son noviciat, dans la

Maison, que la seule Professe qu'elle avoit faite depuis peu, à laquelle on avoit persuadé qu'à cause de son vœu de clôture, elle eut fait un peché mortel de sortir ; mais la fidélité qu'elle voulut garder à sa conscience en cette occasion, lui fut si sensible, qu'ayant vû partir la Mere, sans l'oser suivre comme les autres, elle s'en évanoüit de douleur, de sorte qu'il fallut l'emporter dans la Maison. Une autre fille séculiere que la Mere avoit aussi reçuë pour postulante, ne sortit point avec les autres, parce qu'aïant soin de la laiterie & de la cave, elle avoit été occupée toute la journée à son affaire, n'aïant bougé de ces caves, qui sont fort grandes & fort éloignées, de sorte qu'elle n'avoit rien sçû ni rien entendu de ce qui se passoit : s'il y eut jamais personne surprise, ce fut cette pauvre fille, lorsque rentrant dans la Maison, une heure après que la compagnie en fut sortie, elle ne vit plus personne de son monde, dont ayant bien-tôt àpris la cause, elle commença à dire résolument, qu'elle vouloit s'en aller aussi-bien que les autres ; & ayant été trouver Madame d'Estrées, elle la suplia de la faire sortir, ce qu'elle lui refusa d'abort, & fit ce qu'elle pût pour la persuader de vouloir démeurer ; mais elle dit toûjours qu'elle ne pouvoit pas la retenir par force, qu'elle n'étoit point sa Religieuse, non plus qu'elle, son Abbesse, qu'elle s'en vouloit aller, de sorte que le jour même, il fallut lui ouvrir la porte, & elle s'en alla retrouver sa compagnie à Pontoise, d'où elle étoit, où la M. Angelique s'étoit retirée comme nous allons voir.

Cette histoire ayant été interrompuë pendant plusieurs années, tout ce qui suit n'a été écrit que depuis la mort de nos deux Meres, c'est-à-dire en 1671.

Aprés que la M. Angelique fut fortie de l'Abbaye avec toutes fes filles, au nombre de trente-quatre ou trente-cinq perfonnes, fans avoir aucun lieu de retraite ; elle qui n'a jamais été furprife dans les occafions qui l'ont obligée de dépendre de la divine providence, ne le fut point en celle-ci ; mais après s'être adreffée à lui, pour lui demander fa conduite, elle fe réfolut de s'en aller avec toute fa compagnie, à Pontoife ; & parce qu'il y avoit de la pefte, elle les fit arréter à l'aumône, qui eft le Faubourg de Pontoife, & leur fit prendre à toutes, des eaux cordiales avant que d'y entrer.

Enfuite, elle fit ranger toutes fes filles en bon ordre, les faifant marcher comme en proceffion, les poftulantes les premieres, les novices après, & les fept profeffes les dernieres avec elle. Mais defirant que les Religieufes n'entraffent point découvertes dans la Ville, & n'aïant point aporté de grands voiles pour fe pouvoir voiler, elle s'avifa d'une plaifante invention, comme elle ne manque jamais d'en trouver, qui fut de prendre le bas de la robe d'étamine noire d'une Dem. poftulante de fa fa compagnie, qu'elle coupa fur elle, tout autour de la ceinture, de forte que la pauvre fille refta avec le corps noir de fa robe, & la jupe verte qu'elle avoit deffous : & cet habit aïant été déchiré, elles s'en firent à toutes des voiles, & entrerent de cette forte dans Pontoife, avec une modeftie qui caufa de l'édification à tous ceux qui les virent, & qui ne pouvoient s'imaginer ce que fignifioit cette proceffion fi extraordinaire. Les uns crurent que c'étoit peut-être quelque nouvel établiffement que ces Religieufes alloient faire dans Pontoife : d'autres qui connoiffoient la Mere & avoient oüi par-

ler du retour de Mad. d'Estrées, jugeoient bien
de ce qui en étoit ; mais tous les regardoient
passer avec admiration.

Il n'y a point de danger de remarquer pour
preuve de la tranquilité d'esprit de la Mere,
ce que l'on inférera de celle d'une de sa compagnie, que ma S. Anne Eugenie dit son chapelet aussi paisiblement & devotement, tout le
long du chemin, que si elle eut fait la proces-
sion dans le cloître de Port-Royal : je ne sçai
pas quelle étoit l'occupation intérieure des autres, tant y a qu'elles marchoient toutes avec
le même silence & la même modestie.

Etant arrivées à Pontoise, elles entrerent
d'abord dans la premiere Eglise qu'elles rencontrerent : qui fut celle des Jesuites, où Mr.
le grand Vicaire & Mr. Duval le Docteur, qui
étoient fort amis de la M. Angelique, la furent aussi-tôt trouver, & délibérerent ensemble de ce qu'il y avoit à faire.

La nouvelle de cette arrivée de Madame de
Port-Royal & de toutes ses filles de Maubuisson, à Pontoise, s'étant tout à l'heure répanduë par la Ville, les Carmelites envoyerent
offrir de retirer toutes les Religieuses professes,
les Ursulines demanderent les onze novices &
l'Hôtel-Dieu s'offrit de les recevoir toutes.

Mais après les avoir toutes très-humblement
remerciées & délibéré sur la résolution qu'on
devoit prendre, la M. Angelique fut d'avis a-
vec ces Messieurs, qu'il seroit plus avantageux
d'accepter l'offre que lui faisoit Mr. le grand
Vicaire, de leur quitter le Vicariat & les y loger toutes ensembles, afin d'y être plus particulierement sous la protection de l'Evêque &
y attendre de quelle sorte les affaires se termi-
neroient.

Avant de partir de cette Eglife, elle y di-
rent Vêpres toutes enfemble ; enfuite la Mere
Angelique les fit ranger deux à deux pour marcher proceffionnellement comme elles avoient
fait en arrivant. Le bruit s'étant déjà répandu dans la Ville qu'elles y étoient arrivées,
prefque tout le monde fortit dans les ruës pour
les voir paffer, & la plûpart fe mettoient à
genoux pour marque de refpect & de l'édification que leur donnoit un fi faint & fi nouveau
fpectacle. Elles arriverent à la maifon du
grand Vicaire qu'elles trouverent fort capable de les loger toutes, & Mr. le grand Vicaire s'en étant retiré, la leur laiffa toute libre.
Il leur fit dreffer la Chapelle, afin de leur faire dire la Meffe ; plufieurs perfonnes charitables de la Ville, fe mirent de leur côté en peine de leur envoyer des lits & de la vaiffelle,
de forte que dès ce premier jour, elles fe trouverent meublées du néceffaire ; deux perfonnes envoyerent auffi quelques aumônes à la M.
Angelique qui n'avoit pû prendre de l'argent
en partant de Maubuiffon, & elle contoit qu'elle avoir eu une joye fenfible de fe voir réduite
en cet état de recevoir une aumône en vraye
pauvre : la providence de Dieu l'affifta encore
par une autre voye plus immédiate ; car cette
pauvre fille de Maubuiffon qui étoit demeurée
dans les caves quand toutes les autres furent
chaffées, étant revenuë le foir trouver la M.
Angelique à Pontoife, elle lui apporta une
piftole qu'elle avoit trouvée fur une fenétre de
l'Abbaye & la M. Angelique la reçût comme
de la main de Dieu, & nous a dit que ce petit fecours lui fit grand bien.

A peine fut elle dans cette maifon, qu'elle
penfoit déjà à voir comment elle pouroit s'y

mettre en clôture , & avifoit aux moyens d'y accommoder les lieux , ne fçachant combien elle feroit obligée d'y demeurer , & prenant foin felon fa charité ordinaire , que ce changement ne pût faire de tort à fon petit troupeau, fur lequel elle veilloit avec une follicitude non pareille.

Toutes fes filles étoient déjà fi bien formées à la régularité , qu'en un moment , elles fe trouverent dans le grand Vicariat comme dans leur cloitre , chacune fe rangeant en la place qu'on lui avoit marquée , y faifant les exercices de piété dans un recuëillement & un filence admirable.

Le lendemain , on leur dit la Meffe dans la Chapelle , où la Mere Angelique communia , elles chanterent Vépres , & quantité de monde les vint entendre , elles firent enfuite l'Oraifon , chacun admirant la fageffe & la régularité de tant de jeunes filles qui leurs paroiffoient comme des Anges , par leur modeftie , & que tant de fujets de diftraction ne retiroient point de l'efprit de mortification & de retraite , où elles avoient été élevées par les foins de la M. Angelique.

Pendant qu'elles attendoient dans cette profonde humilité , le fecours de Dieu , on travailloit à Paris à leur en envoyer ; car ce pauvre portier de Maubuiffon , que les gens de Mad. d'Eftrées avoient chaffé & bleffé au bras , avoit bien eu l'avifement de s'en aller à Paris , avertir Mr. Arnauld de ce qui fe paffoit à l'Abbaïe, il ne le trouva pas , car comme on étoit en vacance , Mr. Arnauld avoit pris ce tems pour aller à Port-Royal , voir la M. Agnès ; mais à fon deffaut , Mr. de Trie , fon fecond Fils, qui eft préfentement Evêque d'Angers , fit la
même

même diligence qu'auroit pû faire Mr. son Pere. Il s'adreſſa à la Chambre des vacations , &
en obtint dès le lendemain , un Arreſt pour enlever de nouveau Mad. d'Eſtrées , & rétablir
la M. Angelique : en même-tems , on eut ordre du Roy , qui commandoit au Chevalier du
Guet , nommé Mr. des Fontes , de ſe tranſpor-
ter inceſſamment à Maubuiſſon , avec ſes Archers , pour en enlever ladite Dame , & recon-
duire la M. Angelique dans cette Abbaye , afin
qu'elle en reprit le gouvernement.

Tout cela fut exécuté ſi promptement , qu'à
cinq heures de ce même jour 11. Septembre ,
le Chevalier du Guet arriva avec deux cens Archers , & inveſtit auſſi-tôt toute l'Abbaye de
Maubuiſſon , afin que perſonne n'en pût échá-
per ; mais comme l'injuſtice eſt toûjours timi-
de , Mad. d'Eſtrées qui apréhendoit avec ſujet qu'on ne la laiſſât pas joüir long-tems de
l'autorité qu'elle ne tenoit que par violence ,
avoit diſpoſé des gens en ſentinelle dans les
tours de l'Abbaye , d'où l'on découvre de deux
lieües de loin , & auſſi - tôt qu'elle fut avertie
qu'il paroiſſoit des compagnies qui venoient du
côté de Paris , ne penſant qu'à ſe ſauver au
plutôt , elle changea d'habit avec une ſervante , & s'enfuit déguiſée , par une fauſſe porte
du clos , dont elle avoit ſçû l'uſage de ſon tems,
& qui avoit été murée depuis qu'elle n'y étoit
plus ; mais qu'elle avoit déjà fait rouvrir penſant bien qu'elle lui pouroit être utile. Tous les
gentils-hommes qui l'avoient accompagnée &
qui jugeoient bien qu'il y alloit de leur tête ,
s'ils étoient arrêtés , prirent le même parti &
chercherent leur ſureté dans la fuite.

Il n'y eut que la confidente de Mad. d'Eſtrées , ſçavoir Dame de la Serre , qui n'eut pas

le tems de se sauver ; mais elle prit soin de
serrer sa cassette, où étoient ses papiers qu'elle n'avoit pû emporter ; & elle crut les pouvoir
mettre en sûreté & sa personne aussi, en se ca-
chant dans une armoire fort haute, pratiquée
dans une voûte, dont l'entrée répondoit derriere une tapisserie, dans la chambre d'une Religieuse qui étoit d'intelligence avec elle : elle
monta en ce lieu par une échelle, & eut aussi
soin d'y porter quelque provision de bouche à
tout hazard, s'il y falloit rester quelque tems,
s'imaginant que si elle pouvoit échaper à la
recherche que feroient les Gardes, elle pouroit, quand ils s'en seroient allés, trouver le
moyen de se sauver. Cela fit qu'en effet, le Chevalier du Guet, n'ayant plus trouvé dans la
Maison, les personnes qu'il avoit ordre d'y arrêter, laissat cent Archers pour garder l'Abbaye, pendant qu'il s'en alla avec le reste de
sa compagnie, trouver la M. Angelique ; il
lui exposa sa commission, & lui dit ce qu'il venoit de faire à Maubuisson, pour commencer
d'exécuter ses ordres, parce que le premier ordre du Roy, étoit d'arrêter Mad. d'Estrées, s'il
l'eut trouvée, & qu'ensuite, le Roy lui avoit
commandé de lui venir témoigner qu'il desiroit qu'elle retournât dans cette Abbaye, &
en reprit le gouvernement ; ce qu'il lui dit fort
civilement, n'usant d'aucun commandement.

Il étoit près de dix heures du soir, quand le
Prévôt arriva à Pontoise ; mais comme il é-
toit à propos de ne point perdre de tems, la
M. Angelique donna ordre à l'instant, que toutes ses Filles fussent prêtes à partir : la nuit n'en
empêchoit pas, car elle fut changée en un grand
jour, par la quantité de flambeaux que toute la
Ville, que la curiosité & la piété avoient as-

semblée, pour voir cet évenement nouveau, y aporta : tous les Curez de la Ville & tous les Eccléfiaftiques s'y trouverent, & voulurent accompagner cette rare proceffion : Les trente Filles de la M. Angelique y marchoient en ordre, deux à deux, & à côté d'elles, deux rangs d'Archers à cheval, qui portoient chacun un flambeau à la main, & le moufquet fur l'épaule ; la M. Angelique marchoit après, & à côté d'elle, le Prévôt de l'Ifle avec des Gardes, qui l'efcortoient, parce qu'on craignoit, principalement pour fa perfonne, la violence de ces gentils-hommes qui tenoient le parti de Mad. d'Eftrées, dont il y en avoit de fort infolens & de fort téméraires. Toute la Ville les fuivoit avec des lumieres, & l'on ne vit jamais une plus célebre proceffion que fut celle-là, par la nouveauté & piété des perfonnes qui y fervoient de fpectable aux autres ; elle marcha dans cet ordre, depuis Pontoife jufqu'à Maubuiffon, où la M. Angelique rentra avec toutes fes Filles, & tous les Archers garderent la Maifon dedans & dehors toute la nuit, parce qu'on n'étoit pas encore en affurance que les gens de Mad. d'Eftrées ne s'y fuffent cachés, la M. Angelique & fes Filles veillerent toute la nuit, & elle eut foin que toutes fuffent retirées en bon ordre, finon qu'il fullut qu'une partie des filles paffa la nuit dans la cuifine, à aprêter le manger à tous ces Gardes ; mais avec tant de modeftie & de filence, que cela même étoit d'édification.

Les Archers après avoir cherché par-tout fans rien trouver, s'étoient poflés en divers endroits de la Maifon, pour obferver s'ils ne découvriroient rien : ceux qui gardoient le dortoir, entendirent fur le matin, quelque peu

sonne qui se mouchoit, comme si elle eut pleu-
rée; ils firent donc une nouvelle recherche dans
les chambres du dortoir sans y rien trouver, &
jugeant bien néanmoins, que la voix qu'ils a-
voient entenduë venoit de là, ils se mirent à
sonder dans les murs, & par là ils découvri-
rent cette armoire où s'étoit cachée Dame de
la Serre, dont l'entrée étoit si difficile, qu'elle les auroit aisément renversés, s'ils avoient
voulu y monter pour la faire descendre, à quoi
ils essayerent; mais pour avoir plutôt fait & la
contraindre de venir d'elle-même, ils la me-
nacerent de lui tirer un coup de fusil si elle ne
descendoit tout à l'heure, ensuite du commandement qu'ils lui en firent de la part du Roy,
il fallut qu'elle obéït, & iis se saisirent de sa
personne & des papiers de Mad. d'Estrées qui
furent trouvés avec elle; le Prévôt la fit enfermer jusqu'à ce qu'on eut ordre du Général de
Citeaux, où on la feroit conduire, parce que
la Cour n'avoit pas pû ordonner de cela. Au
bout de deux jours, le Prévôt voyant qu'il n'y
avoit rien à faire & qu'assurement, tous les gens
de Mad. d'Estrées s'étoient retirés, il prit congé de la M. Angelique, & s'en retourna à Paris avec sa compagnie, excepté qu'il laissa 50.
Archers pour faire la garde autour de l'Abbaïe
parce que la M. Angelique ne pouvoit être en
sureté à cause des insolences que faisoient à
toute heure, les gens de Mad. d'Estrées qui é-
toient des noblesses du pays, & tiroient de
nuit & de jour, jusque dans ses fenêtres, & sa
vie n'auroit pas été en assurance, si on n'avoit
donné ordre d'écarter ces gens-là : ces Gardes
furent six mois à Maubuisson, & peu à peu ils
étrangerent ces insolens.

Mais quoi qu'on n'eut pas encore sujet de

s'y fier beaucoup, la M. Angelique ne pût souffrir qu'on les gardât davantage, se confiant beaucoup plus au secours de Dieu qu'en celui des hommes, & elle obtint avec peine de Mr. Arnauld son Pere, à qui sa conservation étoit précieuse, que l'on retireroit ces Gardes qui faisoient même une grande dépense à l'Abbaïe, quoi que le Roy payât leur nourriture.

Depuis qu'ils n'y furent plus, on fut encore long-tems obligé de prendre plusieurs précautions pour garder la M. Angelique : il falloit fermer les fenêtres par où elle passoit, & observer ceux qui s'aprochoient de l'Abbaye, parce qu'il en venoit encore avec de mauvais desseins. Mais quand Mad. d'Estrées eut été découverte & renfermée de nouveau aux Filles penitentes, tout cela cessa, & la M. Angelique demeura en paix, & continua à régler cette Abbaye.

Mad. de la Serre & une autre confidente de Mad. d'Estrées, nommée Dame de Ricarville, furent enlevées de Maubuisson par ordre de Mr. de Citeaux, & renfermées dans d'autres Couvents de l'ordre, on verra ailleurs ce qui leur arriva depuis : pour Mad. d'Estrées, elle fut même prisonniere au Châtelet quelque tems, où le P. Bernard contoit qu'il l'avoit vûë dans un état bien déplorable, il la trouva dans le lit, une bouteille de vin & des saucisses auprès d'elle ; tous ses malheurs ne l'ayant point fait penser à entrer dans la penitence. Elle passa toute sa vie à plaider pour rentrer dans son Abbaye, qui lui payoit 1200. livres de pension, qui ne la mettoient guerre à son aise, parce qu'elle les consumoit en frais de procès. Elle mourut enfin dans une petite Maison, dans un Faubourg de Paris, fort misérable. On n'en

rien fçû de particulier, finon que la M. Marie
des Anges qui étoit déjà Abbeffe de Maubuiffon il y avoit treize ou quatorze ans, eut foin
de faire retirer fes papiers, parce qu'elle avoit
détourné plufieurs titres de l'Abbaye, & elle
trouva dans fa caffette, quelques livres de dévotion, d'où elle voulut prendre fujet d'efpérer que peut-être cette pauvre Dame avoit penfée à elle, parce qu'en toute fa vie, elle n'a-
voit jamais ouvert un livre de piété avant cela.

Nous avons vû comme la M. Angelique a-
voit déjà offert à Dieu, trois de fes Sœurs Religieufes avec elle, l'aînée ne pouvoit pas la
fuivre alors, étant engagée dans le mariage ;
mais la providence de Dieu l'y acheminoit déjà, par les afflictions qu'elle y eut à fouffrir,
qui la détacherent entierement du monde, &
étoit même en cette année 1618. que la M.
Angelique fut à Maubuiffon, déjà féparée par
Arreft de la Cour, d'avec fon mari, & demeuroit avec fes enfans chez Mr. Arnauld fon Pere ; il reftoit encore dans le monde, une petite
Sœur, nommée Magdelaine, qui en ce tems-
là, n'avoit pas encore dix ans. Le Pere & la
Mere l'aimoient tendrement, tant parce qu'elle
étoit la derniere & la feule Fille, qu'à caufe
qu'elle leur avoit couté plus de peines & d'inquiétudes que les autres, Mad. Arnauld ayant
été très-malade aux deux couches qu'elle avoit
euës avant elle, & dont les enfans n'avoient
pas vêcu, & étant encore accoûchée avant terme, de celle-cy, à fept mois & demi, de forte que cet enfant étoit fi foible quand elle vint
au monde, qu'on ne la put pas porter à l'E-
glife, & qu'il fallut baptifer dans le logis,
croyant qu'elle dut mourir auffi-tôt, cependant
elle vêcut, & fut élevée avec tant de foing

qu'elle devint auſſi forte & auſſi puiſſante que
pas une autre.

Le deſſein de Mr. Arnauld étoit de réſerver
cette cadette pour le monde. Elle avoit beaucoup d'avantage pour cela, c'étoit une fort belle fille, d'une humeur gaye & enjoüée qui la
rendoit le divertiſſement de toute la famille,
la M. Angelique qui n'a jamais ſçû faire de
partage entre Dieu & le monde, avoit une extrême envie d'arracher cette petite proye au
démon, avant qu'il l'eut encore pû corrompre;
mais elle n'y pouvoit rien contribuer que par
ſes prieres, car elle l'eut demandée inutilement
à Mr. Arnauld, qui n'avoit plus que ce divertiſſement, & l'enfant avoit beaucoup d'éloignement pour la Religion : il arriva dans le tems
de cette premiere année, que la M. Angelique
demeura à Maubuiſſon, que Mad. Arnauld ſa
Mere, l'ayant été voir, elle avoit mené avec
elle, une fille de chambre qui avoit envie d'ê-
tre Religieuſe, & qui n'en avoit pourtant rien
témoigné. Elle ſe déclara à la M. Angelique
& lui fit de grandes inſtances pour obtenir qu'elle lui donnât place ; la M. Angelique ſçachant
que c'étoit une bonne fille, elle eſpéra que puiſqu'elle aimoit la Religion, elle pouroit être
utile à ſa petite Sœur, qu'elle ſervoit ; pour lui
en ôter peu à peu l'éloignement, & ainſi elle
n'eut pas envie de la recevoir ſi-tôt ; mais comme cette pauvre fille pleuroit & lui faiſoit de
grandes inſtances, la M. Angelique lui dit :
allez ma fille, pleurez auprès de Dieu, & le
priez bien qu'il faſſe la grace à ma Sœur Madelon, de vouloir être Religieuſe, alors, je
vous promets que je vous recevrai avec elle :
cette fille fort conſolée de cette bonne parole,
ſe retira dans le deſſein de bien prier Dieu,

comme la Mere le lui avoit dit , puifque fon bonheur étoit attaché à cette condition : il y a apparence qu'elle le fit avec une grande foi , puifque dès la nuit même , elle fut exaucée : elle étoit comme j'ai dit à Maubuiffon , & y coucha cette nuit , & la petite Arnauld étoit à Andilly , avec Mad. le Maitre fa Sœur , qui la faifoit coucher auprès d'elle. La nuit , cet enfant fe réveilla & appella Mad. le Maitre , pour lui dire qu'elle vouloit être Religieufe : Elle , affez furprife d'entendre cette nouvelle à telle heure , lui dit qu'elles auroient plus de tems de s'en entretenir le lendemain , la petite lui voulut dire tout à l'heure d'où lui venoit ce changement & cette réfolution fi prompte ; elle lui conta qu'elle venoit de voir en fonge , Sainte Magdelaine fa Patrone , dans le fond d'un defert tout plein d'épines , & qu'elle lui avoit tendu la main , qu'elle avoit fort blanche & fort belle , & lui avoit fait figne de venir à elle , & que quand elle s'en étoit aprochée , elle lui avoit montré un habit blanc de Religieufe , qu'elle tenoit d'une main , & de l'autre , qu'elle lui avoit préfenté du beure , pour marquer la nourriture des Religieufes qui ont embraffé l'abftinence de la viande ; qu'ainfi elle avoit bien entendu que Ste. Magdelaine l'apelloit à Port-Royal avec fes Sœurs , & qu'elle y vouloit être Religieufe : Mad. le Maitre , à ce difcours , voulut rire avec la petite Fille , & lui dit que quand elle auroit dormie , elle verroit mieux ce qu'elle auroit à faire , & que fa réfolution étoit encore bien jeune , qu'on en jugeroit par la perféverance. Elle lui répondit avec fermeté : vous verrez ma Sœur , ce qui en fera , il eft vrai que ma réfolution eft bien nouvelle & d'un moment ; mais tantôt elle aura des heufes, & puis des jours, ensuite des semaines, des mois, & les années feront voir que je dis vrai.

Le lendemain ce fut un grand sujet d'entretien, car la petite fille parloit le même langage à tout le monde, & ce jour même, Mad. Arnauld revint de Maubuisson à Andilly : ce changement inopiné de Madelon, fut la premiere nouvelle dont on la salua : elle, qui auparavant étoit toûjours prête à étre mariée, ne parloit plus que de son empressement pour être Religieuse. On rioit de cela , mais Mad. Arnauld qui sçavoit ce qui s'étoit passé, le regarda plus sérieusement, & fut étonnée que l'effet eut sitôt suivi le desir de la M. Angelique & les prieres de cette bonne fille, qui obtint en effet, ce qu'elle avoit espéré ; car elle entra à Port-Royal avec sa petite maitresse, quelque tems après la mort de Mr. Arnauld, qui arriva l'année suivante, & y a été Religieuse ; on la nomma, Antoinette de Ste. Marie.

La petite Arnauld demeura dans le monde, deux ans depuis qu'elle avoit pris sa résolution d'étre Religieuse : elle y fut autant pressée que jamais ; mais rien n'ébranla sa volonté. Elle fit voir comme elle l'avoit promis, par la persévérance de plusieurs années, qu'un si prompt changement n'étoit pas venu de la legereté d'un enfant ; mais de la puissance de l'esprit de Dieu. Elle se nomma , en Religion, S. Magdelaine de Ste. Christine ; elle prit l'habit avec une fort grande ferveur, à l'âge de quinze ans, & passa de même son noviciat ; elle fit profession l'année suivante 1625. la Communauté étant déjà transférée en la maison de Paris.

Mais il faut faire voir à son sujet, comme la charité de la M. Angelique, qui avoit le même principe que celle des Saints, produisoit aussi dans les occasions, les mêmes mouvemens & les mêmes effets de grace dans les ames ; car cette jeune Religieuse ayant commencé à se relâcher, & s'accoutumant à n'obéïr plus avec simplicité ; mais à contredire & à raisonner sur ce qu'on lui disoit, la M. en souffrit quelque tems elle vit ensuite, que sa patience ne produisoit point le bon effet qu'elle souhaitoit, & que de jour en jour, elle prenoit un air de suffisance & d'élévation, qui avoit besoin d'être réprimé, son zele l'enflamma, elle crut qu'il falloit chasser ce démon d'orgüeil par la confusion. Elle fit une sérieuse réprimende à sa petite Sœur & l'accompagna de deux soufflets : mais, comme ce fut la charité qui la frapa, ce fut elle qui la guérit à l'instant, & dès ce moment, comme si on eut vû le diable s'enfuir, de même qu'il est raporté dans la vie de St. Benoit, sur une rencontre semblable, ce fut un si grand changement que celui qui parut en cette fille, qu'elle a toûjours conservé depuis & jusqu'à sa mort, un caractere de simplicité & de soumission, qui la faisoit discerner, & qui paroissoit en elle un don particulier de Dieu.

La M. Angelique, qui n'aimoit que les ames & que Dieu, avoit choisie pour être l'instrument du salut d'un si grand nombre, & principalement dans sa famille, étoit occupée sans cesse, du desir de voir Mr. Arnauld son Pere, plus dégagé des affaires du monde, pour ne s'apliquer qu'à celle qui seule est nécessaire : elle la demandoit à Dieu sans cesse, & ses prieres porterent à la fin, un fruit de grace, qui pour avoir été plus tardif, n'a pas laissé de donner de grandes espérances qu'il étoit arrivé à sa maturité, par la miséricorde de Dieu, qui n'a pas besoin de tems pour agir, & qui peut faire tout en un moment.

Mr. Arnauld demeura malade à la fin de Novembre 1619. d'une hidropifie de poitrine ; la nouvelle qui en fut portée à Port-Royal & à Maubuiffon, y mit toutes les perfonnes qui le connoiffoient, dans une profonde douleur ; car il étoit comme le Pere commun, de Port-Royal, & il avoit une bonté fi extraordinaire, qu'on ne le pouvoit connoitre fans l'aimer : mais furtout, il ne fut jamais un Pere fi tendre pour fes enfans, & parce que les fiens tenoient de fon bon naturel, on ne fçauroit s'imaginer quelle étoit l'apréhenfion & l'affliction de fes Filles. La M. Angelique, que fon tempéramment plus vif, rendoit encore plus fenfible, ne perdoit point de vûë, ni le jour, ni la nuit, ce cher Pere, demandant beaucoup plus fon falut que fa fanté : Elle nous a dit quelquefois, que pendant toute cette maladie, qui dura trente jours, elle ne put prefque prendre de repos, qu'elle fe réveilloit fouvent la nuit en difant fans ceffe, *falvum fac fervum tuum.* Et qu'autant de fois, ma S. Ifabelle de Château-neuf, qui couchoit auprès d'elle, n'avoit jamais manqué d'étre auffi-tôt préte à lui répondre : *Deus meus fperantem in te :* dont elle avoit confervé envers elle une grande reconnoiffance, comme auffi c'étoit la marque d'une merveilleufe affection : mais cela n'étoit pas extraordinaire aux filles de cette incomparable Mere : comme perfonne n'aimoit comme elle, auffi perfonne n'étoit tant aimée. Tant de prieres & de larmes, monterent fans doute jufqu'à Dieu : les fentimens de penitence & de charité qu'il mit dans le cœur de Mr. Arnauld, en furent des fruits ; & on ne peut mieux exprimer quels ils furent, qu'en tranfcrivant ici la relation qui en fut écrite dès-lors, dont la copie nous eft demeurée ; La voici.

II.
PARTIE

Le mardi 17. Décembre l'an 1619. à deux heures après midi, Mr. Arnauld appella Mr. d'Andilly, & adreſſant ſa parole au Pere Albert, Capucin, qui avoit été continuellement auprès de lui, depuis dix ou onze heures du matin, que le Pere Joſeph en étoit parti : il lui dit : Mon Pere, j'ai demandé à Mr. Moreau, l'un de mes Médecins, s'il pouvoit juger à peu près, par les regles de ſon art, combien de tems je durerois encore ; il m'a répondu qu'il n'y connoiſſoit rien davantage que hier, & que cela étoit incertain. Et d'autant que Dieu m'a fait la grace d'avoir horreur de mes pechez & de l'extrême ingratitude dont j'ai uſé toute ma vie, à reconnoitre les bienfaits infinis, dont je lui ſuis redevable ; je crois fermement que par ſon immenſe bonté, il me pardonnera mes offences & me recevra dans ſon Paradis ; ſur quoi j'attens avec une réſignation abſoluë à ſa volonté, l'heure qu'il lui plaira me retirer de ce monde, pour me faire changer les miſeres de la terre, avec la bienheureuſe félicité du Ciel. Mais parce qu'il faut combatre juſqu'au dernier ſoupir, afin que notre foi ne défaille pas, à cauſe qu'en ces dernieres heures ſi importantes, le diable redouble ſes forces & ſes tentations pour nous perdre, & que l'un des principaux moyens dont il ſe ſert, eſt de nous remettre devant les yeux, les choſes du monde, & particulierement celles où notre condition nous attache davantage, afin de détourner notre eſprit du deſir de joüir éternellement de la préſence de ſon Dieu, deſir ardent, deſir violent, deſir qui nous doit enflammer d'amour & de joye. J'ai réſolu, mon Pere, de faire préſentement un vœu qui me détache pour jamais, de toutes les affections qui me pour-

roient

foient divertir de la penfée de mon falut, &
me renouveller le fouvenir, foit des biens de
la terre, ou des occupations aufquelles je me
fuis le plus adonné, en ma condition, afin d'ô-
ter à cet ennemi commun de tous le hommes,
les moyens de me tenter & de me féduire ; c'eft
pourquoi, mon Pere, au cas que vous l'aprou-
viez, ne le voulant pas faire autrement, je
fais vœu à Dieu, entre vos mains & celles de
mon Fils, que s'il advient que fa divine bonté
veüille me prolonger encore mes jours ici bas,
ce que je ne defire point, foit pour quelques
mois ou quelques années, tant qu'il lui plaira,
je me dépoüille préfentement de tous mes biens
généralement, tant meubles qu'immeubles,
reconnoiffant que j'en ai fi mal ufé, que je
fuis du tout indigne de les poffeder ; & d'autant que je fçai que ma Femme & mon Fils font
bien plus charitables que moi, je leur en laiffe
la difpofition entiere, fans me vouloir même
enquérir des chofes en quoi ils l'employeront,
& recevrai un contentement extréme de les voir
ainfi difpofer de tout, ne croyant pas mon Pere
(ce qu'il dit en riant & regardant au vifage
le Pere Albert) que la douceur que j'éprouve-
rai en cela foit défagréable à Jefus. Je me réferve feulement pour moi, quelques uns de mes
livres, mais fort peu ; & fur ce que je pourrai
gagner en mes confultations, autant qu'il me
fera néceffaire pour mes alimens, & encore,
fort médiocrement & fort fimplement : Je pro-
tefte devant Dieu, que je ne donnerai jamais
de confeils qui ne foient très-juftes, & que mes
avis ne ferviront point aux grands & aux puif-
fants, pour opprimer les petits & les foibles ;
mais mon occupation aux heures, que j'em-
ployerai aux affaires, fera de faire des arbitra-

P

II.
PARTIE
————————

ges pour accorder le plus de différens qu'il me
fera poſſible. Au ſurplus, je veux, ſi la volonté de Dieu eſt que je demeure dans le monde,
changer mon nom, & que celui que je poterai
déformais, ſoit René, d'autant que j'eſpere
avec ſa grace, de mourir à mes iniquités paſ-
ſées, & de renaître en ſon amour & en ſa grace, deſirant que pour cette occaſion, ma vie
ſoit marquée d'une pierre noire, & que celle
que je paſſerai déformais, le ſoit d'une pierre
blanche, étant réſolu moyennant l'aſſiſtance
de mon Sauveur, de mener une vie toute diſ-
ſemblable ; j'entends auſſi, que ſi durant ma
maladie, ma Femme & mon Fils, ont pris
quelque réſolution ſur ce qu'ils auront à faire
après ma mort, comme de vendre cette Maiſon ou choſe ſemblables , il ſoit exécuté moi
vivant , tout de même que ſi je fuſſe décédé.

Il n'y eut que la grace extraordinaire de Jeſus-Chriſt, capable de modérer le reſſentiment
de la mort d'un ſi bon Pere, dans le cœur de
ſes ſaintes Filles. Elle arriva onze jours après
ce qui eſt raporté dans cette relation, ſçavoir
le 29. Décembre 1619. âgé de ſoixante-un ans.

Les Bulles de la Coadjutorerie de Port-Roïal
ayant été obtenuës l'année 1620. la M. Angelique fut exprés à Port-Royal, pour faire prendre poſſeſſion à la M. Agnès : il avoit été beſoin de la préparer à accepter cette charge, dont
elle avoit un éloignement égal à ſon humilité,
& le B. Evêque de Geneve, avoit été exprés
à Port-Royal, dès l'année précédente, cela
n'empêcha pas que quand le tems fut arrivé,
elle n'eut encore beaucoup de peine à s'y ſou-
mettre, & elle voyoit avec un reſſentiment qui
ne bleſſoit point le reſpect & l'amitié qu'elle
avoit pour la M. Angelique, qu'elle, qui ne

penſoit qu'au moyen de ſe décharger, la voulut accabler d'un fardeau, dont la peſanteur
lui étoit redoutable : il étoit vrai que la Mere
Angelique avoit autre choſe dans l'eſprit, elle
ſe réjoüiſſoit d'autant plus, de voir ſa Sœur
Coadjutrice, qu'elle ſe promettoit de la faire
bien-tôt Abbeſſe. Elle prit donc poſſeſſion ſo-
lemnellement, ſelon toutes les formes, avec
toute la joye de la Maiſon ; mais il arriva une
choſe, qui fut regardée comme un heureux pré-
ſage ; car comme c'eſt une des cérémonies qui
s'obſervent, que la Coadjutrice doit ouvrir les
livres du chœur, auſſi-bien que ſonner les clo-
ches ; en ouvrant l'Antiphonaire, elle rencontra d'abord cette Antienne. *Iſti ſunt duæ olivæ
& duo candelabra lucentia ante Dominum.* Il
n'étoit pas mal aiſé d'appliquer ces paroles à
un favorable pronoſtique de la future fécondité
& de la grande lumiere de ces deux Sœurs que
Dieu mettoit en ce jour en un emploi, qui devoit les rendre Meres & conductrices de tant
de Filles. Ce ne fut pas cela néanmoins, qui
frapa les yeux de la Mere Agnès, ſon humilité
les lui fermoit pour ne pas voir ce qu'il y pouvoit avoir d'éclatant pour elle, dans cette prédiction, mais bien ce qui lui étoit utile ; c'eſt
pourquoi dans le moment, elle dit à la Mere
Angelique, *duæ olivæ*, ma Sœur, nous ſerons
deux, répondant par là, au deſſein qu'avoit la
M. Angelique, de quitter l'Abbaye & la laiſſer
ſeule. En effet, l'événement a répondu à ſes
eſpérances, Dieu n'ayant point permis que
rien ait pû ſéparer ce que lui-même avoit uni :
& la M. Angelique, qui a toûjours réüſſi dans
tout ce qu'elle a entrepris, par le mouvement
de ſa foi, n'a trouvé des oppoſitions inviſibles
qu'à ce ſeul deſſein, qui étoit celui où elle s'é-

toit plus appliquée qu'à pas un autre, pendant plusieurs années.

Elle laissa aussi-tôt la M. Agnès exercer sa nouvelle autorité, & elle étoit digne de commander, parce qu'elle avoit apris à obéïr, la M. Angelique qui avoit été obligée de l'employer de si bonne heure à avoir soin des autres, ne s'étoit pas moins appliquée pour cela à l'exercer elle-même dans la mortification & l'obéïssance qu'elle devoit aprendre à celles qu'elles conduiroit. Elle étoit la premiere partout, dans les travaux communs, & elle ne se dispensoit d'aucune des humiliations qu'elle auroit exigées des dernieres novices ; il y avoit peut-être cette différence entre elles, qu'aïant plus d'amour, elle avoit moins de peine, & que l'ardeur de sa piété lui donnoit de la joye où les autres auroient eu de la répugnance.

Un exemple dans un petit sujet, poura être une grande preuve de ce que je dis. Il arriva que la Mere Agnès ayant soin d'entretenir la lampe du Chœur, elle répandit par accident, la cruche d'huile qu'elle portoit, sur sa robe & sur les degrez de l'Eglise ; une autre auroit pû d'abord, se troubler un peu ; mais son application intérieure, au lieu d'être interrompuë par ce premier mouvement, ne lui fournit point d'autre pensée, que de se souvenir de ces paroles : *Oleum effusum nomen tuum* ; qui furent les premieres qui se présenterent à son esprit accoûtumé à ne voir dans les choses visibles, qu'un objet invisible, mais toûjours présent à son cœur ; elle fit néanmoins ensuite, tout ce qu'elle pût pour remédier à ce désordre, & réparer sa faute en l'allant accuser à la M. Angelique, qui ne voulant pas perdre l'occasion de faire brûler davantage la lampe de la Mere

Agnès, par la perte de cette huile, l'obligea de porter fa robe telle qu'elle étoit, auſſi long-tems qu'elle l'eut eu fans cela, c'eſt-à-dire juſqu'au tems qu'on en changeoit à tout le monde, ſçachant fort bien que les ſens de la Mere Agnès, qui étoit extremement propre, feroient plus mortifiés de cela, que d'une penitence plus auſtere ; & en effet, ce lui fut un exercice de vertu durant quelques mois, de voir cette difformité tout le jour, & de fentir cette mauvaiſe odeur toute la nuit, quand elle étoit couchée avec cet habit, qui en s'échauffant, rendoit encore l'huile de plus mauvaiſe odeur ; mais fon cœur s'engraiſſoit des delices de la mortification, & elle n'a donné depuis, aux autres, que de fon abondance, quand elle s'eſt appliquée à élever les ames, & principalement les novices, dans la pratique de cette vertu.

Avant que de parler de ce que fit la M. Angelique, pour ſe procurer d'être déchargée du gouvernement de l'Abbaye de Maubuiſſon, il faut remarquer ſelon la ſuite des années, que ce fut à la fin de l'an 1620. le 28. Décembre, que mourut le Sr. Evêque de Geneve, en qui elle perdit toute la conduite qu'elle avoit ſur la terre, parce que depuis qu'elle l'avoit connu, elle prenoit ſa direction par lettres, ſur toutes choſes. Elle n'avoit plus alors, aucun de ſes anciens Directeurs qui l'avoient aidée dans le commencement ; mais nous avons remarqué depuis, que la providence de Dieu, qui veilloit toûjours ſur elle, comme elle ne s'apuïoit qu'en lui, lui préparoit une autre conduite & un autre Pere de fon ame, en lui retirant celui-là, parce que ce fut cette même année, que Dieu donna à Mr. d'Andilly, qui étoit pour lors à Poitiers, la connoiſſance de Mr. l'Abbé

La Mere Angelique refuſe l'Abbaye de Maubuiſſon, & porte à y mettre Mad. de Soiſſons.

de St. Cyran, par le moyen de Mr. l'Evêque
d'Aire, Frere de Mr. Boutillier, son intime
ami; mais elle ne recuëillit pas si-tôt le fruit
de cette premiere semence de grace & de lumiere que Dieu mettoit à part pour son héri-
tage, & qui a produit une si grande moisson,
non seulement pour elle; mais pour toute l'E-
glise,

La M. Angelique ayant écrit elle-même dans
sa relation, tout ce que nous sçavons de ce qui
se passa à sa sortie de Maubuisson, il seroit superflu de le répéter ici, où il suffit d'ajoûter
quelque particularité qu'elle a omise.

Car elle ne dit pas ce qu'elle nous a assuré,
qu'on pensa à elle pour lui donner l'Abbaye de
Maubuisson; mais qu'elle la refusa, étant bien
plutôt dans le dessein de quitter la sienne,
que d'en accepter une aussi grande & aussi riche
que celle de Maubuisson; ces deux qualités que
les autres y estiment, étant ce qui lui en auroit
donné plus d'éloignement: elle fit entendre aux
personnes qui avoient eu cette pensée, qu'on
auroit dû plutôt jetter les yeux sur une personne de grande condition, qui pût avoir de l'ap-
pui pour se maintenir dans cette place, contre
les prétentions de Mad. d'Estrées, qui plaidoit
toûjours pour y rentrer, & on dit que ce fut
elle qui donna la vûë de Mad. de Soissons,
Fille naturelle de Mr. le Comte de Soissons,
qui étoit Religieuse à Fontevrault, en estime
de grande vertu & régularité.

Quand cette Dame fut venuë à Maubuisson,
la M. Angelique s'étudia tant qu'elle pût, à
gagner son esprit, afin de la porter à embrasser le dessein de maintenir dans Maubuisson,
le commencement de réforme qu'elle y avoit
établie avec tant de soin & de peine; en effet

Mad. de Soiffons, eut tout à l'heure pour elle, une eftime & une affection très-grande ; mais comme c'étoit un efprit facile, une Religieufe qu'elle avoit auprès d'elle, nommée Mad. Bigot, qui la poffédoit beaucoup, & qui n'étoit point portée à la réforme, travailla fi adroitement à la défunir d'avec la M. Angelique, qu'elle y réuffit ; & quoi qu'elles vécuffent refpectueufement l'une avec l'autre, c'étoit froidement de la part de Mad. de Soiffons, quoique put faire la M. Angelique pour fondre cette glace par l'ardeur de fa charité. Elle eut une occafion favorable de la lui témoigner, car Mad. de Soiffons étant devenuë fort malade de la petite vérole, la M. Angelique s'enferma avec elle, & lui voulut fervir de garde, jour & nuit, lui rendant toutes fortes de fervices, jufqu'à ce qu'elle meme, prit ce mal contagieux dont elle fut très-malade ; mais fur-tout, il lui vint un mal d'œil infuportable, qui la fit fouffrir plus qu'on ne fe peut imaginer, les Medecins ne doutoient point du tout qu'elle ne dut perdre l'œil, & ils penfoient à des remedes propres à faire par avance, ce qu'ils affuroient qui arriveroit à la fin, voulant pour ôter la douleur, faire mourir la partie ; mais Dieu la guérit miraculeufement. Je me fouviens affurement de cela ; mais j'ai tout à fait oublié en qu'elle maniere ce fut, & je ne trouve plus perfonne qui le fçache, car j'écris depuis la mort de la M. Agnès.

Pendant cinq ans que la M. Angelique fut à Maubuiffon, elle y reçût trente-deux Filles, en qui elle n'eut égard qu'à la vocation & à la vertu non & au bien ; car toutes enfembles n'avoient apporté que trois cens livres de penfion, c'eft-à-dire, deux ou trois d'entre elles, les autres n'ayant rien donné du tout, quoi qu'il y eut des Filles de condition, mais pauvres, auſquelles on ne demanda rien.

Elle en reçût dix à la Profeſſion ; mais l'une d'elles qui étoit la Fille de Mr. de Bonneüil, n'étoit pas pour demeurer à Maubuiſſon, & faiſoit Profeſſion pour Port-Royal, de ſorte qu'elle fit vœu d'obéïſſance à la M. Angelique. Ce fut pour les autres, le ſujet d'une grande douleur, car on avoit eu bien de la peine à leur perſuader d'achever ce qu'elles avoient commencé & ne point différer leur Profeſſion, parce qu'on voyoit déjà bien que la M. Angelique ne devant pas encore demeurer long-tems en cette Abbaye, les choſes n'étoient gueres établies pour s'aſſurer qu'elles ſubſiſtaſſent ſous une nouvelle Abbeſſe : la M. Angelique ne pût jamais les y réſoudre, qu'en leur faiſant eſpérer que ſi les choſes n'alloient pas bien à Maubuiſſon, elle les recevroit à Port-Royal ; en effet, lorſqu'elle fut prête à les quitter, il lui fut impoſſible de refuſer à leurs larmes, de leur permettre de la ſuivre, parce qu'on voyoit déjà bien que la nouvelle Abbeſſe ne feroit pas de grande choſe, pour maintenir la réforme. On ſollicita donc fort ſeçretement la permiſſion du général de Citeaux, pour ces neuf Profeſſes, parce qu'on ſçavoit bien que Mad. de Soiſſons s'y oppoſeroit, ſi elle en étoit avertie: de leur côté, elles faiſoient leurs petits prépatifs & leurs paquets, ſans qu'on s'en apperçût, de ſorte que quand leur obédience arriva, Mad. de Soiſſons n'en avoit pas eu le moindre ſoupçon, & elle en fut extraordinairement ſurpriſe & mal contente, & a eu toute ſa vie de la peine à le pardonner à la M. Angelique, qui n'avoit d'autre part à cela, que celle d'une extraoſdinaire charité.

Il faut encore voir en cet endroit, la suite de sa relation, car elle y raporte de quelle sorte elle écrivit à P. R. & la réponse qu'elle reçut de la M. Agnès & de toute la Communauté, qui embrassa avec la joïe que donne le Saint Esprit, la proposition de recevoir ces trente Filles, pour leur faire part de leur pauvreté, & s'en enrichir de plus en plus. Nous n'avons pû retrouver cette lettre qui eut été belle à insérer icy. La M. Angelique étant obligée de s'arrêter à Paris, en retournant à P. R. elle envoïa devant elle, ses trente Filles, & par sa prévoyance ordinaire, craignant que leur abord ne fut un sujet de dissipation dans P. R. pour ces filles mêmes, par la joïe de leur arrivée, & le remûment qu'il faudroit faire pour les loger, elle y donna ordre en leur imposant silence, jusqu'à ce qu'elle fut arrivée elle-même, & leur ordonna pour cela, qu'aussi-tôt qu'elles appercevroient de dessus la montagne, le haut du clocher, dont il faut se baisser pour voir la pointe, tant la situation de la Maison, est basse, & dans une vallée étroite ; elles diroient toutes ensemble, ce verset : *Pone Domine custodiam ori meo, & ostium circunstantiæ labiis meis* : & que dès ce moment, la porte de leurs levres demeureroit fermée jusqu'à ce qu'elle-même la vint ouvrir, comme il falloit néanmoins qu'on les pût connoître dans Port-Roïal, elle leur fit mettre à toutes, un billet sur leur manche où étoit écrit leur nom : elles observerent ponctuellement ses ordres, & arriverent à Port-Royal le 3. Mars 1623. ce fut un jour de fête pour la M. Agnès & pour toute la Communauté, dont on peut dire en cette occasion, comme l'Apôtre dit des fideles de Macedoine, que leur profonde pauvreté répandit a-

vec abondance, les richesses de leur charité
sincere : car non seulement elles ouvroient les
bras de bon cœur pour recevoir ce grand nombre de Filles ; mais encore comme si c'eut été
elles-mêmes qui eussent reçû une grace extraordinaire, elles chanterent le *Te Deum* en allant
recevoir & embrasser ce présent que Dieu leur
faisoit, pour enrichir de plus en plus, leur
Maison, du trésor inépuisable de la pauvreté.

Cette Maison si incommode & si petite, devint tout d'un coup large, par l'étenduë de la
charité de celles qui vouloient bien être incom-
modées pour soulager les autres ; & belle par
l'agrément qu'y trouvoient ces pauvres filles,
qui ne cherchoient que Jesus-Christ crucifié, &
qui le trouvoient dans ce tombeau, où elles é-
toient ensevelies au reste du monde, dont cette
Maison étoit dans un entier éloignement.

La M. Angelique, cependant, fut à Paris
quelques jours, comme elle le dit dans sa relation, & en passa quelques uns dans le Monastere de la Visitation de la ruë St. Antoine ; car
il n'y avoit alors que cette premiere Maison :
elle revint à Port-Royal, la semaine Sainte,
le 11. ou 12. Mars, & en arrivant, elle délia
la langue de ces trente muettes, qui n'avoient
pas dit un mot en l'attendant ; elle ne faisoient
que tendre le bras quand on avoit affaire à
quelqu'une d'elles, afin qu'on lut sur leur manche qui elles étoient, pour les pouvoir emploïer
à ce qu'on vouloit qu'elle fissent ; la M. Angelique ouvrit donc la porte qu'elle avoit fermée ; mais ce ne fut que pour se saluer & rentrer bien-tôt dans le silence ordinaire où elle
avoit nourri ce grand Noviciat, qui ressem-
bloit à cet ancien Tabernacle qui se transpor-
toit & se rétablissoit par-tout où Dieu faisoit

camper fon Peuple dans le defert ; car toutes
fes Filles étoient fi formées dans la régularité, le filence & le recuëillement ; que foit à
Maubuiffon, à Pontoife, ou à Port-Royal,
dès le premier jour qu'elles y arriverent, elles
étoient rangées & régulieres, comme fi elles
n'en euffent bougé.

Ce grand nombre de filles qui accrut tout
à coup la Communauté de Port-Royal, ne fit
qu'y allumer une plus grande ferveur, comme quand on jette une grande quantité de bois
dans un grand feu, il s'embrafe davantage :
outre ces filles de Maubuiffon, la M. Angelique reçût encore huit autres Religieufes de notre ordre, comme on le voit dans la relation,
où elle marque de quelle forte la providence
divine benit fa charité d'une maniere quafi mi-
raculeufé, faifant fubfifter ce grand nombre,
fans que le bien de l'Abbaye qui fuffifoit à peine pour la petite Communauté qui y étoit auparavant, fut augmenté, & cependant elles ne
manquerent pas du néceffaire, & méme elles
avoient au de-là de leurs befoins : car la Mere
Angelique m'a conté elle-méme, que bien-tôt
après qu'elle fut revenuë, il courut des rhumes
fort mauvais, dont prefque toute la Communauté & ces nouvelles filles furent malades,
& que pendant que cela dura, elle ne leur é-
pargna point du tout, ce qui leur étoit néceffaire, de forte que quoi qu'en venant à Port-
Royal, elle ne leur eut promis que du pain &
du potage, de quoi elles l'avoient affurée qu'elles feroient fort contentes, & elle ne laiffa pas
de les nourrir une grande partie, de gelée,
pendant que dura ce grand mal, & on en faifoit près d'un fçeau à la fois, tant il y avoit
de malades.

Elle faisoit ces chofes extraordinaires dans les befoins, fans préjudice de l'amour de la pauvreté & de la mortification où elle les élevoit toûjours. On a pû voir au commencement de fa relation, de quelle maniere elle avoit établi à Maubuiffon, ce nouveau Noviciat, qui ne fe relacha de rien à Port-Royal, au contraire, toutes les perfonnes dont la charité & les lumieres pouvoient porter les ames à une plus grande perfection, étant réünies par le retour de la M. Angelique, de ma S. Ifabelle-Agnès & de ma S. Marie-Claire, avec la M. Agnès, elles firent comme une confpiration de zele, pour porter encore plus loin la ferveur de leur charité : les trois dernieres s'affembloient fouvent pour délibérer enfemble des moyens qui pourroient contribuer à perfectionner cet ouvrage de Dieu ; qui étoit l'unique objet de leurs foins ; & lorfqu'elles avoient jugé de ce qui y pouroit être utile, elles alloient le propofer à la M. Angelique qui l'aprouvoit par fon autorité, ou le modifioit par fa prudence.

Elles crurent qu'il feroit à propos de retrancher tout à fait les conférences qui fe faifoient auparavant ; mais qui ne font point de la Regle de St. Benoît. Les Capucins, qui avoient aidé la M. Angelique au commencement de la réforme, les avoient fait établir ; & l'ufage de tous les ordres nouveaux, les faifoient croire néceffaires ; mais l'amour du filence & l'efprit de priere qui regnoit alors dans Port-Royal, les rendoit fuperflus à des perfonnes dont la converfation continuelle étoit dans le Ciel : elles n'eurent aucune peine à quitter ces entretiens extérieurs, qui font fouvent plus à charge à la piété, qu'ils ne foulagent la nature :

& l'on

& l'on ne fit plus de conférences, jufqu'à l'établiffement de Paris, où la conduite changea,
& les perfonnes qui gouvernoient alors, re-
mirent non feulement les conférences ; mais
des recréations deux fois le jour avec toute la
liberté qu'on les fait aux Carmelites, qui étoit
le modele que Mr. de Langres vouloit imiter.

Entre plufieurs exemples du filence dont on
faifoit une étude particuliere à Port-Royal,
on peut en remarquer un en la perfonne de la
S. Ifabelle-Agnès de Château-Neuf, qui fut
un Carême entier à la cuifine, où toutes les
Sœurs du chœur fervoient tour à tour, fans que
jamais durant ces fix femaines, elle dit une
feule parole, ni fuperfluë, ni néceffaire, parce que l'habitude à fe faire entendre par figne
fuffifoit quand il étoit befoin de demander
quelque chofe ; elle étoit capable de former les
autres, dans l'exercice de cette vertu, en leur
donnant un tel modele : en effet, ces jeunes Religieufes dont elle avoit foin, étoient dans une
fi exacte pratique du filence & de la mortification, qu'étant arrivé, qu'on envoya le foir,
une novice, nommée S. Ifabelle-Chriftine de
Rofieres, à une cellule que l'on croyoit garnie,
il fe trouva qu'il n'y avoit dedans que des fagots qu'on y avoit ferrés ; elle fe coucha deffus & fe couvrit de fon manteau d'Eglife, &
y demeura plufieurs jours fans s'avifer qu'elle
en dût rien dire, & ce ne fut que par hazard
que quelque Sœur l'étant allé chercher à la cellule où on lui avoit dit qu'elle couchoit, & n'y
ayant trouvé que des fagots, elle crut qu'elle
s'étoit méprife, & le fut dire ; mais après qu'on
eut apellé la Fille, pour fçavoir d'elle-même
où elle couchoit, elle fut obligée de rendre
compte, comment la chofe s'étoit paffée. Cet

Q

exemple pourra paſſer pour quelque choſe d'extraordinaire préſentement, & ne l'étoit point alors ; quoique ces ſortes d'occaſions n'arrivaſſent pa ſouvent ; mais la diſpoſition de ces ſaintes Religieuſes étoit toûjours prête de les embraſſer comme une ſaveur de Dieu, quand elles ſe préſentoient. L'exercice le plus ordinaire des Meres qui les conduiſoient, n'étoient pas de les inſtruire de l'obligation générale qu'ont les Religieuſes, de porter toutes les croix que Dieu leur envoye, de bon cœur : elles les en avoient déjà ſi fort perſuadées, qu'elles ne trouvoient de douceur que dans l'amertume de la penitence ; mais deſirant que ce feu s'allumât en elles de plus en plus, elles cherchoient avec ſoin, des inventions de les humilier & les mortifier en des choſes auſquelles elles ne ſe feroient pas attenduës, de peur que l'accoutumance ne diminuât le mérite de leurs mortifications ordinaires, & que leur ferveur ne ſe ralentit faute d'être exercée ; la M. Agnès excelloit à trouver des manieres de déraciner tout ce qui pouvoit encore vivre de l'amour propre ſecret & d'une complaiſance humaine en ces ames, dont elle étoit jalouſe d'une jalouſie toute de Dieu, & qu'elle vouloit préſenter toutes pures à Jeſus-Chriſt ; elle le faiſoit avec d'autant plus de facilité, que n'ayant point elle-même de plus grand plaiſir & d'exercice plus ordinaire que celui d'une continuelle mortification ; elle ne donnoit à ces Filles que les reſtes de cette table ſpirituelle où elle ſe nourriſſoit avec Jeſus-Chriſt, des voluptés de la penitence, quand elle cherchoit de nouveaux moyens de les faire mourir à elles-mêmes.

Nous avons déjà marqué en paſſant, que Mr. d'Andilly avoit fait connoiſſance avec Mr.

l'Abbé de St. Cyran, à Poitiers, dès l'année 1620. il étoit à Paris en 1623. & il y aprit ce que la M. Angelique avoit fait, d'avoir reçû ces trente pauvres Filles dans sa pauvre Abbaye, qui sortoient d'une si riche : il admiroit cette action comme il admiroit toutes les œuvres de Dieu, & se crut aussi-tôt obligé par un sentiment de gratitude envers lui, d'écrire à la M. Angelique, pour l'aider à discerner combien elle étoit redevable à Dieu de ce qu'il lui avoit fait la grace de suivre dans sa conduite des lumieres qu'elle avoit moins dans l'esprit que dans le cœur, parce qu'elle les avoit reçûës par l'onction du St. Esprit, & non par l'instruction des hommes, personne ne lui ayant apris les regles de l'Eglise touchant le désinteressement où devoient être les personnes Religieuses, qu'elle pratiquoit néanmoins d'une maniere plus parfaite, que les plus éclairés ne lui auroient osé conseiller de faire,

J'aprens par une lettre de la M. Angelique, à Mr. d'Andilly, qui s'est conservée & qui est datée du 7. Janvier 1621. qu'il lui avoit déjà procuré cette connoissance si avantageuse, & qu'elle lui écrivoit & recevoit de ses lettres : en voicy les termes.

» J'ai reçû la lettre de Mr. de St. Cyran, » avec une satisfaction qui ne se peut dire, je » vous remercie de tout mon cœur, de m'avoir » procuré le bonheur d'une si sainte amitié ; » je lui écris un mot que vous lui ferez tenir, » si vous ne m'en jugés pas indigne. »

On verra dans la relation qu'elle a écrite elle-même, quelle estime elle en faisoit dèslors : Il vint ensuite à Port-Royal cette même année 1623. la veille de l'Ascension, & y fut deux jours. Je ne sçai rien de particulier de

*Angeliq.
connut
Mr. de
St. Cyran.*

cette vifite, à l'égard de la M. Angelique, finon qu'elle nous a dit fouvent, que dès qu'elle
le connut, elle eut une fort grande eftime de
lui, fur le pied d'un homme d'un mérite &
d'une fufifance extraordinaire ; mais elle fe
relevoit fi haut de ce côté-là, qu'il ne lui tom-
boit pas dans l'efprit, qu'il eut rien de propre à fe rabaiffer dans la conduite particuliere des ames, & ainfi, elle étoit ravie de
l'entendre parler de Dieu & de la Religion ;
mais elle ne lui demandoit aucun avis de confcience.

Feüe ma S. Anne-Eugenie de l'Incarnation
Arnauld, que j'avois engagée à écrire diverfes
remarques de ce tems-là, dont je me fuis fer-
vie dans cette hiftoire, en fait une que je ne
veux pas omettre, quoi que petite, qui eft que
dans cette premiere vifite, Mr. de St. Cyran
leur fit un très-beau difcours fur le fujet du
myftere de l'Afcenfion, dont il fit voir le raport
admirable avec celui de l'Euchariftie, comme fi dès-lors le St. Efprit eut voulu fe fervir
de fon miniftere pour nous aprendre à apliquer
notre piété au culte de cet augufte Sacrement,
qui fut l'occafion où Dieu engagea Mr. de St.
Cyran à prendre la conduite de la M. Angelique & de la Communauté.

De peur que cette lettre dont nous avons
parlé cy-deffus, & qui eft un mémorial de la
charité de Mr. de St. Cyran & de celle de la
M. Angelique, ne fe perde : ce qui a déjà penfé arriver bien des fois, nous la tranfcrirons
ici.

LETTRE

De Mr. l'Abbé de St. Cyran, à la Mere Angelique, Abbesse de Port-Royal.

Madame, je n'ai pas craint de faire une grande faute en différant de vous écrire, jusqu'à présent, j'ai crû d'une part, que ce retardement serviroit à me confirmer dans l'opinion que vous m'avez obligé jusqu'ici, d'avoir de votre vertu, qui diminueroit dans mon esprit, si vous étiez capable de trouver mauvais que je vous eusse répondu si tard, & d'un autre côté, j'ai toûjours été embarassé en des affaires qui m'ont consumé tout le tems & même dix jours entiers de retaite que j'ai passés dans une Maison des Champs, d'où je vous écris, vous pouvés juger par cette assurance que j'ai, que vous ne l'aurez pas trouvé mauvais, que je vous tiens bien dégagée du monde, puisque je me persuade que les devoirs de la civilité qu'on y pratique, ne sont pas compris dans les regles de votre discipline sainte. Je vous avoüe que je vous trouverois coupable, si vous aviez estimé que je le susse, d'avoir fait cette omission, & que je ne trouverois pas que votre réforme fut parfaite, si elle avoit encore besoin de retrancher des complimens superflus. Car pour le général de votre Maison, elle perdroit la réputation qu'elle a de n'aimer pas le monde, & pour votre regard particulier, vous m'ôteriez le sujet que j'ai de croire que vous êtes Religieuse, & ce qui est bien davantage, une Religieuse qui n'aime que la charité; ce qui est si peu en usage, qu'on pouroit faire un triage nouveau, dans toutes les Religions, de

Q iij

certaines ames qui ne fissent vœu que de la pratiquer aux dépens même du droit qui leur demeure, nonobstant le renoncement qu'elles ont
fait dans tous les biens du monde, de prendre
soin de leur propre conservation, c'est pourquoi sçachant que vous êtes accusée d'avoir trop
de zele & trop de confiance en Dieu, je ne vous
fais pas les excuses que je ferois à une autre,
d'avoir trop tardé à vous faire des remercimens
pour les offres que vous me faites l'honneur de
me faire par votre derniere lettre, je les aurois
acceptés de très-bon cœur, & le tems que j'ai
pris à vous répondre, a été un effet du desir
que j'en avois, parce que j'attendois que Dieu
me déterminât dans le doute où j'étois, en faveur de votre souhait & du mien. Mais il est
arrivé que sans que mon inclination ni mon
devoir m'y portât, Dieu m'a fait entreprendre un voyage un peu éloigné, dont je ne pourrai être de retour qu'au mois de Novembre prochain. J'ai laissé à mes amis, à Paris, pour
gage & assurance de mon retour, un bail nouveau que j'ai fait de mon logis; & je vous envoye cette lettre du chemin pour vous confirmer
la promesse que je leur ai faite de revenir, afin
que vous voyez que je ne prétens pas vous refuser ni renoncer à la part que Dieu m'a acquise à votre Maison, de laquelle je me souviens
tous les jours plus que de beaucoup d'autres,
parce que vous y exercés la charité, & que je
n'aime rien tant que de voir, que parmi les
grandes defiances & inquiétudes du monde,
on prend plaisir d'obliger la sagesse & la prévoyance de l'esprit humain, de se fier à Dieu,
au lieu de laquelle si vous substitués l'oraison
& un amour Saint & aveugle, qui n'ait point
pour guide, les lumieres de la raison; mais

les tenebres de la foi, aſſurés vous que Dieu
vous fera connoître par expérience, qu'il eſt
bien meilleur de s'appuyer en lui, par amour,
que par prévoyance, laquelle eſt ſi bornée dans
l'eſprit de l'homme, que ſi elle n'eſt un effet
de l'ordonnance de Dieu & du deſſein qu'il a
de produire quelque effet à notre avantage,
elle ne ſert qu'à fatiguer en vain notre eſprit.
J'étendrois ceci davantage, ſi un homme qui
veut partir & qui me preſſe, me le permettoit;
je ne craindrois point de vous dire, que j'ai ſen-
ti du déplaiſir de n'être pas aſſez puiſſant, ou
plutôt de n'être pas digne de ſervir d'inſtru-
ment, & d'être l'entremetteur du remplace-
ment que je me perſuade que Dieu fera dans
votre Maiſon, pour la ſainte hardieſſe que
vous avez eu d'y cauſer des aides & des dimi-
nutions de bien, en aparence, en la remplif-
ſant pour l'amour de lui, d'ames véritablement Religieuſes. Dieu a une excellence ſi é-
levée au-deſſus des plus hautes penſées de notre eſprit & de notre foi, que c'eſt le ſervir
baſſement, que de ne courir que des riſques,
dans l'exercice de la charité, ſouvenons nous
ſeulement qu'aux premiers ſiecles de l'Egliſe,
les chrétiens ne la lui témoignoient point autrement qu'en mourant pour lui ; & au deffaut
du martyre & des occaſions de perdre la vie,
le moins que nous pouvons faire, eſt d'embraf-
ſer avec joye les occaſions qu'il nous fait naître, de lui témoigner l'amour & le zele de notre charité, en l'étendant ſur des ames qui ſe
ſont voüées à lui, avec la perte de nos richeſ-
ſes & de nos biens. Peut-être qu'il ne nous ac-
cuſera pas en ſon jugement, de n'avoir pas
cherché toutes les occaſions d'employer en de
bonnes œuvres, ces biens qu'il nous avoit don-
nés & de ne nous être pas mis en peine de fai-

re une recherche de tous les pauvres qui l'anguissent dans les antres & dans les bois, où ils vivent comme des bêtes, abandonnés de toute assistance, afin de les nourrir. Mais ce qu'il nous reprochera assurement, c'est d'avoir négligé de pourvoir aux besoins de ceux qu'il nous présente lui-même, & sur-tout, lorsque nous voyons qu'en manquant d'assister le corps, l'ame cours risque de se perdre ; il n'y a rien qui fasse voir plus clairement que notre foi est obscurcie & que notre charité est morte. Différons, Madame, ce discours à une autre occasion, & pendant que vous continuerés à servir Dieu, en le pratiquant, n'oubliés pas de me faire ressentir dans mon éloignement, les effet de votre charité devant Dieu ; faites aussi que mes Sœurs Catherine, Marie, Anne & Magdelaine, vous imitent en cela, & je vous rendrai non pas par moi-même ; mais par celui qui s'immole tous les jours dans mes mains, plus que la pareille de toutes les prieres que vous ferez pour moi, qui ne sçauroient avoir de force & d'efficace, que celle qu'elles tirent de ce divin Sacrifice, comme il n'y a rien de plus grand, c'est ce qui fait que je vous l'offre, parce que j'ai une véritable affection pour votre charité, laquelle se doit contenter de mon offre, puisque je lui donne tous les jours, par la priere de mon oblation, la charité même, en esprit & en corps. Je suis, Madame, &c. Du Verger de Haur. Ce 4. Juillet 1623.

Je finis ici cette Histoire, ceux qui pourront y travailler un jour tout à fait, trouveront dans les différentes Relations qu'en ont écrite plusieurs personnes, tout ce que nous avons pû sçavoir de la suite.

Fin de la seconde Partie.

ETABLISSEMENT
DU NOUVEL INSTITUT
DU SAINT
SACREMENT.
ECRIT PAR
LA M. MAGDELAINE
DE STE. AGNES DE LIGNY.

TROISIE'ME PARTIE.

E Roy Louis XIII. étant demeuré très-malade à Lion en 1630. & étant defesperé des Medecins, il demanda le St. Viatique qu'il reçût avec beaucoup de pieté : il en reçût aussi-tôt un soulagement si considerable, qu'il fut regardé comme un effet miraculeux. Ensuite il fit vœu par un mouvement de reconnoissance de se rendre Fondateur du Monastere du St. Sacrement, dont on poursui-

voit alors l'établissement. Il ordonna à Mr.
le Garde des Sceaux de Marillac, d'en expe-
dier les Lettres patentes, ce qu'il fit, en les
faisant fort avantageuses en reconnoissance de
cette guérison miraculeuse dont il étoit fait
mention dans ces lettres, aussi bien que du
vœu de Sa Majesté. On ne pût obtenir néanmoins de feu Mr. l'Archevéque de Paris Jean-
François de Gondy, pour les raisons que la
Mere Angelique & ma Sœur Catherine de St.
Jean ont écrites, & que je ne repeterai point
icy ; On ne pût, dis-je, obtenir de lui, de
commencer cet établissement jusqu'au 8. de
May 1633. que la Mere Marie Angelique entra dans la maison avec trois autres Religieuses Professes de P. R. nommées Sœur Marguerite de la Trinité Mauroi, Sœur Agnés de
la Mere de Dieu, Choüy, & Sœur Anne de
St. Paul, Arnauld : elle y mena aussi quatre
postulantes, tirées de Port-Royal, S. Catherine de Ste. Agnès, Arnauld, S. Anne de la
Nativité, Hallé, S. Magdelaine de Ste. Agnés de Ligny, S. Anne de Jesus de Foissy &
une Religieuse converse, de l'Abbaye de Tard.
Mad. la Duchesse de Longueville, mena la M.
Angelique & les trois professes dans son carosse. Mad. d'Andilly & Mad. de Ligny, mene-
rent les autres ; & plusieurs personnes de condition nous vinrent recevoir. La Maison fut
benite par Mr. le Blanc, Official & grand Vicaire de Mr. de Paris : le lendemain, Mr. de
Paris y vint dire la Messe Pontificale, & y mit
le St. Sacrement. Après la Messe, il vit la M.
Angelique & ses filles, au parloir, à qui il souhaita mille bénédictions, & il leur parla avec
bien de la bonté & dit à la Mere, qu'il prioit
Dieu qu'elle devint une Mere féconde.

Il faut remarquer que dans le premier deffein que l'on eu de cet inftitut, il devoit avoir
trois Supérieurs: fçavoir, Mr. l'Archevêque
de Paris, Mr. l'Archevêque de Sens & Mr.
l'Evêque de Langres, & après bien des difficultés, la Bulle fut enfin expédiée, au mois
d'Août 1637. La M. Angelique en ayant été
établie Supérieure par Mr. l'Archevêque de
Paris, Mr. de Langres qui étoit depuis quelque-tems, Directeur de la M. Angelique & de
P. R. & qui avoit fait tous fes effort pour faire
nommer à cette Supériorité, quelques autres
Religieufes qu'il croyoit plus accommodantes
à fes deffeins, & qui portoient les chofes à une
magnificence qui étoit auffi contraire aux fentimens de la M. Angelique, qu'à l'efprit de
fimplicité & de pauvreté qui fe doit trouver
dans une véritable Religieufe; Mr. de Langres,
dis-je, voyant qu'il n'avoit pû faire établir
d'autre Supérieure, parce que Mr. de Paris n'y
avoit point voulu confentir, il affocia à la M.
Angelique (contre toutes les regles) une poftulante, nommée S. Anne de Jefus, de qui il
faifoit beaucoup d'état, & qu'il vouloit former
pour être Supérieure, auffi-tôt qu'elle feroit
Profeffe, la croyant propre pour la conduite,
parce que c'étoit une Fille de condition, fort
bien faite, qui fçavoit bien parler & entretenir le monde, & qui avoit de l'efprit, quoi
qu'elle ne l'eut pas fort folide & qu'elle l'eut affez altier, & d'ailleurs, elle n'avoit aucune
expérience de la Religion, dont elle n'avoit
pas même compris l'efprit: & comment auroit
elle fçû bien commander, puifqu'elle n'avoit
jamais apris à obéïr?

On peut dire au contraire, que quoi que la
Mere eut prefque toûjours été Supérieure,

elle sçavoit néanmoins parfaitement obéïr; sa charge lui ayant toûjours été un poids insuportable, depuis que Dieu l'eut touchée, & s'étant, lorsqu'elle s'en démit, réduite en quelque sorte, au dernier rang, n'en tenant point d'autre que celui qui lui échéoit au hazard, qui étoit souvent le dernier, parce qu'en ce temslà, on tiroit tous les ans, les rangs, les Meres de Dijon ayant ôté toutes les coûtumes de l'Ordre & établies d'autres qu'elles avoient prises elles-mêmes ; & pour ce qui étoit de la conduite de la Maison, la Mere en laissoit entierement le soin à Mr. de Langres & aux Religieuses qu'il y avoit introduites, qui y gouvernoient, la M. Marie-Genevieve de St. Augustin, Abbesse de P. R. sans qu'il parut que la M. Angelique s'en mélat, ayant souffert avec une humilité & une soumission qui n'a gueres d'exemple, qu'on changeât dans le Monastere de P. R. beaucoup de choses qu'elle y avoit saintement établies.

Elle ne fit pas moins paroître son humilité & la simplicité de son obéïssance, dans le Monastere du St. Sacrement, en s'assujetissant à un ordre aussi extraordinaire qu'étoit celui de Mr. de Langres, qui lui avoit ordonné de ne rien faire sans l'avis de cette postulante, & de l'employer aux premieres charges, ce qu'elle fit d'une maniere, qui étoit le sujet de l'admiration de ses Filles, quoique ce ne fut pas toûjours sans y trouver à redire, parce que n'aïant pas autant d'humilité que la Mere & autant de docilité, elles en souffroient souvent avce quelque impatience, qu'une Fille nouvellement entrée en Religion, la moins ancienne de toutes & qui étoit sans expérience, ni vertu, eut la connoissance & la conduite de toutes choses,

& qu'elle

& qu'elle se levât même au dessus de la Mere
Angelique, qui étoit contrainte de lui ceder.
Et comme elles regardoient cela assés humai-
nement elles avoient quelque peine à s'y soumettre, quoique le respect qu'on avoit pour
la Mere fit qu'on dissimulât. Mr. de Langres
l'établit maitresse des enfans & des postulantes
qui commençoient à se presenter, quoi qu'elle
ne fût elle-même que postulante. Il est vrai
quil fit la cerémonie de la proposer aux Sœurs
pour la leur faire agréer, mais personne n'o-
soit s'y opposer, quoi qu'on ne pût l'agréer.

La M. Angelique étant dans ce nouveau Monastere se rendit l'exemple de toutes ses filles,
qu'elles désiroit former pour être parfaites Religieuses. Elle se rendit la plus exacte de toutes aux observances & sur tout à l'Office, à
l'Assistance & à la veille du Saint Sacrement,
se faisant souvent de grandes violences pour
y assister étant sujettes à de grandes migraines
& à des coliques de pierre très-violentes. Elle
s'y rendoit la premiere autant qu'elle pouvoit.
Elle n'alloit point pendant ce tems-là au parloir sans une nécessité indispensable, dans les
autres tems-mêmes elle s'en rétiroit le plus
qu'elle pouvoit, & elle disoit que nous y per-
dions toûjours & que les séculiers ne gagnoient
guéres à notre entrétien ; quoique je lui doive
ce témoignage que Dieu à touché plusieurs
personnes par ses paroles. Elle n'alloit point
au Parloir pour la satisfaction, mais seulement lors qu'elle y étoit engagée par quelque necessité, où par quelque raison de reconnoissance où de Charité, comme elle a fait
souvent pour servir l'Ordre & à la priere de
Mr. L'abbé de la Charmoie, elle voyoit aussi
plus volontiers les personnes pauvres & affli-

III.
PARTIE

R

gées que les autres. Je me souviens entr'autres d'une famille de bons Marchands qui étoit ruinée, je ne sçai par quelle occasion ils s'adresserent à la Mere, si ce n'est que la réputation de sa charité les y portât. Cette pauvre Marchande qui étoit dans une extréme nécessité la venoit voir assés souvent & lui amenoit ses enfans, entre lesquels il y avoit une petite aveugle. Il n'est pas croyable combien la M. Angelique avoit compassion de leur misere & combien elle prit soin de les consoler & pour leur donner quelque assistance. Elle avoit de la joye quand elle pouvoit rétrancher quelque chose de ses besoins & de ceux des ses filles qui s'en privoient be bon cœur pour accommoder ces pauvres personnes. Pendant qu'elle à été dans ce Monastere elle a encore assisté d'autres personnes necessiteuses dont-elle avoit eu connoissance par quelque rencontre, sa charité la rendant la Mere de tous les pauvres par-tout où elle se trouvoit. Elle tâchoit de leur faire gagner leur vie, leur donnant aussi ce qu'elle pouvoit pour les faire subsister. Elle faisoit nourrir de pauvres enfans, & ne pouvoit aprendre aucune nécessité, qu'elle n'y pourvût autant qu'il lui étoit possible, & quand elle n'avoit pas dequoi le faire, elle leur procuroit quelque assistance de quelques personnes de condition, de ses amis, quoique cette Mere si genereuse n'aimât nullement à demander, & qu'il fallut que sa charité lui fit surmonter en celà, sa répugnance naturelle. Si elle étoit si charitable envers les personnes étrangeres, on ne peut pas douter qu'elle ne le fût à l'égard de ses filles qu'elle aimoit avec une tendresse incroïable; il n'y avoit aucune sorte de service; qu'elle ne leur rendit dans les occasions. Elle prenoit souvent la peine elle-même, de faire le feu après Matines, pour chauffer les Sœurs, & s'il arrivoit que quelqu'une ne si rendit pas, elle l'alloit chercher elle-même : Elle entretenoit aussi l'hyver, du feu dans une chambre où elle se retiroit le jour, pour la commodité des Sœurs qui avoient affaire à elle ; elle vouloit que toutes les Sœurs eussent la liberté de s'y aller chauffer ; & lorsqu'elles en faisoient difficulté, elle leur disoit : vous m'obligerez de sortir d'ici & de m'aller mettre dans un trou, parce que je ne puis souffrir qu'on dise la chambre de notre Mere ; je n'ai rien à moi, & c'est ma plus grande joye de ne rien avoir. Quand elle n'étoit pas malade, elle couchoit au dortoir comme les autres, quoi qu'il fut assez incommode, ayant été fait dans le grenier, où il faisoit très-chaud en été & très-froid en hyver, parce que le plat-fond étoit tout proche des thuilles, & qu'il étoit fait si legerement, qu'il n'empêchoit point qu'il ne plut dans le dortoir & dans nos cellules, où nous avons vû souvent tomber l'eau sur nos lits & geler en même-tems, de sorte qu'il falloit emporter nos couvertures le soir pour les dégeler devant le feu ; elle avoit un très-grand soin que les Sœurs ne manquassent de rien, quoi que le Monastere fut fort incommodé, le Roi qui s'en étoit déclaré le fondateur, & feüe Mad. de Longueville la fondatrice n'ayant donné ni l'un ni l'autre aucun fonds. La Mere prenoit la peine de faire elle-même le linge & les habits des Sœurs, ce qu'elle faisoit si elles n'avoient besoin de rien & ne se donnoit point de repos qu'elle ne les eut accommodées, & quoi qu'elle eut grand soin que leurs habits fussent commodes selon la saison, elle n'en a-

R ij

voit pas moins qu'ils fuſſent faits fort ſimple-
ment & ſans aucune façon qui reſſentit celles
du monde , & elle diſoit que quand elle ſeroit
morte , elle reviendroit plûtôt pour l'empêcher
s'il arrivoit qu'on fit quelque choſe de trop a-
juſté. Elle deſiroit auſſi que les étoffes fuſſent
viles & des moindres , quoi qu'elle les voulut
chaudes en hyver : & comme c'étoit l'amour
de la pauvreté & de ce qui eſt vil, & non pas
l'épargne qui la portoit à cela , lorſqu'on lui
repréſentoit que les habits ne duroient point
& que les étoffes fines durent davantage , elle
répondoit avec force qu'elle aimoit mieux qu'on
en fit plus ſouvent que de manquer à ce que la
regle de St. Benoit ordonne de prendre pour
les vêtemens des Religieux , des étoffes les plus
viles , & qu'il ne falloit point changer la ſerge
de Moüy , ni la forme des habits qu'elle avoit
donnée. Elle ajoûtoit que la ſimplicité & pauvreté étoient l'ornement d'une Religieuſe , &
elle nous a ſouvent dit que s'il y avoit quelque
choſe dans la Maiſon qui fût plus pauvre , plus
vile , plus ſage & plus incommode , chacune
devroit deſirer que ce fut pour ſoi , & qu'elle
ne pouvoit comprendre comment une Religieuſe pouvoit jamais refuſer quelque choſe pour
quelqu'une de ſes raiſons ; qu'il falloit qu'elle
oubliât ſa profeſſion & l'obligation qu'elle a-
voit par ſes vœux & par ſa regle , d'aimer tout
ce qui eſt vil & abjet ; Enfin , elle ne nous parloit jamais avec plus de chaleur & de zele que
lorſqu'elle nous exhortoit à l'amour de la pauvreté , & à deſirer que les autres nous fuſſent
préférées en toutes choſes. Elle ne ſe contentoit pas de nous donner ces inſtructions de paroles ſeulement ; mais elle le faiſoit encore bien
plus puiſſamment par ſes exemples , prenant

pour elle tout ce qui étoit le moindre, & ne
pouvant souffrir qu'on lui donnât d'habits
neufs, disant pour cacher sa vertu, qu'ils l'in-
commodoient, & elle avoit une grande joye
quand elle voyoit des pieces à son habit, elle
disoit que c'étoient les pierreries des Religieuses. Elle a porté long-tems une grande piece
de toile jaune à la manche de sa robe qu'elle
y avoit mise, & si on ne s'en fut aperçû &
qu'on ne l'eut ôté en refaisant sa robe, elle
l'auroit portée jusqu'au bout.

Elle s'appliquoit aux moindres choses qui
regardoient les besoins des Sœurs. Elle alloit
souvent à la cuisine goûter à ce que l'on aprê-
toit, & l'assaisonnoit elle-même quand il y
manquoit quelque chose : mais quoi que la Mere
voulût que les officieres fissent bien, elle desiroit néanmoins que les Sœurs fussent fort mor-
tifiées, & qu'elles ne se plaignissent jamais de
ce qui leur manquoit, & que si elles avoient
quelque besoin, elles le lui représentassent
humblement, sans en parler les unes avec les
autres. On lui dit un jour que la cuisiniere é-
toit bien affligée, parce qu'il étoit arrivé un
accident qui avoit tout gâté son diné, & que
les Sœurs n'auroient rien. La Mere la fit venir
& lui dit qu'elle ne se mit pas en peine & qu'elle iroit faire le diné, ce qu'elle fit en effet. Une
autre fois ayant apris que cette Sœur, qui étoit
professe converse de l'Abbaye de Tard, & qui
vouloit observer la regle de St. Benoît, en
mangeant maigre, quoi qu'on ne le fit que
trois fois la semaine au St. Sacrement où on
avoit pris la regle de St. Augustin, gardoit
pour elle, tous nos restes des jours maigres,
qu'elle mangeoit tout le long de la semaine,
ne voulant rien faire exprès pour elle. La Mere

alla à la cuisine, comme cette Sœur alloit au réfectoire & lui fit elle-même des œufs, parce qu'elle la laissoit libre de faire sa regle, cette fille n'ayant pas dessein de demeurer dans cette Maison, & desiroit retourner à la sienne de Tard. Après le diner, la Mere lui dit gaïement que toutes les fois qu'elle ne se feroit point à diner, elle lui en iroit faire elle-même, ce qu'elle lui disoit d'une si bonne grace, que quoi que la Sœur fut bien mortifiée de lui avoir donné cette peine, elle ne pouvoit néanmoins s'empêcher d'en rire avec les autres à la conférence, où elle nous dit qu'elle n'avoit jamais mangé d'une si bonne aumlette.

Au commencement qu'on fut dans cette Maison, plusieurs des Sœurs y demeurerent malades, & la Mere les assistoit & leur rendoit tous les services possibles avec une charité incroyable ; & comme elle étoit persuadée que la Supérieure est chargée de tous les offices, elle se considéroit par-tout comme la premiere officiere, ce qui faisoit qu'elle ne trouvoit rien de trop bas ni de trop fatiguant pour elle, croïant que sa charge l'obligeoit de tout embrasser. Et personne n'a jamais mieux compris qu'elle, ce précepte de Notre-Seigneur, que celui qui est le plus grand, doit devenir comme le moindre, & celui qui gouverne comme celui qui sert. Elle le pratiquoit en toute sorte de rencontre, où, comme j'ai marqué, il n'y avoit rien de pénible & de vil qu'elle ne fit ; mais surtout, cela a paru dans les maladies qui portoient quelque mauvais air.

Environ six mois après qu'on fût au St. Sacrement, ma S. Anne de St. Paul demeura fort malade d'une petite vérole pourprée ; la Mere ne l'abandonna point durant toute sa ma-

ladie, quoi qu'elle ne voulut point que les Sœurs
entraffent dans fa chambre, excepté celles qui
étoient deftinées à la fervir, & qu'elle même
eut grand foin de prendre toutes les précautions
pour ne point porter de mauvais air à la Communauté. Elle lui rendoit toutes fortes de fervices, & mémes ceux que l'on craint le plus
dans ces occafions : Elle la feignoit aufli, couchoit dans fa chambre, y prenoit fes repas,
quoi qu'il y eut une très-mauvaife odeur, quelques prieres que les Sœurs qui avoient une très-
grande apréhenfion pour elle, lui fiffent pour
l'empécher, & quoi que le Médecin tâchât aufli
de le faire, affurant que le mal de cette fille,
étoit aufli contagieux qu'une pefte, on ne l'en
pût jamais détourner. Enfin, cette Sœur rendit l'efprit entre les mains de notre Mere, &
elle l'enfevelit elle-même. Elle aimoit beaucoup cette Sœur, non parce qu'elle étoit fa proche parente, mais à caufe de fa grande vertu
& des talens qu'elle avoit, qui la rendoit fort
capable de fervir la Communauté, & je puis
dire néanmoins, que la Mere auroit rendu fans
doute, les mémes affiftances à qui que c'eut été
de la Maifon, comme nous l'avons éprouvé en
d'autres rencontres, où on l'a vûë affifter d'autres Sœurs, & même des converfes qui avoient
la petite vérole & la diffenterie, couchant même auprès d'elles, étant la premiere à fe lever
la nuit, quand elles avoient befoin d'affiftance : Elle eut la même charité pour une Sœur
que le Médecin difoit avoir la pefte, en ayant
toutes les aparences ; la Mere ne laiffoit pas
de la voir foigneufement, & de la fervir elle-
même. Enfin, il n'y avoit point de maladies,
pour périlleufes qu'elles fuffent, que la Mere
ne vifitât & ne fervit celles qui en étoient atta-
quées, les affiftant jufqu'à la mort.

**III.
PARTIE**

Mais puisque j'ai parlé de ma S. Anne de St. Paul, je crois que je dois aussi rapporter quelque chose de sa vie, qui a été très-édifiante. Elle entra à P. R. agée de vingt-un an, contre la volonté de Messieurs les parens, qui n'avoient qu'elle de fille & un fils; ils aimoient cherement cette fille qui étoit fort bien faite, l'esprit très-bon & agréable, & qui avoit tout ce qui peut rendre une personne aimable. Feu Mr. le Curé de St. Jean en gréve, qui avoit été son Confesseur & l'avoit dirigée dès son enfance & entendu sa confession générale à sa mort, nous a témoigné qu'elle avoit conservé l'innocence de son baptéme, qu'elle avoit toûjours beaucoup de piété & de détachement du monde, lors même qu'elle y étoit encore; étant fort jeune, lorsqu'elle se trouvoit seule, elle se mettoit à genoux, & prioit la Sainte Vierge qu'elle obtint la volonté & la grace d'être Religieuse, ce qu'elle lui accorda, de sorte qu'elle a résisté avec beaucoup de courage à toutes les caresses & les persuasions de Messieurs ses parens. Elle a toûjours témoigné beaucoup d'amour pour sa vocation & pour toutes les observances; étant novice, elle redoubla sa ferveur & demanda permission de passer l'année de son noviciat en silence & en solitude, ce qu'elle fit avec beaucoup d'édification de toutes les Sœurs, sans que ce grand silence fut pénible à personne, parce que quoiqu'elle le gardât très-exactement, se servant de signes & paroissant toûjours fort réveillée, cela se faisoit avec tant d'agrément & de douceur, qu'elle satisfaisoit tout le monde. Elle joignit à la solitude, d'autres mortifications, jusqu'à ce qu'étant tombée malade, on l'obligea d'aller à l'infirmerie; Elle souffrit cette

maladie qui étoit un grand rhumatisme, avec
une douceur & une patience tout à fait édifiante, ne témoignant aucune peine de ce qu'elle
souffroit, étant seulement mortifiée de celle
qu'elle en donnoit aux autres, ne se pouvant
rendre aucun service, parce qu'elle ne se pouvoit aider; elle continua dans la même exactitude au silence, sinon que quand on l'alloit
voir avec permission, elle recevoit les Sœurs
avec charité & gaïeté, & s'entretenant avec
elles de quelque chose d'édification : Elle avoit
une très-grande horreur du peché, & quand
elle sçavoit que quelque personne étoit en mauvais état, elle en étoit toute pénétrée de douleur & de compassion.

La Maison du St. Sacrement s'étant établie
peu de temps après sa profession, elle fut une
des professes que la Mere Angelique y mena.
Elle la mit à la sacristie, où il y avoit beaucoup de travail, parce qu'outre la quantité de
Messes qui s'y disoient quelquefois jusqu'à dix-
sept ou dix-huit, à cause de la devotion au St.
Sacrement & des neuvaines qu'on y faisoit,
quelques Evêques & d'autres personnes de condition nous envoyoient leur linge d'Eglise pour
le blanchir avec le nôtre ; cette Sœur travailloit avec grand courage, sans manquer néanmoins à aucune observance, parce qu'y ayant
fort peu de sœurs pour soutenir l'Office divin,
on ne s'en dispensoit point à moins que d'être
dans l'impuissance d'y aller. Elle soulageoit ses
compagnes autant qu'elle pouvoit, ne s'épar-
gnant point, & dissimulant souvent ses infirmités, qui étoient fréquentes, principalement
depuis son rhumatisme. Elle vécut dans ce
nouveau Monastere, avec l'aprobation & l'é-
dification de toutes les sœurs, & quoi qu'elle

ne gardât plus ce silence extraordinaire qu'elle avoit observée étant novice, cela n'étant pas possible, à cause qu'elle étoit en obéïssance, elle étoit néanmoins très-exacte à le garder autant qu'il étoit possible. Elle paroissoit toûjours recuëillie ; elle étoit d'une humeur très-douce & si condescendante, qu'elle se faisoit aimer de toutes les sœurs ; elle étoit aussi fort fidele à se mortifier en toutes les occasions, & fort adroite à cacher sa mortification ; elle avoit beaucoup de droiture & une grande docilité, respect & amour pour sa supérieure. Etant tombée malade de la petite vérole, comme j'ai déjà, marqué elle souffrit cette maladie, non seulement avec patience ; mais aussi avec une grande gayeté, n'apréhendant point la mort, & étant bien aise que Dieu la fit beaucoup souffrir pour la mieux disposer à aller à lui. Aussitôt qu'elle se sentit en péril, elle fit une confession générale, & demanda les derniers Sacremens qu'elle reçût avec des marques d'une grande piété & humilité, demandant pardon à toutes les Sœurs, quoi qu'elle n'eut jamais fait de peine à pas une. Une Sœur, l'étant allée voir, lui dit : helas ! ma chere Sœur vous souffrez bien : elle lui répordit ; c'est peu de chose, ma Sœur, il faut se souvenir de ce que dit St. Paul, que les souffrances de cette vie présente, ne sont pas comparables à la gloire que nous espérons. Je me regarde à présent, comme une pauvre lépreuse à la porte de Jesus-Christ, qui a voulu lui-même être comparé à un lépreux, pour l'amour de nous. Mais, lui dit cette Sœur, vous allez vous séparer de nous, vous nous laisserez bien affligées : Elle lui dit : Oh ! ma Sœur, je ne me séparerai jamais de vous, tout ce que Dieu a uni ne peut être divifé, & fi Dieu me fait miféricorde, comme je l'efpere, je me fouviendrai toûjours devant lui, de la petite Communauté. Et comme elle la prioit de demander à Dieu, la confervation de notre chere Mere, elle lui fit réponfe avec grande affection, oüi ma Sœur, j'efpere qu'il vous la confervera, pour cette petite Maifon & pour celle de P. R. Elle mourut dans la confiance & dans la joye d'aller à Dieu, laiffant la Mere & la petite Communauté, fort touchées de perdre cette fille, de qui on avoit fujet d'efpérer beaucoup.

Je ne parlerai point ici de la perfécution qui s'éleva contre Mr. de Langres & contre nous, à l'occafion du chapelet du St. Sacrement, qui a été écrite bien au long ; je dirai feulement qu'elle nous a été plus utile, qu'elle ne nous a fait de mal, parce que Mr. de Langres qui avoit été fi fatisfait de Mr. de St. Cyran, qui avoit feul pris fa deffenfe, fe trouva lié d'amitié avec lui encore plus étroitement qu'auparavant, & cette occafion lui ayant encore plus fait connoître quelle étoit la charité & la capacité de ce St. Homme, il le pria inftamment de prendre foin de nous, & de nous prêcher & confeffer. La compaffion qu'il eut de nous voir perfécutées, le fit réfoudre plus facilement à l'accepter : il commença donc à nous faire fouvent des conférences au parloir, qui étoient toutes remplies de charité & de zele, & qui peu à peu, nous difpoferent au changement qui fe fit enfuite dans cette Maifon ; quoique d'abord il ne fit pas grand fruit dans la plûpart de nous. Nous avons apris depuis, qu'il refufa de nous confeffer, car nous ne le fçavions pas en ce tems-là, ni que Mr. de Langres & notre Mere l'en euffent prié ;

mais cela nous a fait juger depuis, que comme c'étoit l'esprit de Dieu qui le conduisoit,
il ne lui mit au cœur, d'entendre nos confessions, qu'au même-tems qu'il touchât les nôtres pour le desirer : car je dois dire que la M.
Angelique avoit fort souhaité que nous nous
missions toutes sous la conduite de Mr. de St.
Cyran, & elle avoit essayé de nous l'inspirer
doucement ; mais la plûpart de nous n'entroient
pas dans son sentiment, & même, nous apréhendions qu'il ne fut trop severe, & qu'il ne
nous séparât long-tems de la Sainte Communion, à laquelle quelques unes étoient fort attachées selon la dévotion du tems ; & la Mere
attendoit avec patience, sans nous presser trop
que Dieu nous le mit au cœur, & elle prit un
extrême soin, dès le commencement, pour établir dans ce Monastere, un esprit de retraite, de simplicité, de pauvreté & de charité,
en quoi elle n'eut pas peu à travailler : car la
premiere conduite que nous avions reçüe nous
ayant entretenuës dans un esprit plus libre,
elle ne trouvoit pas en nous les dispositions
qu'elle eut souhaité, & elle nous le témoignoit
souvent avec douleur. Elle nous dit en une occasion, qu'elle ne trouvoit dans la Maison,

qu'une seule personne qui eut assez de docilité
pour recevoir ses avertissemens avec toute la
soumission & l'humilité qu'il falloit pour lui
donner une entiere liberté de la reprendre.
C'étoit feüe ma S. Anne de la Nativité Hassé,
dite Magnard, qui étoit une bonne Demoiselle veuve, une des premieres postulantes ; c'étoit une femme fort humble & fort soumise,
& qui avoit vécu avec une grande réputation
de vertu ; elle avoit quitté son mary de son
consentement, pour se faire Religieuse, &
lui

lui se retira à l'Oratoire, où il fût fait Prêtre
& mourut quelques années après. Ma S. Anne,
s'étoit d'abord rétirée au grand couvent des
Carmelites de Paris, où elle avoit une fille
unique Religieuse, & elle avoit dessein d'y
entrer quand ses affaires seroient en état, mais
ayant eu dans ce tems, la connoissance de
Mr. de St. Cyran & de la Mere Angelique,
par le moyen de son beau frere, le Pere Magnard qui étoit aussi Prêtre de l'Oratoire, elle
se résolut par son conseil, pour faire un plus
grand Sacrifice à Dieu, de se séparer encore
de sa fille & se faire Religieuse au Monastere
du Saint Sacrement.

Ce n'est pas que la charge & zele de la Mere
l'obligeant à nous parler souvent fortement,
elle ne le fit aussi; mais c'étoit avec quelque
rétenuë, sa charité la portant à épargner les
personnes qu'elle voyoit encore foibles, & elle
employoit plûtôt la charité de son zele dans les
exhortations qu'elle nous faisoit en général,
que lors qu'elle nous réprénoit en particulier.
Mais en toutes rencontres elle le temperoit tellement par la douceur & les témoignages de
charité qu'elle nous donnoit, qu'on peut dire
que si la force de ses paroles nous abbatoit quelque fois, sa charité nous rélevoit bien-tôt.
Elle avoit un don tout particulier pour persuader d'embrasser la perfection, & pour encourager les personnes qui étoient abbatuës par la
vûë de leur foiblesse. Pendant tout ce tems
qu'elle ne trouvoit pas en nous toute la docilité qu'elle auroit souhaité, elle nous suportoit avec beaucoup de patience, ne cessant de
nous instruire & de nous exhorter, & sur-tout
priant Dieu sans cesse pour nous; Mais enfin
Dieu écoûta ses gémissemens & benit ses soins

& ceux de feu Mr. de St. Cyran , qui dans ce
même-tems nous faifoit des exhortations toutes
remplies de l'efprit de Dieu, & il fe fit un fi
grand changement en cette Maifon, qu'ils en
réçûrent tous deux, une confolation bien fenfible.

Environ un an après que Mr. de St. Cyran eut commencé de nous prêcher, Dieu nous
donna prefque à toutes en même-tems la même
penfée de lui faire une confeffion générale &
de nous abandonner tout à fait à fa conduite,
il nous réçût avec une très-grande charité,
Dieu l'ayant porté en même-tems à y confentir, car il faut remarquer qu'il y avoit affés
long-tems que Mr. de Langres l'avoit prié de
nous confeffer, à quoy il n'avoit pû fe réfoudre, & nous n'i avions pas moins de répugnance que lui apréhendant fa conduite que
nous croyons être fort fevére, & nous n'étions
point encore difpofées à faire tout ce qu'il auroit pû demander de nous ; Mais Dieu nous
ayant enfin touché le cœur, il ôta en même-
tems de l'efprit de Mr. de St. Cyran, toute
la difficulté qu'il avoit à nous entendre. Nous
commençâmes nos confeffions vers le commencement du Carême, & il nous donna l'ab-
folution pour Communier le Jeudy-Saint, ne
nous ayant laiffées dans la féparation qu'environ quatre femaines où un peu plus, quoique nous fuffions alors très réfoluës de faire
tout ce qu'il nous confeilleroit, & quelques-
unes de nous l'ayant même prié de les laiffer
plus long-tems dans la Penitence, & de leur
permettre de fe tenir quelque-tems féparées de
la Communion. Il ne le voulut pas, & répondit à l'une d'elles qu'elle fe laiffât conduire &
ne s'en privât pas pour lors, & qu'il pouroit

venir un tems où on l'en priveroit peut-être plus qu'elle ne voudroit, ce qui est arrivé depuis par d'autres personnes comme on le sçait assés.

La Mere Angelique fit aussi quelque-tems après une confession générale, quoi qu'elle en eut fait à diverses personnes & même à Saint François de Sales, & elle entra en même-tems dans une nouvelle ferveur & dans de si grands sentimens de penitence & d'humilité, qu'elle comptoit pour rien tout le bien qu'elle avoit fait jusqu'à lors ; se croyant au contraire fort rédevable à la justice de Dieu pour ses infidélitez ; & pour le peu de correspondance qu'elle croyoit avoir eu aux graces que Dieu lui avoit faites ; Elle nous à témoigné en plusieurs rencontres que c'étoit ce qui la touchoit le plus, & qu'elle croyoit qu'il n'y auroit point de jugement plus rigoureux que celui de l'amour. Ce fût dans dans ces sentimens d'humilité & de reconnoissance qu'elle fit son rénouvellement, pendant lequel elle fit une grande rétraite gardant un silence si exact qu'elle n'alloit point du tout au parloir, & ne voyoit pas même Messieurs ses Freres, quoi qu'elle les aimât tendrement, & qu'elle eut sçû que l'un d'eux avoit été fort touché de son réfus. Elle passoit plusieurs heures à génoux devant le Saint Sacrement, où elle paroissoit toute anéantie & dans une parfaite séparation de toutes choses : Et les Sœurs étant obligées de la faire quelque fois sortir pour des choses nécessaires, quelques-unes ont raporté qu'il leur paroissoit quelque chose de Divin sur son visage, qui les rendoit toutes interdites, de sorte qu'elle étoit obligée de leur demander ce quelles désiroient, & après leur avoir rendu

S ij

réponse elle rentroit dans l'Eglise où elle demeuroit comme immobile. Elle vouloit qu'on eût une entiere liberté de l'en faire sortir, & quand quelqu'une n'avoit osé le faire par respect, & qu'elle croyoit qu'on l'avoit attenduë, Elle prioit les Sœurs de ne plus user de cette rétenuë, parce qu'autrement elle n'auroit plus la liberté d'aller prier Dieu, de peur de causer de l'incommodité : sa charité lui faisant préferer les moindres besoins des Sœurs à sa propre satisfaction. Outre les veilles du St. Sacrement qu'elle faisoit à son tour, elle se levoit souvent secrétement pour aller prier Dieu. Quand on la rencontroit par le Monastere, elle paroissoit dans un si grand récuëillement que sa vûë seule faisoit rentrer en soi-même, de sorte qu'on étoit bien éloigné d'avoir envie de dire la moindre parole inutile, son exemple ayant répandu un si grand amour du silence dans toutes les Sœurs que l'on se portois même à rétrancher celles qui paroissoient en quelque façon necessaires.

Quoi qu'elle eût une grande attention à ne point faire paroitre les actions extraordinaires de mortification & de pénitence qu'elle faisoit elle ne pût néanmoins empêcher que par quelque rencontre on ne les découvrit quelque fois, & le soin que nous avons vû qu'elle avoit pris pour les cacher, nous a donné sujet de croire qu'elle en a bien fait d'autres que nous n'avons point sçûës. Elle jeûnoit tous les jours pendant sa rétraite, & elle faisoit semblant de jeûner comme les autres, mais on voyoit à sa portion qu'elle n'i avoit point touché & qu'elle n'avoit mangé qu'un peu de pain sec. Elle sétoit fait en cachette des chemises d'une grosse toile de filasse où les chenevottes tenoient en-

core, une sœur l'ayant prié un jour de lui donner une haire, elle lui dit qu'elle n'en avoit
point pour lors, mais qu'elle lui donneroit une
chofe qui vaudroit bien cela, & lui ayant donné une de ces chemifes, cette fœur réconnût
par expérience que ce qu'elle avoit dit étoit
bien veritable, ayant trouvé qu'elle étoit véritablement plus dure & plus piquante qu'une
haire : Mais l'exemple de la Mere qui embraffoit avec tant de joye cette mortification, animoit fi fort fes filles à aimer la penitence que
cette fœur eût de la joye de la pouvoir imiter
en celle-ci. Notre Mere Angelique à été longtems qu'elle ne portoit point d'autres chemifes, mais elle fe cachoit avec tant d'adreffe
que la fœur qui lui donnoit le linge, ne s'en
apercevoit point. Elle les lavoit elle-même fécretement, mais elle fût découverte par une
fœur qu'elle avoit prié de lui donner la difcipline : car quoi qu'elle eût choifi la nuit, &
qu'elle eût éloigné la chandelle pour être
moins vûë, la fœur ne laiffa pas de voir que
fes épaules étoient toutes écorchées ; ce qui
toucha fi-fort cette fœur, qu'elle fe jetta à fes
pieds & lui dit, ma Mere vous êtes toute écorchée, hé ! que voulés vous donc que je vous
faffe davantage ? Elle lui répondit avec force,
ne voulés vous donc pas que je faffe pénitence, moi qui fuis fi criminelle, vous n'avez
point de charité pour moi. De forte que la
fœur fût contrainte de lui obéïr. Pendant que
dura fon renouvellement, elle recevoit ainfi
plufieurs fois la femaine la difcipline, mais
elle changeoit de fœur pour cacher fon aufterité, & je crois qu'elle le faifoit auffi de peur
qu'il ne leur prit envie de l'imiter en cela, car
elle n'auroit jamais permis aux autres ce qu'elle

III.
PARTIE

S iij

faisoit elle-même. Elle avoit assés de peine à persuader à ses filles de lui rendre ce service, & elles ne l'auroient jamais fait, si elle n'eut eu une grace toute particuliere pour les faire entrer dans ses sentimens, & il faut avoüer que dans ces sortes de rencontres elle leur parloit avec une ardeur à la quelle il n'étois pas possible de résister. Elle les prenoit de toutes les manieres qui les pouvoient le plus exhorter, & les obligeoit enfin de faire ce qu'elle souhaitoit. Elle disoit à quelques unes qu'elles les avoit choisies par ce qu'elles croyoit qu'elles auroient assés de docilité pour lui rendre cette obéïssance, & qu'elle réconnoîtroit si elles ne l'épargnoient point, & si elles l'aimoient veritablement, & elle les conjuroit avec tant d'affection qu'elles se trouvoient obligées quelque répugnance qu'elles y eussent, à se soumettre à un commandement qui leur étoit si pénible, honorant & aimant cette chere Mere avec une tendresse incroïable, & comme elles gardoient toutes un fort grand silence, elles avoient peu de connoissance de ces actions de penitence, chacun ne sçachant que ce qui s'étoit passé à son égard, excepté que la Mere se la faisoit donner quelque fois en présence de la Communauté pour s'humilier davantage. Elle portoit souvent le haire où une ceinture fort rude, & elle faisoit aussi d'autres penitences au Refectoire & mangeoit même aux pieds de ses filles. Après cette rétraite, la Mere fit ses rénouvellemens & les Sœurs ensuite, entre les mains de Mr. de Saint Cyran.

Elles entendoient toutes, ses avis en particulier, & ses exhortations en général, avec toute une autre disposition que celle où elles

étoient auparavant. On avoit le même respect & la même docilité pour notre chere
Mere, & on peut dire qu'il se fit une Pentecôte dans cette petite Maison, qui changea &
rénouvella les cœurs de toutes les Sœurs. Excepté de la Sœur Anne de Jesus, qui sembloit n'être dans le Monastere que pour exercer la patience de la M. Angelique.

Mr. de St. Cyran & la M. Angelique, nous
exhorterent de rétracer par nous une petite
image de la premiere Eglise de Jerusalem.
On nous donna particulierement dévotion d'i-
miter ces disciples en trois choses. 1°. La séparation du monde. 2°. La docilité pour la parole de Dieu. 3°. L'union des uns avec les autres. Et on peut dire en vérité, qu'il n'y avoit
entre nous, qu'un cœur & qu'une ame ; comme il se lit de ces premiers chretiens, il ne se
pouvoit rien ajoûter à l'union & à la tendresse
que l'on avoit les unes pour les autres, qui é-
toit générale pour toutes, sans que pas une
témoignât avoir d'amitié particuliere, ce qui
détruit d'ordinaire la vraïe charité.

Cette union qui étoit entre les Sœurs, étant
toute de charité, faisoit que chacune ressentoit les biens & les maux des autres, comme
s'ils leurs eussent été propres : Je veux dire
qu'on compatissoit à leurs afflictions & à leurs
maladies, & qu'on se réjoüissoit de leur avancement dans la vertu. Cette charité paroissoit
aussi lorsqu'on se trouvoit ensemble dans quelque travail ou obéïssance, sur-tout aux conférences, par le suport, le respect, la déférence qu'on se rendoit les unes aux autres, aussi-
bien que par le soin qu'on avoit de satisfaire
sincérement aux moindres fautes qui avoient
pû blesser ou malédifier quelqu'une des Sœurs.

ce qui se faisoit d'une maniere, qu'on ne pouvoit douter qui ne vint de la plénitude du cœur.

On s'entretenoit aux conférences, avec charité & cordialité de quelque chose d'édification : on y répetoit les conférences que Mr. de St. Cyran nous faisoit au parloir, qui étoient si utiles pour notre avancement ; on y parloit de la grace que Dieu nous avoit faite de nous donner une si bonne conduite, & de la reconnoissance que nous en devions avoir. On s'y encourageoit ensemble à la perfection Religieuse, à embrasser la penitence & la mortification, à pratiquer l'humilité, à ne vouloir rien de superflu, & aimer que les bâtimens & tout ce qui apartient au Monastere, ressentissent la pauvreté & simplicité : la M. Angelique y lisoit ordinairement quelque histoire de l'Ecriture Sainte, qu'elle expliquoit d'une maniere qui touchoit le cœur, en même-tems que l'esprit en étoit éclairé, ou bien, elle donnoit à ses filles quelqu'autre instruction, selon les rencontres, ce qu'elle faisoit si agréablement, & en persuadant si bien ce qu'elle disoit, que bien loin qu'on trouvât quelque contrainte & quelque ennui dans ces discours si férieux ; que l'on passoit ce tems-là avec une satisfaction singuliere & on en sortoit avec une nouvelle ardeur pour le service de Dieu, ce qui étoit cause que les Sœurs se réjouissoient, quand il étoit le rang de la Sœur Anne de Jesus, d'aller à l'assistance pendant la Conférence où que par quelque autre raison elle ne s'y trouvoit pas, par ce que la Mere étoit beaucoup plus libre de nous parler en son absence, & que les Sœurs ne la considéroient plus que comme une personne qui n'étoit plus de leur nombre, étant dans des sentimens tous contraires, &

lorfqu'elle y étoit , on étoit obligé de tolérer
bien des difcours de divertiffement où de contradiction qu'elle y faifoit , ce qu'on fouffroit
néanmoins avec charité & fans lui donner fujet de s'apercevoir qu'on eut de la peine de fa
préfence.

Le filence étoit fi exactement obfervé qu'excepté le tems de la conférence, on paffoit fouvent de jours entiers fans parler ; & lorfqu'on
étoit oblige de rompre le filence pour des chofes néceffaires , on le faifoit avec une grande
circonfpection ; Notre Mere ayant apris qu'il
ne falloit jamais faire avec précipitation , &
qu'àvant de commencer à parler il falloit y
penfer quatre fois pour voir s'il étoit bien néceffaire & élever fon cœur à Dieu pour tâcher
de connoitre s'il l'approuvoit. Elle nous difoit
que dans ces chofes mêmes qu'on ne peut éviter , il falloit avoir attention à parler bas &
à demi-mot, quand on ne fe pouvoit faire entendre par fignes. Elle ajoûtoit que ce n'étoit
pas rompre le filence que de parler avec cette
circonfpection. Elle nous faifoit fouvenir fouvent de cette parole du Prophete, le filence
entretient la juftice.

Lors qu'on travailloit enfemble dans les o-
béïffance, on tâchoit d'imiter les premieres
Religieux de Clairvaux, dont il eft raporté
dans la vie de Saint Bernard ; qu'on n'entendoit point d'autre bruit dans le Monaftere que
celui des outils dont ils fe fervoient pour leur
travail.

On nous avoit auffi apris que dans ce filence afin quil ne fût pas oifif, il falloit avoir foin
de parler à Dieu & de l'écoûter , de forte
qu'encore qu'on fût fort occupé, on ne laiffoit
pas d'entretenir dans le travail l'efprit de ré-

Ifaye.
32. 17.

ceüillement & de priére, parce qu'en même-
tems qu'on se taisoit les-unes à l'égard des
autres, on s'entrétenoit avec Dieu, & on méditoit quelque chose de sa divine parole.

On nous inspiroit aussi un grand amour pour
la rétraite & la solitude, ensorte que les Sœurs
qui étoient auparavant les plus attachées à
leurs parens, se portoient d'elles même à se
rétrancher les parloirs autant qu'elles pouvoient, & prioient la Mere de les en dispen-
ser. On n'y alloit que pour la satisfaction des
personnes qu'on ne pouvoit réfuser, où de
celles que la charité engageoit de voir où de
consoler, sur tout les pauvres & les affligés.
Notre Mere nous faisoit mettre à genoux avant
que d'entrer au parloir pour demander à Dieu
qu'il nous préservât de l'esprit du monde, &
de même au sortir pour le prier d'effacer de
notre esprit tout ce que nous venions d'entendre de peur que ce ne nous fût un sujet de dis-
tractions dans notre solitude. Elle le pratiquoit ainsi elle même, & nous l'avons vûë
quelquefois se prosterner au sortir du parloir,
quand elle le pouvoit faire commodément.

Elle nous disoit que St. Benoît avoit grande raison de vouloir que les Religieux qui sortoient du Monastere usassent d'une si grande
précaution pour faire mourir en eux-mêmes ce
quils avoient vû & entendu déhors, qu'il leur
deffend expressement d'en parler jamais aux
autres, parce que la corruption du monde est
si grande, que ces sortes de discours sont capables de répandre un venin dans notre cœur &
dans celui des autres, en y introduisant l'esprit & les sentimens du monde, & que c'étoit
souvent la cause du rélâchement & de la rui-
ne des Monasteres. C'est pour quoi elle dési-

toit qu'on obſervât exactement cette regle de ce qu'on avoit apris au parloir, ſi ce n'eſt qu'on demandât permiſſion de dire ce qui pouvoit édifier.

Toutes les Sœurs tâchoient à ſe rendre exactes à leur devoir, ſans ſe méler de tout ce qui ne les regardoit pas, n'i y faire attention de ſorte qu'on ne ſçavoit pas même ce qui ſe paſſoit dans la maiſon hors de ſon obéïſſance, & qu'on ne s'apercevoit pas ſouvent de choſes qu'il n'y auroit eu qu'à leur yeux pour les voir : & tout cela ſe faiſoit avec tant de douceur & ſi librement qu'il n'y paroiſſoit aucune contrainte n'i rien qui pût étre pénible aux autres.

J'ay d'éja remarqué que la Mere a toûjours eu un très-grand ſoin des malades ; mais je dois ajoûter l'ordre qu'elle y tenoit dépuis qu'elle ſe vit plus libre de conduire ſes filles comme elle deſiroit les trouvant diſpoſées à entrer dans tout ce qu'elle leur propoſoit pour leur perfection. Elle déſiroit donc que l'infirmerie de ce Monaſtere fût gouvernée de telle ſorte, que les infirmes y trouvant tout ce qui étoit néceſſaire pour leur ſoulagement, il ne s'y rencontrât rien pour nourir la ſenſualité & entretenir le relâchement & que les imparfaites n'euſſent pas lieu de rechercher l'infirmerie plus qu'il n'étoit beſoin, pour entrétenir leur negligence & leur moleſſe, & comme la Communauté qui étoit petite, n'occupoit pas trop la Mere, elle s'en rendoit elle-même la principale Infirmiere, veillant à y maintenir l'ordre. Elle choiſiſſoit quelqu'une des Sœurs qu'elle jugeoit propre à entretenir & divertir utilement les malades, quand elles en avoient beſoin ; & elle deſiroit qu'on ſe ſouvint dans la maladie, qu'en qualité de Religieuſe

& de penitente, on étoit obligé de pratiquer
le silence & la mortification, autant que cet
état le pouvoit permettre : elle-même nous donnoit les exemples de la mortification qu'elle desiroit dans les autres : elle se traitoit d'une maniere où la nature ne pouvoit trouver de satisfaction ; mais elle le faisoit avec tant d'adresse, qu'elle trouvoit l'invention ou de n'être
point aperçuë, ou de nous faire croire qu'elle
faisoit ces choses pour sa commodité, & qu'elle s'en trouvoit mieux. Dieu a permis que celles qui avoient plus de connoissance de ses actions de mortification, l'ayant servie dans ses
infirmités, soient toutes mortes ; & elle nous
avoit tellement accoûtumées à ne rien remarquer de ce qui ne regardoit point notre devoir ;
que ce que j'en ai vû, n'a été que par occasion.
Comme ce que je sçai qu'elle a passé des Caré-
mes, étant malade, à ne manger qu'un petit
morçeau de veau boüilli, souvent si sec & de
si mauvaise grace, qu'il me dégoûtoit à le voir,
quoi que je ne fusse pas malade, & que j'eusse
bon apetit. J'ai cru qu'elle faisoit prendre exprès les moindres endroits, pour n'y point trouver de goût ; & lorsque dans ce tems-là, on lui
présentoit quelque fruit de Carême pour son
dessert, elle le refusoit, en disant qu'il falloit
garder ces douceurs pour les infirmes qui faisoient Carême ; & que pour elle qui étoit obligée de manger de la viande, elle ne pouvoit
moins faire que de s'en priver.

Quoi qu'elle fut fort infirme, elle ne vouloit point souffrir qu'on lui donnât rien de particulier, & quand la Celleriere lui faisoit donner quelque chose autrement qu'à la Communauté, elle le lui renvoyoit à elle-même, ou à
quelqu'autre Sœur, afin qu'elle ne le fît plus.
Elle

Elle avoit une telle attention à ne se point dis-
penser des austérités communes, qu'autant
qu'il étoit précisement nécessaire, que lorsqu'elle ne pouvoit faire l'abstinence de viande avec la Communauté, parce que le maigre
étoit fort contraire à ses infirmités, elle ne faisoit néanmoins souvent, que collation le soir,
ne prenant qu'un peu de fruit ou du fromage
avec du pain : Je l'ai vûë vivre long-tems de la
sorte à P. R. où on garde la regle de St. Benoît. Elle nous disoit que son infirmité l'obligeant de manger de la viande, parce que l'autre
nouriture lui faisoit mal, elle ne la dispensoit
pas du jeûne, en la maniere qu'elle le pouvoit
faire, puisqu'elle avoit assez de force pour se
passer du soupé. Nous l'avons vûë plusieurs années se contenter de prendre deux œufs le soir,
lors même qu'elle étoit au St. Sacrement, où
on mangeoit de la viande plusieurs jours la semaine ; & ordinairement, ces œufs n'étoient
pas frais, parce qu'elle ne vouloit point permettre qu'on se mit en peine d'en chercher pour
elle, de sorte qu'elle étoit souvent contrainte
de n'en prendre que le jaune qu'elle faisoit cui-
re dans un peu d'eau, & quand quelqu'une de
nous la prioit de manger de la viande comme
les autres, & qu'on lui représentoit qu'étant si
foible & si infirme, elle ne pouvoit subsister de
la sorte ; elle tâchoit de nous persuader que cela
étoit meilleur pour sa santé & qu'elle s'en ac-
commodoit mieux ; mais voyant qu'elle ne pouvoit cacher sa mortification, elle prétendoit
ne rien faire à quoi elle ne fut obligée, & elle
nous disoit que tout le corps devoit être mor-
mortifié ; mais sur-tout, le sens du goût, parce que c'étoit celui par lequel le premier péché
avoit été commis.

T

Elle a été long-tems à P. R. depuis qu'elle
fut revenuë du St. Sacrement, qu'elle ne mangeoit aussi que deux œufs à son diné avec son
potage & deux le soir, quoi qu'elle y eut une
extréme aversion, qu'elle cachoit autant qu'elle pouvoit, afin de s'acquiter de l'abstinence
de la viande, qu'elle n'auroit pû faire autrement, parce que le beure & le reste de la nouriture maigre étoit trop contraire à ses infirmités ; & elle n'a quitté cette maniere de vivre
que par contrainte, les personnes à qui elle
avoit donné pouvoir sur elle, l'y ayant obligée la voyant dépérir.

La Mere avoit grand soin, quand elle étoit
malade & qu'elle ne pouvoit aller à l'Office
Divin ; d'y envoyer les Sœurs qui se trouvoient auprès d'elle, autant qu'elle pouvoit,
leur disant qu'elle avoit de la consolation, de
penser qu'elles alloient tenir sa place devant
Dieu ; elle avoit de la joye quand il arrivoit
qu'elle manquoit de quelque petite assistance,
parce qu'il ne se trouvoit personne auprès d'elle, étant bien aise de pratiquer ainsi la pauvreté en de petites occasions qui ne se remar-
quent pas. Un jour une Sœur qui étoit malade
dans une chambre où elle étoit, voyant qu'elle manquoit de quelque chose, en l'absence
des Sœurs, lui dit que cela étoit bien fâcheux
qu'il n'y eut pas toûjours quelqu'un auprès
d'elle pour la servir ; la Mere lui répondit a-
gréablement qu'elles devoient se souvenir qu'il
y avoit bien des personnes de plus grande condition, qui par de mauvaises fortunes étoient
réduites à n'avoir point d'assistance ; qu'elles-
mémes si elles étoient démeurées au monde,
il auroit pû arriver qu'elles n'auroient qu'une
petite servante, & que pendant qu'elle iroit

au marché acheter ce qu'il faudroit, elles de-
meureroient feules : ainfi ma fille, lui difoit-
elle, quand il n'y a perfonne & que nous avons
quelque befoin, nous devons penfer que la petite fervante eft allée au marché & attendre
avec patience qu'elle revienne. Cette Sœur
profita fi bien de cet avis, que depuis ce tems-
là, elle ne fe plaignoit plus quand il leur manquoit quelque chofe : elle lui difoit gayement,
ma Mere, la petite fervante eft allée au marché.

La Mere prenoit garde auffi à ne fe point
faire rendre de fervice, quand elle pouvoit
elle-même faire les chofes, fon humilité &
l'amour qu'elle avoit pour la pauvreté & la
mortification, la tenoient toûjours vigilante,
pour ne point laiffer paffer d'occafions de pratiquer ces vertus en une infinité de petite rencontres qui ne paroiffent prefque pas. Elle a-
voit toûjours dans fon cœur, & pratiquoit dans
fa conduite, cette fentence de St. François de
Sales, qui avoit été fon Directeur ; que pour
être parfait, il ne falloit pas faire des chofes
fingulieres ; mais qu'il falloit faire finguliere-
ment bien, les chofes communes : ce qu'elle
nous enfeignoit fouvent, nous exhortant à ne
rien négliger, & nous difant que la moindre
action nous pouvoit fervir à acquérir la perfection, pourvû qu'elle fut faite avec plénitude de cœur, & dans des circonftances que Dieu
demande de nous. Elle defiroit que nous fuffions fort exactes à toutes les obfervances, &
qu'on eut foin de prévoir les petites chofes
qu'on pouvoit avoir à faire, afin d'être prêtes
à partir auffi-tôt qu'on fonneroit. Elle nous difoit que quand nous entendions la cloche de
l'Office, nous devions dire dans notre cœur,

ce que l'Eglise chante des trois Rois. *Hoc signum magni Regis est, eamus.* Elle vouloit auſſi qu'on eut la même fidélité pour les moindres exercices, nous faiſant entendre qu'il n'étoit pas à notre liberté de nous en diſpenſer, ni d'aller moins promptement à ceux qui ſe font pour le ſoulagement de la nature, comme le réfectoire & la conférence, parce que nous diſoit-elle, nous n'étions pas à nous-mêmes & que nous devions faire toutes nos actions par l'aſſujetiſſement à l'ordre de la Religion, & non pour notre propre ſatisfaction, & quand elle voyoit qu'on avoit perdu quelque commencement d'obſervance, elle ſe faiſoit rendre compte pourquoi on y avoit manqué.

Elle deſiroit qu'on fit attention à ne point aller par le monaſtere ſans néceſſité, pendant l'heure de la ſolitude, qu'on fait en été après le dîné, & même pendant les autres heures du jour, & elle nous diſoit qu'une Religieuſe, rompoit en quelque façon la clôture, lorſqu'elle ſortoit de ſa cellule ou de ſon obéiſſance ſans néceſſité, par legereté & pour ſa propre ſatisfaction ; & que quand on avoit envie d'en ſortir, il falloit conſulter Dieu, auſſi bien que dans toutes les autres actions qui ne nous étoient point marquées par l'ordre de l'obéiſſance, pour tâcher de reconnoître s'il les aprouvoit ; & elle raportoit ſur cela, l'exemple de David, qui demandoit à Dieu en toutes rencontres ; Seigneur, que ferai-je ? ou : ferai-je cela ?

Quoique la M. Angelique demandât une ſi grande exactitude, je puis dire néanmoins, qu'il n'y avoit rien de trop ſevere, ni aucune contrainte dans ſa conduite, & qu'elle avoit autant de douceur que de force ; parce qu'en nous faifant connoitre les obligations de notre profeſſion, elle nous perſuadoit avec des paroles ſi pleines d'onction & de grace, qu'on ſe trouvoit porté à les embraſſer avec une ouverture de cœur & une joye ſenſible de la miſéricorde que Dieu nous avoit faite en nous préférant à tant d'autres qui n'avoient pas la connoiſſance de la vérité. Elle nous diſoit auſſi que toutes ces petites contraintes à quoi nous nous trouvions engagées par notre profeſſion ou par quelque rencontre extraordinaire, étoient d'heureuſes néceſſités qui nous obligeoient à veiller ſur nous-mêmes & à renoncer à notre propre volonté.

On nous avoit apris à aimer la priere, comme le moyen le plus propre d'attirer la grace, dont nous avons continuellement beſoin pour nous préſerver de tomber dans le peché, & pour faire ſelon Dieu & par ſon eſprit, toutes les actions de piété & de Religion. On nous avoit auſſi donné dévotion à ce verſet du Pſ. 24. *Occuli mei ſemper ad Dominum, quoniam ipſe evellet de laqueo pedes meos.* Et on nous diſoit que nous devions toûjours avoir le cœur & les yeux de l'eſprit élevés vers le Seigneur, nous faiſant remarquer qu'il y a cette différence entre les pieges qui ſont tendus ſur le terre & ceux du démon, que pour ne pas tomber dans les premiers, il ſuffit de regarder ou on met les pieds ; au lieu que pour ne pas tomber dans la tentation & le peché, il faut regarder au Ciel, parce qu'il n'y a que Dieu qui nous en puiſſe préſerver ; & qu'encore qu'on doive veiller, il ne faut pas s'apuyer ſur ſes ſoins & ſur ſa vigilance ; mais ſur la ſeule grace qui eſt auſſi néceſſaire aux juſtes, pour les faire agir & les conſerver dans la juſtice, qu'elle l'eſt

aux pecheurs pour les y faire rentrer ; & que
cela nous devoit tenir toûjours dans l'humilité, la défiance de nous mémes & dans une dépendance continuelle de Dieu, quoi que dans
une parfaite confiance & paix d'efprit, ne
penfant qu'à lui plaire, & efpérant humblement qu'il ne manqueroit jamais à des ames
qui ne cherchent que lui.

On nous exhortoit à avoir une dévotion particuliere aux prieres de l'Eglife & à toutes celles qui fe font en commun, comme étant les
plus efficaces devant Dieu ; & comme les Sœurs
n'avoient point de plus grande joye que d'entendre ces inftructions & les pratiquer, elles a-
voient un fi grand refpect & une fi grande attention à l'Office Divin & aux autres prieres,
qu'encore qu'auparavant on fut bien facile à
rire quand on entendoit quantité de fotifes qui
fe difoient dans la ruë, ce qu'on entendoit fort
diftinctement de notre chœur ; depuis ce changement on n'y penfoit plus, & on y voyoit
quelque fois la S. Anne de Jefus, ou quelque
nouvelle poftulante qui pâmoient de rire, fans
qu'on fit femblant de les voir ; de forte que la
M. Angelique difoit depuis qu'elle n'avoit jamais vû une maladie fi bien guérie que l'avoit
été celle-là. Mais il eft vrai auffi, que comme
on defiroit fort de fe corriger de ce deffaut, il
n'y avoit rien qu'on n'embraffât de bon cœur
pour cela : & quand, dans les commencemens
que Dieu nous eut touchées, il arrivoit encore à quelqu'une des Sœurs, elle en alloit demander penitence à la Mere, avec beaucoup
de douleur & de confufion, & on avoit grande
attention à ne parler jamais de ces rencontres
qui avoient donné fujet de rire, afin de les effacer entierement de l'efprit, la Mere nous

faifant entendre qu'on n'en devoit parler qu'a-
vec douleur & pour s'en accufer, & que la liberté qu'on fe donne quelquefois de s'en entretenir aux conférences ou ailleurs, étoit une fe-
mence de diftraction & de legereté qui faifoit
qu'on retomboit plus facilement en d'autres
rencontres femblables.

Mais comme il ne fuffit pas de prier Dieu
dans les heures de l'Office & dans le tems qu'on
donne pour l'oraifon & que notre priere doit
être continuele, felon le précepte de l'Evangile ; on nous enfeignoit que cette priere con-
fifte dans le mouvement du cœur, le defir d'ê-
tre tout à fait à Dieu & de lui plaire en toutes
chofes & qu'il ne falloit point faire d'effort
d'efprit pour s'acquitter de cette obligation ;
mais feulement avoir foin d'offrir notre cœur
à Dieu, afin qu'il le rempliffe de fa grace, &
le vuider de tout autre defir, attache & des dif-
tractions volontaires, parce qu'on ne fçauroit
rien mettre dans des vaiffeaux pleins, & qu'il
faut que notre cœur foit vuide, afin que Dieu
le rempliffe.

Enfin, la Mere nous exhortoit de tendre de
tout notre cœur à la perfection, & elle nous
difoit qu'on n'étoit pas obligé d'être parfait ;
mais qu'on étoit indifpenfablement obligé de
travailler à le devenir, & parce qu'il n'y a
point de perfection ni de veritable vertu fans
humilité, c'étoit auffi celle qu'elle nous recommandoit le plus, & elle nous difoit qu'on
n'étoit pas veritablement humble fi on fe pré-
feroit dans fon cœur à la moindre perfonne
du monde & qu'on fe devoit croire fincerement
la derniere de toutes. Mais comme ce fentiment n'eft fouvent que dans l'efprit, pour s'affurer qu'il étoit veritablement dans le cœur

elle defiroit qu'il paffât au déhors dans toutes les rencontres, étant bien aifes que les autres nous fuffent préferés auffi bien dans les affiftances fpirituelles que dans les autres chofes. Elle vouloit auffi que chacune de nous, eût grande attention à ne rien faire qui pût incommoder les autres le moins du monde : nous difant qu'une perfonne humble s'avife de tout, quand ce ne feroit que de fermer doucement une porte, de ne point faire de bruit, de ne point prendre une place plus commode quand on fe trouve enfemble, & chofes femblables ; parce que l'humilité fait qu'on confidere toûjours plutôt ce qui accommode les autres que foi-même.

Mais quoi que le Mere nous portât fort à nous humilier & à avoir un bas fentiment de nous-mêmes, elle ne pouvoit fouffrir quelque faute que l'on eut faite, qu'on fe laiffât aller à l'abbatement mais elle vouloit qu'on fe rélevât bien-tôt en fe confiant humblement en la mifericorde de Dieu. Elle nous difoit que tous coopere au bien des ames qui aiment Dieu, & que leurs fautes mêmes fervent à les rendre plus humbles & plus fortes & à avoir plus de défiance d'elles mêmes, & à récourir plus à Dieu. Elle nous difoit auffi au même fujet que pour porter jugement d'une fille, il ne falloit pas tant prendre garde fi elle faifoit peu où beaucoup de fautes, mais qu'il falloit plutôt confiderer de quelle maniere elle s'en relevoit fi elle recevoit avec humilité & docilité les avertiffemens & les apréhenfions, fi elle fe portoit de bon cœur à fatisfaire à fes fautes & travailloit férieufement à s'en corriger.

La Mere ne pouvoit fouffrir qu'on parât le St. Sacrement de l'Autel, d'ornemens qui a-

voient fervi à des ufages profanes & de vanité. Elle avoit auffi bien de l'éloignement pour
les ajuftemens fuperflus, comme des bouquets,
linge pliffé & chofes femblable qu'elle nous
fit quitter auffi-tôt qu'elle fe vit libre & dégagée de Mr. de Langres.

Elle n'avoit pas moins de répugnance qu'on
fe fervit de paremens tous bordés d'or & d'argent, & elle difoit que cela deshonnoroit la
pauvreté de Jefus-Chrift. Elle vouloit néanmoins que tout ce qui fervoit à l'Autel fût propre & d'une grande décence. Feüe Madame
de Longueville faifoit mettre beaucoup de
pierreries pendant l'octave du St. Sacrement,
ce que notre Mere fouffroit avec bien de la répugnance. Une Sœur l'ayant avertie que les
femmes mettoient leurs enfans fur l'Autel pour
leur faire voir les pierreries, elle en fût fen-
fiblement touchée & dit avec douleur : cela
n'eft-il pas pitoïable ? Mon Dieu, qu'elle ir-
réverence ! Elle envoya empécher ce défordre
& fortit au même tems de fa chambre & s'en
alla devant le St. Sacrement où elle demeura
long tems profternée, & depuis elle fit enforte
qu'il y eût tous les jours un Prétre révêtu d'un
furplis devant le St. Sacrement, quelques Ec-
clefiaftiques. nos voifins nous faifoient ordinairement cette charité, entre lefquels étoit
feu Mr. de Bezancourt fiere de Mr. Brandon,
& Mr. Amelot qui eft prefentement Prétre de
l'Oratoire. Ces Meffieurs avoient bien de l'affection pour nôtre Monaftere, ils difoient d'ordinaire nos Meffes de couvent, faifoient toutes. nos cerémonies, & le Pere Amelot à quelquefois fait des conférences au parloir, & il venoit le plus fouvent qu'il pouvoit avec Mr. l'Abbé de Seri & Mr. de Bezancourt, entendre cel-

les que Mr. de St. Cyran nous faifoit, dont
ils nous témoignoient une extréme fatisfaction ; & lors que Mr. de St. Cyran étoit forti
du parloir, ils s'aprochoient quelque fois de
la grille pour nous témoigner l'eftime qu'ils
faifoient d'un fi grand homme, ils ne fe pouvoient laffer de lui donner des éloges : l'un
difoit que c'étoit un St. Jerôme, l'autre un
Saint Denis, & je me fouviens que le Pere
Amelote nous dit un jour de la Pentecôte qu'il
viendroit de cinquante lieües entendre femblable difcours, & quand on manquoit à les
en avertir, ils en faifoient de grands ré-
proches.

Il feroit difficile d'exprimer quel étoit l'a-
mour & le refpect que les filles de la Mere Angelique avoient pour elle, & quelle étoit la
paix & l'union de cette petite Commuauté, il
n'y avoit qu'une feule perfonne qui la trou-
blât, qui étoit la S. Anne de Jefus, cette poftulante à qui Mr. de Langres avoit donné tant
d'authorité dans cette maifon, & qu'il vouloit
que la Mere traitât avec une entiere confiance,
& je puis dire avec quelque refpect, puifque
cela alloit jufqu'à ne lui point donner de compagne au parloir. Cette fille fit bien-tôt voir
qu'on s'étoit trompé dans la bonne opinion
qu'on avoit eüe de fa vertu, & qu'elle n'étoit
pas capable de porter cette élevation. Elle donnoit beaucoup de fujets à la Mere, d'exercer fa patience, & elle s'oublia de telle forte,
qu'elle vouloit que la Mere lui rendit compte
de tout, & trouvoit mauvais quand elle faifoit
la moindre chofe fans fon avis, jufque-là, que
la Mere ayant fait acheter un pot de terre,
cette fille lui demanda d'où vient qu'elle ne lui
en avoit pas parlé, & la Mere lui répondit a-

vec douceur, qu'elle n'avoit pas crû qu'il fut néceſſaire de le lui dire. Elle conſervoit cette même douceur & patience en beaucoup d'au-tres rencontres, où cette fille la contrarioit a-vec une hardieſſe étonnante, de ſorte qu'il ſembloit ſouvent qu'elle la quérellât, & elle le faiſoit en effet : une fois entr'autres qu'elle lui avoit parlé d'un ton & d'une maniere ſi hau-te, que des perſonnes qui étoient en des lieux aſſez éloignés, l'entendirent, entre leſquelles étoit le Sacriſtin, qui dit à la Sœur qui avoit ſoin de la Sacriſtie, qu'il entendoit la voix de la S. Anne de Jeſus, & qu'il ſembloit qu'elle querellât la Mere ; cette Sœur qui l'avoit en-tendu auſſi, & qui étoit une des profeſſes, ſe crut obligée d'aller avertir cette fille, & la vou-lant faire taire, la Mere lui fit ſigne de la laiſ-ſer dire, ne faiſant pas paroître la moindre émotion ; mais cette Sœur étant toute pénétrée de la maniere dont cette fille traitoit la Mere, elle lui en témoigna en particulier, ſa peine ; la Mere lui dit : ma fille, c'eſt une croix que Dieu m'a donnée, il faut que je la porte. Cet-te Sœur lui dit ; mais ma Mere, elle nous ſcan-daliſe : la Mere lui répondit ; il ne faut pas dire cela, ma fille, il faut en avoir compaſſion & prier Dieu pour elle : nous ne ſommes que dou-ze qui repréſentons les Saints Apôtres, parmi leſquels Jeſus-Chriſt a bien ſouffert Judas ; pourquoi ne ſouffririons nous pas cette pauvre fille, qui nous doit plutôt faire pitié, que de nous donner de l'indignation : elle eſt dans un grand aveuglement, il faut redoubler la cha-rité en ſon endroit : ne vous mettez pas en pei-ne, elle ne demeurera pas ; mais ce ne ſera pas moi qui la mettrai dehors. Ce qui arriva en effet quand la M. Genevieve fut venuë en cette Maiſon, comme on le verra par la ſuite.

Cette postulante fit néanmoins quelque mine de conversion, & elle pouvoit en effet être touchée; mais la suite a fait voir, que si elle l'a été, c'étoit bien legerement. Elle voulut faire un renouvellement comme les autres, & après l'avoir commencé, elle demanda instament & avec importunité, qu'on la traitât en novice, & qu'on la déchargeât du soin qu'elle avoit de quelques postulantes & des pensionnaires. La M. Angelique, qui ne l'y employoit que par soumission à Mr. de Langres, lui en écrivit après en avoir pris conseil avec Mr. de St. Cyran, & ce Prélat y ayant consenti, on lui accorda ce qu'elle demandoit, & on la déchargea de tout. La Mere ne mit point d'autre maitresse des novices en sa place, conduisant elle-même les nouvelles venuës, comme elle avoit toûjours fait à l'égard des anciennes postulantes qui étoient venuës de Port-Royal, mais elle donna la charge des pensionnaires à ma S. Catherine de Ste. Agnès, qui étoit une excellente fille, qui avoit autant de bonnes qualités pour les charges, que la S. Anne de Jesus en avoit peu. C'étoit un esprit fort sage & fort doux, elle étoit dépendante de la Supérieure, il n'y en avoit pas une qui eut embrassé la penitence avec plus d'humilité & de ferveur, quoi que ce fut une ame si innocente, que son Confesseur a rendu ce témoignage après sa mort, qu'elle avoit conservé l'innocence de son baptême, & que la grace avoit toûjours crû en elle jusqu'à la mort. Toute son occupation étoit de méditer la parole de Dieu. Elle avoit aussi un très-grand amour pour la peine & le silence, ce qui la tenoit toûjours si recuëillie, qu'elle inspiroit la dévotion à celles qui la voyoient. Enfin, elle s'étoit acquise l'estime

&

& l'affection de toutes les Sœurs, par sa vertu.

Cependant la S. Anne de Jesus voyant qu'on la laissoit dans l'ordre commun des postulantes, en fut si mécontente & si chagrine, qu'elle n'acheva pas son renouvellement. Le zéle qu'elle pensoit avoir pour la Religion où elle ne voïoit qu'elle de capable, lui fit croire qu'on ne la devoit pas prendre au mot, ce qui lui fit reserver le droit qu'elle avoit toûjours pris de parler de tout, de censurer tout, & de continuer plus que jamais ses plaintes.

Si elle avoit si peu de respect & de deference pour la M. Angelique sa Superieure, on peut bien juger qu'elle n'en avoit pas davantage pour les Sœurs qu'elle contrarioit sans cesse aux Conferences, parce qu'elle ne pouvoit souffrir l'amour qu'on témoignoit pour la pauvreté, la simplicité, la separation du monde, &c. Cela étoit tout à fait opposé à ses desseins & à ceux de Mr. de Langres, qui vouloit qu'il parût quelque chose d'éclatant & d'agreable dans ce Monastere, qui pût servir à y attirer des filles de condition, & c'est pourquoi cette fille s'opposoit de tout son pouvoir aux sentimens de la Mere & des Sœurs, trouvant à redire à tout ce qu'elles proposoient avec simplicité, & cherchant à faire aller les choses d'une autre façon. Mais rien ne nous touchoit toutes si sensiblement que quand nous l'entendions blâmer hardiment la conduite de Mr. de St. Cyran, & celle de la M. Angelique, dont elle ne pouvoit goûter la droiture, quand nous la voyons s'élever contre cette chere Mere, la contredire & lui faire des réprimendes devant la Communauté, toutes les Sœurs avoient bien de la peine à retenir leur ressentiment, & elles n'auroient pû le faire, si elles avoient eu moins de doci-

lité & de déférences qu'elles en avoient pour
ces deux saintes personnes qui les exhortoient
continuellement à la suporter avec douceur, à
quoi elles obéïssoient demeurant dans un profond silence & les yeux baissés, pendant qu'elle parloit à leur Mere, d'une maniere si haute
& si arrogante, qu'elles en étoient toutes cons-
ternées.

On pouroit dire ici quelque chose de feüe
ma Mere (Mad. de Ligny) & de la grande satisfaction qu'elle eut, de voir le changement
de cette Maison ; mais la M. Angelique en a
parlé assez amplement dans sa relation, j'a-
jouterai seulement, que lui ayant été raporté
que quelques personnes de grande condition
trouvoient fort étrange, qu'étant une personne qui avoit la réputation d'être si sage, elle
laissât sa Fille dans une Maison aussi décriée
qu'étoit celle du St. Sacrement (c'étoit dans
le fort de la persécution du Chapelet du Saint
Sacrement) ma Mere fit réponse, que si ce
n'étoit pas assez, pour témoigner l'estime qu'elle faisoit de la M. Angelique & de la conduite
de cette Maison, d'y laisser sa Fille, qu'elle
s'y mettroit elle-méme. Pendant la retraite
qu'elle fit avant sa mort, on lui donna avis
qu'il y avoit une Abbaye de dix mille livres
de rente, qui étoit vaquante, & qu'elle la pouvoit faire demander par Mr. le Chancelier,
pour Mr. l'Evêque de Meaux, son Fils, qui
étudioit alors pour être d'Eglise : elle remercia
la personne qui lui avoit donné cet avis, qui
étoit un de mes proches, & lui dit qu'elle ne
vouloit point demander cette Abbaye, parce
qu'elle craignoit que ce ne fut un engagement
pour son Fils pour demeurer dans l'Eglise,
& qu'elle ne desiroit point qu'il y fut ; si ce n'é-

toit que Dieu l'y appellât. En effet, ce n'étoit point elle qui l'y avoit destiné, il l'avoit souhaité lui-même ; mais comme il étoit encore jeune, elle ne sçavoit pas s'il persévéreroit, & elle le vouloit laisser dans une entiere liberté. Mr. de St. Cyran ayant apris ceci de la M. Angelique, en fut touché, & a depuis témoigné beaucoup de charité pour ma Mere : il prenoit grand plaisir à se faire raconter, par la M. Angelique, tout ce qu'elle en sçavoit de bien, & les bonnes dispositions qu'elle avoit témoignés, principalement dans cette derniere retraite. Elle se préparoit à en faire une plus longue sous sa conduite, & à se mettre dans la penitence, & même à se donner entierement à Dieu dans cette Maison, m'ayant témoigné qu'elle alloit mettre ses affaires en état, & se retirer bien-tôt ; mais elle mourut peu de tems après, comme la M. Angelique l'a marqué : Elle n'a pas dit néanmoins, qu'elle avoit voulu être enterrée parmi nous, dans l'habit de Novice, n'ayant pû exécuter autrement, le dessein qu'elle avoit, & son corps y fut porté alors ; mais comme il étoit porté dans son testament, qu'elle desiroit être enterrée au Monastere du St. Sacrement, Mr. de Meaux la fit porter avec feu mon Pere, quand nous fûmes obligées de sortir de cette Maison.

Je crois que je puis mettre ici une action de grande charité de Mr. de St. Cyran, à son sujet. Deux ans avant la mort de ma Mere, elle versa dans un Carosse & se blessa fort à la tête, de sorte que les Médecins la firent trépaner, & comme on la jugeoit dans un grand péril, Mr. de St. Cyran qui la considéroit comme la meilleure amie du Monastere du St. Sacrement, pour lequel, Dieu lui avoit donné

V ij

tant de charité, promit à Dieu, que s'il lui plaisoit conserver la vie après cet accident, il nouriroit la famille d'un pauvre homme qui avoit, ce me semble, quatre enfans. Son dessein étoit qu'il pouroit faire proposer cette pensée à ma Mere, quand elle seroit guérie, & que si elle ne se portoit pas de bon cœur à le faire, il continueroit lui-même à les nourir; mais lors qu'il la vit en santé, il n'en voulut point parler, & se résolut de faire lui-même cette charité. Je crois qu'il n'en a parlé que depuis la mort de ma Mere, qu'il le dit à notre Mere Angelique : cette chere Mere fit elle-même & fit faire par ses filles, beaucoup de prieres, & de penitences pour sa santé ; & ce fut peut-être à sa sollicitation, que ma Sœur Catherine de St. Jean, qui étoit alors Mad. le Maitre, eut la bonté de s'enfermer avec ma Mere, dans une chambre où elle étoit, chez un de mes Oncles, & elle l'assista pendant tout ce tems, avec une charité & une affection non pareille.

Pendant que nous avons été au St. Sacrement, la R. M. de Chantal nous a fait la grace de nous y visiter deux fois ; la premiere fois, la M. Angelique y étoit encore ; elle y entra, & il me semble même qu'elle y coucha. Elles eurent de fort long entretiens ensemble, avec une ouverture de cœur & une consolation toute particuliere, il n'est pas croyable combien elles se témoignerent, l'une à l'autre, d'affection, d'estime & de confiance, & qu'il y avoit long-tems qu'elles souhaitoient cette occasion de se voir : la M. de Chantal eut aussi la bonté de voir la Communauté & de nous souhaiter à toutes en général & en particulier, toutes sortes de bénédictions, & pria Dieu de nous

multiplier. Elle difoit à notre Mere, qu'elle
aimoit cette Communauté & cette petite Maifon, parce qu'elle étoit pauvre & fimple, car
encore qu'elle fut affez commode pour des perfonnes du monde, il eft vrai néanmoins qu'elle étoit fort refferrée pour un Monaftere, & il
n'y avoit que la Chapelle du dehors & notre
chœur qui fuffent affez paffables. Cette vifite
de la R. M. de Chantal renouvella l'union qui
étoit depuis long-tems entre ces Meres & que
St. François de Sales avoit lui-méme faite,
n'y ayant perfonne, excepté cette heureufe,
pour qui il témoignât tant d'affection & de ten-
dreffe que pour notre M. Angelique, il leur a-
voit dit qu'il lui fembloit qu'elles ne faifoient
toutes deux avec lui, qu'un méme efprit & un
méme cœur : auffi, notre Mere nous difoit qu'elle fe trouvoit fi étroitement unie avec eux, qu'il
lui fembloit qu'ils lui étoient toûjours préfens
comme fon bon Ange, fur-tout quand elle s'alloit préfenter devant Dieu.

La deuxiéme fois que nous avons eu la bénédiction de voir la M. de Chantal dans notre Monaftere du St. Sacrement, fut après que
la M. Angelique en fut fortie : cette Mere nous
aïant toutes affemblées & témoigné bien de la
bonté, nous dit : j'ai voulu vous avoir avant
que d'aller rendre vifite à ma chere M. Angelique, car elle n'auroit pas été contente, fi je
n'avois pas vû fes filles & que je ne lui en euffe
pas dit des nouvelles.

L'établiffement de ce Monaftere ne s'ache-
vant point, pour les raifons qui ont été dites
autre part, la Mere Angelique ne put donner
l'habit à aucune Fille ; elle reçût feulement
quelques poftulantes, dont il n'eft demeuré
que deux Sœurs converfes, qui ont été depuis

Religieuses à Port-Royal, où elles ont fait paroître qu'elle n'avoient pas oublié les premieres instructions qu'on leur avoit données, ayant vêcu, jusqu'à leur mort, dans une grande simplicité & soumission, s'employant fidelement au travail, aimant le silence & la priere, ne se mêlant jamais de ce qui ne concernoit point leur devoir.

Quoi que les affaires de cette Maison demeurassent toûjours en même état, & que l'établissement en fut si incertain, les filles n'en avoient néanmoins aucune inquiétudes, bien qu'elles desirassent de tout leur cœur d'achever leur sacrifice ; elles attendoient en paix, le tems que Dieu avoit ordonné pour cela, la Mere leur ayant apris par son exemple & ses paroles, à remettre sur la divine providence, tous leurs soins & toutes leurs avantures ; de sorte qu'elles ne pensoient qu'à s'avancer de plus en plus dans la voye de Dieu, & à faire croitre en elles, son amour.

Cependant, la Mere jugea qu'elle devoit procurer cet établissement, en remettant la Maison sous l'entiere obéïssance de Monsieur l'Archevêque de Paris, à quoi toutes les filles étoient disposées, n'y en ayant pas une qui eut aucune attache à Mr. de Langres, excepté la S. Anne de Jesus, & toutes les autres aïant assez reconnu que la conduite de Mr. de Saint Cyran étoit incomparablement plus solide que la sienne, regrettoient les amusemens de leurs premieres années.

Feu Mr. l'Evéque de Meaux étant venu voir la Mere, peu de tems après la mort de Mad. de Ligny, elle lui dit sa pensée, & le pria de la proposer à Mr. l'Archevêque, & de le prier de sa part, de la renvoyer à Port-Royal, &

de faire venir la M. Genevieve au St. Sacrement : qui remettroit ce Monastere sous lui.,
parce qu'elle ne le pouvoit elle-même, à cause de l'engagement qu'elle avoit eu avec Mr.
de Langres. Notre Mere ayant dit ce dessein
devant quelques unes de nous, nous fimes ce
que nous pûmes pour l'en détourner, nous jettant à ses pieds & la conjurant de ne nous point
abandonner, Mr. de Meaux ayant lui même
compassion de nous, la pria de ne nous point
quitter, & de voir si elle ne trouveroit point
quelque autre voye, pour achever les affaires
de cette Maison ; mais quoi qu'elle aimât tendrement cette petite Communauté , & qu'elle
la portât dans son cœur, elle ne se pût rendre
à toutes nos prieres , parce qu'elle voyoit la
nécessité d'exclure Mr. de Langres., de sa prétenduë supériorité, tant pour le bien spirituel
de ce Monastere, que pour en achever l'établissement, & elle ne jugeoit pas moins nécessaire de faire sortir la S. Anne de Jesus,
qui n'avoit aucunement l'esprit de Religion.
La Mere nous fit entendre ses raisons avec sa
force ordinaire, à laquelle on ne pouvoit résister. Elle nous recommanda fort le secret, de
peur que cette postulante ne s'en aperçût & on
avoit une si grande soumission pour la Mere ,
qu'encore que nous eussions le cœur pénétré de
cette séparation, nous ne le faisions point paroitre & nous n'en parlions pas même les unes
aux autres. Elle dit adieu à chacune de nous
en particulier, nous donnant les instructions
qu'elle jugea nécessaire pour l'avenir : je crois
qu'il n'est pas besoin de dire quelle fut notre
douleur, & combien nous répandimes de larmes ; il suffit de dire que je ne crois pas qu'il
y ait jamais eu de Mere qui ait été aimée plus

cherement & plus respectée de ses filles, que cette chere Mere l'étoit des siennes. Elle nous donna tous ses ordres, pour quand elle seroit partie ; sur-tout, pour ce qui regardoit la S. Anne de Jesus, prévoyant bien qu'elle ne pouroit parler elle-même à la Mere Genevieve, qui devoit venir en sa place ; elle nous ordonna de l'instruire sur le sujet de cette fille, & de la prier de sa part de lui donner une compagne au parloir, & de ne lui laisser prendre aucune authorité, ni aucune liberté d'agir par elle-même, voyant qu'elle auroit été capable de perdre cette Maison, elle la pria au contraire de la réduire dans l'ordre commun, & de la faire même sortir le plutôt qu'il se pouroit.

Peu de jours après, Mr. de Paris ayant agrée la proposition que la M. Angelique lui avoit faite, envoya au St. Sacrement, la Mere Genevieve de St. Augustin, Abbesse de Port-Royal, accompagnée de Mr. le Chancelier de Notre-Dame, qui ramena en même-tems, la M. Angelique à Port-Royal. Cela se fit pendant qu'on disoit Complies, n'y ayant que la Touriere & une autre Sœur qui s'y trouvassent, parce que la Mere avoit desiré qu'on ne fit point de bruit, afin que la S. Anne de Jesus n'en sçût rien que quand il seroit fait.

Cette Sœur ayant mené la M. Genevieve dans une chambre, elle vint nous avertir à la fin de Complies, de nous y rendre toutes ; la S. Anne de Jesus, qui n'avoit rien sçû de ce qui s'étoit passé, fut fort surprise de voir la M. Genevieve ; mais elle en fut ravie, croïant qu'elle pouroit se mettre bien dans l'esprit de cette nouvelle Mere, & qu'elle la gouverneroit aisément. Aussi-tôt, elle commença à s'ingérer comme si elle avoit eu tout le soin du Mo-

naſtere, & ſe rendant même maitreſſe du tour,
elle fit avertir de ce changement, toutes les
perſonnes qu'elle croyoit pouvoir ſervir à ſes
deſſeins, ſur-tout Mr. de Langres & Mad. de
Longueville. Cette Princeſſe n'étant pas é-
loignée du Monaſtere, s'y rendit auſſi-tôt, &
ſe plaignit fort de Mr. l'Archevéque, témoignant qu'elle étoit bien mécontente de ſon entrepriſe : néanmoins elle eut bien de la joye de
voir la M. Genevieve, eſpérant que Mr. de
Langres & elle en ſeroient tout ce qu'ils voudroient : & comme elle avoit beaucoup d'affection pour la S. Anne de Jeſus, tant à cauſe
de ce Prélat, que parce que cette Fille, qu'il
avoit toûjours fait agir comme la plus capable
du Monaſtere, avoit coûtume de l'entretenir
lorſqu'elle y venoit, ce qu'elle faiſoit avec toutes les complaiſances & les agrémens que l'eſprit du monde peut inſpirer à une perſonne qui
n'y a pas encore renoncé. Cette Princeſſe qui
l'aimoit, la retint auprès d'elle après que la
Communauté ſe fut retirée, ſi ce n'eſt que cette
fille y demeurât d'elle-méme, deſirant de prendre ſes meſures avec elle, & d'avoir ſa protection dans les nouveaux projets qu'elle faiſoit dans cette rencontre. Elle renvoya même
une Sœur Profeſſe qui ſervoit d'ordinaire Mad.
de Longueville. Nous n'avons point ſçû ce
qui ſe paſſa entre elles, non plus qu'avec Mr.
de Langres, qui les vit le lendemain matin
au parloir : après avoir été long-tems enſemble, ils envoyerent quérir la M. Genevieve,
à qui ils firent de grandes careſſes pour la gagner, & lui témoignerent leur joye de la voir
en cette Maiſon, lui diſant que Dieu lui avoit
réſervé l'accompliſſement de cette œuvre. Elle
envoya quérir auſſi dès le même jour, Monſieur

Brandon, mon beau frere, qui étoit des amis du Monastere : elle voulut le gagner & s'en servir ensuite dans ses desseins.

Une Demoiselle, intime amie du Prélat & de cette Postulante, vint aussi le lendemain la demander au parloir, il y a aparence qu'on l'avoit fait avertir. La M. Genevieve, qui avoit sçû les intentions de la M. Angelique, ne manqua pas d'envoyer avec elle, une compagne, ce qui l'offensa étrangement : elle s'emporta au parloir méme, & fit éclater son mécontentement & le dégoût qu'elle avoit de l'assujettissement de la Religion. Elle ne voulut rien dire à cette Demoiselle, de ce qu'elle s'étoit proposé, lui disant seulement qu'elle ne lui pouvoit parler, parce qu'on lui avoit envoyé une personne pour l'écouter, & sortit toute émuë, en continuant de se plaindre devant les Sœurs qui se rencontrerent en son chemin. Elle alla trouver la M. Genevieve, lui demandant si c'étoit elle qui lui avoit envoyé une compagne ; la Mere lui ayant avoüé que c'étoit elle ; cette Fille lui répondit hautement, que la M. Angelique ne l'avoit jamais fait, sur quoi la Mere lui dit, que la M. Angelique l'avoit trop toléré, & qu'elle n'étoit pas résoluë d'en faire autant. La M. Genevieve ne relacha rien de sa fermeté à suivre les avis de la M. Angelique, dont elle reconnoissoit la justice par sa propre expérience, étant bien persuadée que cette Fille n'avoit nullement l'esprit de Religion. Elle témoigna même à Mr. de Langres, qu'elle ne trouvoit pas qu'elle eut de la vocation.

Mais la S. Anne de Jesus, voyant que la premiere voye qu'elle avoit prise ne lui avoit pas réüssi, se résolut d'en prendre une autre,

contraire. Elle commença à s'humilier & à
tâcher de gagner la Mere, par ses promesses
& ses soumissions ; Mr. de Langres l'entreprit
aussi, pour la faire consentir de garder cette
Fille, & un jour il l'en pressa si fort, qu'elle
fut ébranlée ; & qu'elle lui fit quelque promesse de ne la point renvoyer. Aussi-tôt, la Fille
se vint jetter aux pieds de la Mere, & lui fit
de nouvelles protestations d'obéïssance, & lui
demanda de faire une retraite sous elle, l'assurant qu'elle étoit dans la plus grande sincérité
qui lui fut possible. Elle se jettoit aussi aux
pieds des Sœurs Professes, les conjurant de
parler pour elle. La M. Genevieve en fut touchée, & elle écrivit à la M. Angelique, qu'elle la trouvoit bien changée : mais la M. Angelique, qui connut bien qu'on avoit surpris
cette Mere, la pria de surseoir cette affaire
pendant l'Octave du St. Sacrement, où on alloit entrer. Pendant cette Octave, la M. Genevieve reconnut elle-même, qu'elle s'étoit
trompée, & avoüa à la Mere Angelique,
avec douleur, qu'elle s'étoit laissée gagner, &
pleura long-tems cette faute, comme une grande infidélité qu'elle avoit commise à l'égard
de la M. Angelique, en ne déférant pas assez
à ses sentimens. Elle en étoit dans un si grand
abbatement, qu'elle faisoit compassion, passant presque tout le jour à prier & à gémir.
Elle avoit surpris des lettres de cette Fille, qui
étoient bien capables de la convaincre, &
ayant rendu compte de tout, à la M. Angelique, elle se résolut, par l'avis de cette Mere,
& par son propre mouvement, de la renvoyer.
Elle dit donc franchement à la S. Anne de Jesus, qu'elle ne la pouvoit plus garder ; elle,
qui avoit un grand courage, ne fit pas davange

d'inſtances, & en fit auſſi-tôt avertir Mr. de Langres, lequel ſçachant la réſolution de la Mere, qui n'étoit plus en état de ſe laiſſer gagner, conſentit, quoi qu'avec regret, à la ſortie de cette Fille : il n'eſt pas même revenu depuis au Monaſtere, non plus que Mad. la Ducheſſe de Longueville, qui y vint ſeulement pour prendre cette Demoiſelle à la porte, ſans y vouloir entrer, parce que prenant beaucoup d'interêt à ce qui touchoit Mr. de Langres & cette Fille, elle s'offenſa de ce qu'on la renvoyoit.

Aprés cela, la Maiſon demeura dans une grande paix au dedans : mais il s'éleva au dehors, une nouvelle perſécution. Cette Dem. qui étoit ſortie du St. Sacrement, fit connoiſſance avec pluſieurs perſonnes de condition, ſoit par le moyen de Mad. de Pont-Caré, ou même par celui de Mad. de Longueville qui la favoriſoit toûjours, & comme elle étoit choquée contre Mr. de St. Cyran, à qui elle attribuoit ſa ſortie & le renverſement de tous ſes deſſeins, elle commença à ſemer bien des contes de lui, dans les compagnies où elle ſe trouvoit, de ſorte, que cette Demoiſelle qui étoit fort unie avec Mad. de Pont-Carré (étant toutes deux dans les interêts de Mr. de Langres, & mécontentes de Mr. de St. Cyran) elles alloient ſouvent enſemble voir la R. M. Anne de Jeſus, Supérieure des Carmelites de Saint Denis, qui s'étoit refugiée à Paris, à cauſe de la guerre des Eſpagnols, & elles s'entretenoient de la prétenduë mauvaiſe conduite de ce St. Abbé, ſur la Maiſon du St. Sacrement, où la M. Genevieve qui étoit Supérieure, continuoit à ſuivre ſes avis. On lui faiſoit peur auſſi, des faux bruits que ſes ennemis faiſoient
courir

'courir de lui, pour rendre sa doctrine suspecte d'erreur. La M. Anne de Jesus, qui n'en avoit point d'autre connoissance que celle que lui donnoient des personnes passionnées, croyoit qu'elles avoient grande raison, parce qu'en effet, cette Demoiselle avoit assez d'agremens & assez d'adresse & de facilité à discourir pour se faire estimer & persuader ce qu'elle desiroit. Cette fille prévint de telle sorte, l'esprit de cette Mere, qu'elle commença à craindre pour moi, ne me croyant pas bien sous cette conduite, ce zele l'obligea d'informer feu Mr. l'Evêque de Meaux, alors Evêque d'Auxerre, & Mr. le Chancelier, son frere, de tout ce qu'elle avoit apris : C'étoit ce que les ennemis de Mr. de St. Cyran desiroient pour l'éloigner de cette maison, où il avoit fait tant de fruit, en quoi ils réüssirent, car ces Messieurs le firent prier de ne me plus voir, & même Mr. le Chancelier témoigna, que s'il continuoit d'aller en cette maison, il m'en retireroit ; mais comme j'étois fort attachée à sa conduite, dont je reconnoissois la sainteté & la droiture, je fus extrémement touchée du procédé de mes Oncles, & ayant fait prier instament Mr. de St. Cyran, de me continuer la grace qu'il m'avoit faite jusqu'alors, il fit réponse qu'il se croyoit obligé de tenir la promesse qu'il avoit faite de ne plus aller au St. Sacrement ; néanmoins il y vint une fois en secret, parce que j'en avois besoin. Cette fidélité ne fut pas suffisante pour contenter Mr. le Chancelier, qu'on avoit trop prévenu contre lui, & contre ce monastere. La Demoiselle qui en étoit sortie, s'étoit encore adressée à d'autres personnes, qui lui pouvoient confirmer ce qu'elle lui avoit fait dire par la M. Anne de Jesus ; de

X

forte qu'il prit résolution de me faire enlever
de cette maison ; mais ayant dit ce dessein à
feu Mr. l'Evêque de Meaux, il n'y voulut
point consentir, & lui dit qu'il ne pouvoit souffrir qu'on me traitât ainsi & qu'il se chargeoit de
ménager cette affaire, & de me persuader de
sortir du St. Sacrement, il y vint en effet à
ce dessein, & me fit toutes les offres possibles
pour me faire sortir de cette maison, me promettant même de ne rien retirer de ce que ma
Mere y avoit donné, de peur que cette raison
ne m'y retînt : mais je lui fis réponse, que je
ne serois jamais Religieuse qu'en ce monastere, ou à Port-Royal, qui étoit dans le même
esprit & que je ne m'attachois à ces deux maisons, qu'à cause de la bonne conduite qui y é-
toit, & de la pureté de la doctrine qu'on y en-
seignoit, qui n'étoit que celle de l'Evangile &
de tous les Peres de l'Eglise. Et Mr. de Meaux
s'étant entierement ouvert à moi de leur dessein de me retirer, & m'ayant avoüé tout ce
qu'on lui avoit fait entendre, & à Mr. le Chancelier, pour leur rendre Mr. de St. Cyran sus-
pect, particulierement au sujet de la Ste. Communion, dont on disoit qu'il détournoit les a-
mes : je lui rendit compte de toute la conduite
qu'il avoit tenuë sur moi, & des avis qu'il nous
donnoit pour Communier souvent, & des cas
ausquels il nous conseilloit de nous en priver
quelquefois, ce qui n'étoit jamais pour long-
tems, parce que c'étoit une de ses maximes,
que pourvû qu'on eut soin d'interposer un
humble & fidele penitence entre sa faute & la
Communion, on s'en devoit bien-tôt raprocher, & c'est pourquoi il nous avertissoit d'a-
voir soin de remplir le vuide que cette priva-
tion faisoit en notre ame, par une plus gran-

de vigilance fur nous-mêmes, une plus grande
fidélité à la priere, au filence, à la mortification, à tous les exercices de piété & particulierement à la lecture de la parole de Dieu,
qu'il nous faifoit confidérer comme une des
principales nourritures de l'ame, & qui avoit
beaucoup de raport au corps du Fils de Dieu.
Il nous difoit que toutes ces chofes étoient
comme des miettes que nous devions avoir foin
de ramaffer, à l'exemple de la Cananée, ne
nous jugeant pas digne de manger le pain des
Enfans.

Je donnai quelques exemples à Mr. de Meaux,
des fautes pour lefquelles on fe privoit de la
Communion, quelqu'un des jours qu'elle nous
étoit marquée : 1°. Quand il nous arrivoit de
faire quelque faute confidérable contre la charité ou l'obéïffance. 2°. Quand on s'étoit rela-
ché notablement du filence. 3°. Pour les fautes
d'habitude dont on n'avoit pas affez de foin
de fe corriger, ou lorfqu'on négligeoit volontairement quelque chofe de fon devoir ; & comme ces fautes étoient affez rares, auffi il confeilloit affez rarement de s'en priver, n'y aïant
gueres eu que le tems où nous lui avions fait
nos renouvellemens, qui même avoit été fort
court, qui eut pû donner fujet à cette Demoi-
felle qui étoit fortie mécontente, d'en parler ;
& l'on communioit ordinairement, dans cette
maifon, toutes les fêtes & dimanches, le jeu-
di & quelquefois le famedi, quand il n'y avoit
point eu de fêtes.

Enfin, après une longue conférence, où feu
M. de Meaux s'éclaircit fur tout ce qu'on lui
avoit fait craindre, il s'en alla plainement fatisfait, aprouvant fort toute la conduite de Mr.
de St. Cyran, & confentant que je demeuraf-

X ij

se en cette maison, me conjurant avec tendresse de l'aimer toûjours, & de prier Dieu pour lui. Peu de tems après il alla voir la M. Angelique à Port-Royal, il lui témoigna la satisfaction qu'il avoit eu avec moi : d'où la Mere prit sujet de l'informer encore plus particulierement des sentimens & des maximes de Mr. de Saint Cyran, & de lui expliquer les choses, sur lesquelles on l'accusoit : il prit beaucoup de plaisir à l'entendre, & demeura fort édifié & content de tout ce qu'elle lui avoit dit, & étant retourné au St. Sacrement, il me dit qu'il avoit vû la Mere, & qu'il étoit très-satisfait de son entretien, & qu'ils étoient plus grands amis que jamais; & ayant mandé cela à la M. Angelique, elle me fit réponse, que si tous ceux qui étoient prévenus contre Mr. de St. Cyran, n'avoient pas plus de passion, & avoient autant d'équité que Mr. de Meaux, toutes choses seroient bien-tôt en paix.

Cependant, la charité de Mr. de St. Cyran ne lui permit pas de nous abandonner, il ne se contenta pas de nous offrir beaucoup à Dieu, & de nous donner les avis qu'on lui faisoit demander par quelque personne interposée; mais, voyant qu'il ne pouvoit plus nous assister par lui-même, il pria Mr. Singlin, son ami, de nous voir & de nous confesser : il confessoit déjà à Port-Royal, les Novices & quelques autres personnes, & il voyoit même au St. Sacrement, deux de nos pensionnaires, l'une, sœur & l'autre, cousine de Mr. l'Evêque de Châlons, qui avoit bien de l'estime de ce bon Ecclesiastique, ayant fait ensemble des missions. La M. Angelique, qui étoit aussi fort persuadée de son mérite & de sa piété, fut bien aise qu'il se chargeât de notre conduite.

Elle écrivit à la M. Genevieve, que Mr. de St. Cyran eſtimoit beaucoup ce St. Eccleſiaſtique, & qu'il reconnoiſſoit en ce St. Prètre, un grand don de conduite : l'humilité de ce St. Abbé lui faiſant même croire qu'il en étoit plus capable que lui, & enfin que c'étoit un homme tout rempli de l'eſprit de Dieu, à quoi je peux ajoûter ce que nous avons oüi dire depuis, à la même Mere, que c'étoit un Eliſée, à qui Dieu avoit donné le double eſprit de ſon maitre ; car depuis qu'il connut Mr. de Saint Cyran, il ſe conſidéra toûjours comme ſon diſciple.

Nous reconnûmes bien-tôt que tout ce qu'on nous avoit dit de lui, étoit véritable, & nous fûmes encore plus perſuadées par notre propre expérience de la lumiere & de la grace qui étoit en lui, il fit particulierement paroître une charité extraordinaire à l'égard de quelques unes, qui avoient d'abord peine à ſe mettre ſous ſa conduite, parce qu'il paroiſſoit bien jeune. Elles y réſiſterent quelque tems ; mais elles reconnurent bien-tôt ſa capacité ; & il ſemble qu'on pouvoit dire de lui, ce qui ſe lit de St. Eſtienne, qu'on ne pouvoit réſiſter à la ſageſſe & à l'eſprit de Dieu qui parloit en lui.

La perſécution qu'on avoit ſuſcitée contre Mr. de St. Cyran, continuant toûjours, on tâcha de le rendre ſuſpect à M. de Paris & à ſes principaux Officiers, Mr. le Conte, Chancelier de Notre-Dame, qui étoit Supérieur de ce monaſtere du St. Sacrement, dont il pourſuivoit l'établiſſement, y fut envoyé pour s'éclaircir de ſa conduite ; & ayant prié la Mere Genevieve de lui donner par écrit ſes ſentiſur la Confeſſion & Communion, il les aprouva : il interroga aussi les Sœurs, & demeura très-satisfait de leurs réponses, & en particulier de ce qu'elles l'assuroient que Mr. de Saint Cyran avoit un trés-grand respect pour Mr. de Paris, & qu'il les avoit portées à mettre leur monastere sous son entiere obéïssance, leur disant que c'étoit l'ordre de l'Eglise : il promit d'en rendre un bon témoignage à Mr. de Paris.

Mr. le Chancelier de Notre-Dame venoit encore pour arrêter diverses choses, qui n'avoient point encore été résoluës, principalement deux, dont l'une étoit l'heure qu'on devoit dire Matines, parce que les Sœurs desiroient les dire la nuit ; & après avoir pris leurs sentimens, il fut arrêté qu'on les diroit à minuit. L'autre chose étoit pour leur habit, Mr. de Paris ne pouvant approuver non plus qu'elles mêmes, ce scapulaire d'écarlate que Mr. de Langres avoit autrefois proposé ; Mr. le Conte leur dit de sa part, qu'ayant assemblé plusieurs fois son Conseil pour en délibérer, il lui étoit venu en l'esprit, de leur donner une croix rouge sur un scapulaire blanc, ce qui fut accepté des Filles.

Ensuite, Mr. de Paris voulut prendre lui-méme la peine de venir interroger toutes les postulantes qui devoient recevoir l'habit, ce qu'il fit avec tous les témoignages de bonté & de satisfaction imaginables ; & après les avoir interrogées en dehors, en particulier, assez long-tems, il demanda au parloir la M. Genevieve & les Sœurs Professes, à qui il rendit de bons témoignages, disant qu'elles étoient fort bien instruites, & qu'il n'avoit point trouvé qu'on leur eut enseigné aucune mauvaise doctrine, comme on en avoit fait courir le bruit,

mais qu'il ne l'avoit point crû, & qu'il étoit
assuré que sa chere Fille Angelique n'étoit im-
buë d'aucune erreur. Il parla d'elle, avec affection & estime, & dit entre autres choses, que
c'étoit une sainte Fille & d'un grand exemple,
& qu'elle étoit une des premieres Abbesses qui
avoient donné l'exemple aux autres de se réformer, & de vivre religieusement ; il loüoit
son obéïssance & son amour sincere pour ses
Supérieurs ; disant aussi que c'étoit ce qui la
lui faisoit aimer, & que si elle se fut trouvée
à cet établissement, la fête auroit été accom-
plie. Les Sœurs lui ayant dit que c'étoit ce
qu'elles souhaiteroient le plus, & qu'il leur a-
voit fait bien répandre des larmes en l'enle-
vant d'avec elles ; il leur répondit : cela n'est
pas venu de moi, mes cheres Filles, je l'ai fait
avec bien du regret ; mais vous sçavez aussi-
bien que moi, que cela étoit nécessaire & la
raison qu'elle a euë pour cela. Il leur dit aussi
que pour ce qui étoit de Mr. de St. Cyran, il
croïoit que c'étoit un homme de grande pro-
bité & science, & qui étoit capable de rendre
de grands services, & qu'il l'avoit méme déjà
fait par un livre qui étoit public : que ses maximes étoient catholiques, & qu'il n'en vouloit
point d'autres preuves que les bonnes dispositions de ses cheres filles, qu'il venoit d'interroger : qu'il en avoit interrogé beaucoup d'autres depuis qu'il étoit dans sa charge ; mais
qu'il n'en avoit point vû qui fussent mieux instruites que celles-là. Il ajoûta que Mr. le Chancelier de N. D. lui avoit rendu un fort bon témoignage de toutes les sœurs, après les avoir
vûës en particulier, & que c'étoit pourquoi il
n'avoit rien à leur dire, sinon, qu'il les conjuroit de continuer à vivre toûjours en bonnes

Religieuses, comme elles avoient commencé.
Il leur donna sa bénédiction, leur promettant
de venir donner l'habit aux filles qu'il venoit
d'interroger ; il choisit pour ce sujet le 16. Septembre, auquel, l'Eglise fait la fête des Saints
Martyrs Corneille & Cyprien.

Deux jours avant cette cérémonie, Mr. l'E-
vêque de Meaux étant venu au St. Sacrement,
la M. Jeanne de Jesus Carmelite, sa Sœur,
envoya une Tourriere qui entra au parloir où
il étoit avec moi, & me pria de la part de la
M. Jeanne, ma Tante, de l'aller voir le lendemain dans la Maison où elle étoit encore retirée à Paris, & Mr. de Meaux s'étant joint à
cette Tourriere, pour prier qu'on accordât ce
qu'elle demandoit avec beaucoup d'instance ;
je promis, avec la permission de la M. Genevieve, d'y aller, n'étant pas fâchée de voir
ma Tante que je ne croyois plus revoir jamais ;
mais la M. Genevieve y ayant fait réflexion,
crût qu'elle en devoit avertir la M. Angelique,
se souvenant de tout ce qui s'étoit passé depuis
la sortie de cette Demoiselle, qui avoit prévenu l'esprit de la M. Jeanne & de Messieurs ses
Freres, contre cette Maison, elle crût que ce
pouvoit bien être un projet fait exprès pour
m'enlever de ce lieu, & elle manda à la Mere
Genevieve, qu'il falloit tâcher de détourner
cette visite, je ne doute pas qu'elle ne priât bien
Dieu de conduire cette affaire, comme elle faisoit en toutes les autres choses qui lui donnoient de la peine, car la premiere chose qu'elle faisoit, étoit de regarder Dieu, & de s'a-
dresser à lui avec une foi & une confiance qui
lui étoit particuliere ; la M. Genevieve ayant
reçû sa réponse, se mit en priere de son côté,
craignant que ce refus n'offensât les personnes

qui avoient defiré cette fortie : les fœurs chantoient alors Matines au chœur, n'ayant commencé à les dire à minuit, qu'après la vêture
des Novices. Je n'avois encore rien fçû de la
crainte de ces deux Meres, pour moi ; mais je
fentit puiffamment l'effet leurs prieres ; car
dès ce même tems, chantant ce verfet : *Lux*
orta eft jufto : il me frapa l'efprit, & je pris pour
une lumiere & un mouvement de l'efprit de
Dieu, la penfée qu'il me donna au même moment, qu'il demandoit de moi, pour me difpofer à recevoir l'habit, que je lui fiffe un petit facrifice de la fatisfaction que j'avois euë
de voir ma Tante que j'aimois fort, & que j'é-
vitaffe auffi toute la diftraction que je n'aurois
pû éviter dans cette vifite. Comme j'avois cette
penfée & que j'étois dans la réfolution de demander permiffion à la M. Genevieve de m'excufer envers les perfonnes à qui je m'étois engagée, on me vint quérir de fa part pour me
confeiller de le faire ; à quoi étant toute dif-
pofée, j'écrivis à Mr. de Meaux, & lui fis trouver bon ce que je defirois ; je me fuis crû obligée depuis, de confidérer cet évenement comme un effet de la protection de Dieu, fur moi,
s'il étoit vrai qu'on eut deffein de me retirer de
cette Maifon, ce qui n'étoit pas fans apparence, & je l'ai attribué aux prieres de la M. Angelique & de la M. Genevieve.

Le jour pris pour donner l'habit, étant arrivé, Mr. de Paris le donna de fa main, à fix
Filles, trois de chœur ; fçavoir, S. Catherine
de Ste. Agnès, S. Anne de la Nativité, &
moi S. Magdelaine de Ste. Agnès ; & trois
Converfes ; fçavoir, S. Anne de S. Paul, S.
Marie de la Croix, & une autre qui n'eft pas
demeurée, & il donna dans la même cérémo-

nie, le scapulaire blanc & la croix rouge, à
la M. Genevieve & aux douze Professes, &
leur ayant témoigné au parloir, la satisfaction
qu'il avoit eu de cette cérémonie, il leur promit la continuation de sa bienveillance & de
sa protection. Je crois que je dois marquer ici,
que la M. Angelique nous pria de prendre l'habit sans aucun ornement, avec les habits les
plus simples qu'il se pourroit, & une coëffe sur
la tête, ce que nous n'avions pas encore vû
pratiquer à P. R. où les Filles avoient, jusques-
là, été ajustées comme par-tout ailleurs.

Nous passâmes ce me semble cette année,
dans une assez grande paix, sinon que l'absence de la M. Angelique nous étoit toûjours fort
sensible. Elle ne laissoit pas néanmoins de nous
conduire en quelque, façon, la M. Genevieve lui rendant compte de tout & prenant ses
avis, & chacune de nous lui écrivant dans ses
besoins & recevant ses réponses.

On esperoit que les Novices feroient profession au bout de l'an, & l'on fit pour s'y pré-
préparer, une retraite de six semaines, &
comme les Professes prenoient part à cette grace qui devoit accomplir l'établissement de la
maison, elles firent aussi la solitude pendant
cette préparation, & on la fit dans la plus grande exactitude.

Une des Novices ayant lû les lettres de St.
Jerôme, elle fut touchée de l'avis qu'il donne
aux Vierges de donner leurs biens aux pauvres
& non à leurs parens, elle se résolut de le suivre au moins en ce qu'elle pourroit & qu'on
lui permettroit, étant en état de disposer de
quelque chose. Elle en écrivit à la M. Angelique, qui loüa son dessein ; mais en même-
tems, elle l'avertit qu'elle ne devoit rien faire

en cela, qu'avec difcrétion, & qu'après avoir beaucoup prié Dieu pour connoitre fa volonté, & qu'elle devoit fouvent dire ces paroles : *Doce me facere voluntatem tuam.* Que fi après cela, elle avoit toûjours ce defir dans le cœur, elle lui promettoit de le propofer fimplement à fes parens ; mais que c'étoit à condition qu'elle n'en donneroit rien du tout au monaftere, & qu'elle n'y confentoit point autrement. Elle lui confeilla auffi de fe contenter pour les pauvres, de ce que fes parens lui accorderoient de bon cœur, fçachant qu'ils étoient affez charitables pour en ufer avec honnêteté.

Je ne me fouviens pas qu'il y eut d'autre raifon qui retardât cette profeffion, finon, qu'on vouloit trouver une autre maifon de plus grande étenduë & en plus grand air pour s'y établir. La M. Angelique avoit toûjours de la peine de celle où nous étions, qui étoit fort chere & très-ferrée, & où il n'étoit pas poffible de nous étendre, fans de groffes fommes, les maifons étant fort cheres dans ce quartier, qui eft celui du Louvre, & nous n'avions pas même de fonds fuffifans pour fubfifter ; c'eft pourquoi on avoit été d'avis que nous vendiffions notre maifon pour nous établir dans quelque autre quartier, où on en pouroit avoir une plus grande à meilleur marché, avec un grand jardin. Mr. l'Archevêque ne vouloit pas même, par bonté, que nous demeuraffions davantage en ce lieu qu'il croyoit trop mal fain ; & en effet, la plûpart de nous y ont été long-tems malades, ce qu'on attribuoit à cette maifon, où il n'y avoit point d'air.

Mr. l'Archevêque envoya une perfonne de fes amis (Mr. de Chenoife) & des nôtres, pour nous donner de fa part, le choix d'ache-

ter promptement une maison plus commode,
pour nous y établir, & y faire profession, ou
de retourner à Port-Royal en attendant qu'on
en trouvât une propre.

Ce dernier parti nous ayant paru le plus a-
vantageux, pour diverses raisons, nous réso-
lûmes de l'embrasser, plusieurs d'entre nous
en ayant même bien de la joye, parce que nous
souhaitions fort, ce que Dieu a permis depuis,
que l'institut du St. Sacrement s'établit à Port-
Royal, & que nous ne fussions plus obligées
d'en sortir. Nous avions toutes été appellées
à Port-Royal, nous avions une affection particuliere pour la Regle de St. Benoît, sans parler de la difficulté que nous trouvions à établir
ce nouveau monastere sans la M. Angelique,
qui en étoit le principal apui.

On fit néanmoins beaucoup de prieres avant
que de conclure cette affaire, & on se disposa
par divers exercices de piété & de penitence,
à recevoir la lumiere de Dieu, pour ne rien
faire en cela que suivre sa volonté. La Mere
Genevieve, qui avoit grande dévotion à la
parole de Dieu, ouvroit d'ordinaire le nou-
véau Testament, dans toutes les rencontres qui
arrivoient, soit pour y trouver quelque consolation dans les évenemens fâcheux, ou quelque
instruction selon les besoins, & on trouvoit
toûjours à l'ouverture, quelque chose qui avoit
raport à ce qu'on demandoit. L'ayant ouvert
une fois pour aprendre comment nous devions
nous disposer pour connoître la volonté de
Dieu, on y trouva dans les Epitres de Saint
Paul, qu'il recommandoit les exercices de prieres, charité, aumône, &c. Et la M. Genevieve nous ayant demandé à toutes en particulier, quel étoit notre sentiment, sur ce que

nous

nous devions offrir à Dieu en la perſonne des pauvres, il ſe rencontra que toutes les Sœurs eurent la même penſée, ſans que pas une l'eut communiquée aux autres. C'étoit de nous re-trancher quelque choſe, & de faire quelque abſ-tinence pour aſſiſter quelque pauvre famille, & nous reçûmes cette penſée comme venant de Dieu, voyant quelle étoit dans le cœur de toutes les Sœurs.

Etant enfin réſoluës de revenir à P. R. la ſeule crainte que nous avions en y retournant, étoit que dans la multitude des perſonnes qui y étoient, on ne pût conſerver une auſſi gran-de union les unes avec les autres, que celle qui étoit dans cette petite maiſon. Mr. Singlin nous étant venu voir, & quelques unes de nous lui ayant dit cette difficulté, il nous répondit, que la où étoit l'eſprit de Dieu, comme il é-toit à P. R. l'union & la paix y étoient toû-jours, ſans que la multitude des perſonnes y pût mettre empêchement. N'ayant donc plus rien à apréhender, nous attendions avec joïe, ce retour : la M. Angelique l'aprouvoit fort, & toute la Communauté de P. R. nous atten-doit auſſi avec beaucoup d'affection; mais Dieu permit que cette joye fut troublée par une af-fliction bien ſenſible. Mr. de St. Cyran aïant été arrêté & mis au Bois de Vincennes deux jours avant notre retour. Nous eſpérions de le revoir à P. R. où il alloit toûjours, & où il avoit beaucoup contribué avec la M. Angeli-que & la M. Agnès, à faire un entier renou-vellement de toute cette Maiſon, que nous trouvâmes dans une entiere ferveur, & dans une exactitude à tous les devoirs de la Religion, toute autre que celle où nous l'avions laiſſée, ſous la conduite de Mr. de Langres, principalement en ce qui regardoit la simplicité, la pauvreté, le recuëillement & le silence, de sorte que nous n'avions nul regret d'avoir quitté notre petite Maison, trouvant dans celle-là, le même esprit & la même conduite.

Notre M. Agnès, qui étoit lors Abbesse, nous reçût avec une très-grande charité, & notre chere M. Angelique, qui nous considéroit toutes comme ses enfans, & qui nous portoit toûjours dans son cœur, ne pouvoit assez nous marquer sa joye de nous revoir auprès d'elle, & nous étions ravies de nous remettre sous sa conduite ; l'ayant trouvé maitresse des Novices. Les Sœurs Professes qui étoient revenües du St. Sacrement, la prierent instamment de trouver bon qu'elles rentrassent au Noviciat, ce qu'elle leur accorda : & elles y furent quelque tems jusqu'à ce qu'on les mit en obéïssance. La M. Angelique y faisoit des conférences très-édifiantes, comme je l'ai déjà raporté de celles qu'elle nous faisoit au St. Sacrement, de sorte, que plusieurs des Sœurs de la Communauté avoient obtenu permission de venir y entendre les instructions si saintes, qu'elle nous y donnoit, & l'explication qu'elle faisoit des histoires de l'Ecriture Sainte, qu'elle avoit lûës : elle tâchoit d'élever ses Novices dans le même esprit & les mêmes sentimens où elle étoit elle-même, & je puis dire qu'encore qu'elle s'apliquât à nous instruire avec beaucoup de soin, & avec des paroles toutes pleines de feu, elle ne le faisoit pas moins par ses exemples. Elle observoit exactement les résolutions qu'elle avoit faites après son renouvellement à Mr. de St. Cyran. Elle avoit une attention continuelle à se mortifier, se passant presque de toutes choses, & ne prenoit pour son usage que ce qu'il y avoit de plus vil, de plus pauvre & plus incommode, & elle vivoit dans une grande féparation & un grand filence, n'allant au parloir que par néceffité & par obéïffance, & quand elle étoit obligée d'y aller, elle y paroiffoit comme une perfonne déjà morte aux nouvelles & aux vaines fatisfactions du monde ; quoi que cela ne l'empêchât pas d'y témoigner beaucoup de charité aux perfonnes qu'elle voyoit, fur quoi je rapporterai ce qu'une Dame de piété de fes meilleures amies (M. le Cointre) m'a dit, après avoir vû la M. Angelique. Elle me dit qu'elle l'avoit trouvée comme une perfonne toute morte au monde, & qu'elle lui avoit dit : ma Mere, je crois que vous n'aimez gueres à voir le monde, à quoi la Mere lui avoit reparti : he ! qui l'aimeroit ce monde réprouvé, pour qui Jefus-Chrift a dit qu'il ne prioit point ?. Quoi qu'enfuite, comme cette Dame étoit une perfonne tres-vertueufe, elle ajoûta qu'elle ne la confidéroit pas comme étant du nombre de ceux qui compofent le monde.

Elle nous difoit que quand nous allions au parloir, nous en devions defirer la fin ; mais fans inquiétude, & fans manquer au refpect & à la charité, & que nous ne devions entamer aucun difcours ; mais fuivre feulement ceux qu'on nous faifoit, évitant ainfi les deux extrémités, d'y faire paroître de l'ennuy & du chagrin, ou d'y prendre trop de fatisfaction, & que nous devions y aller par charité pour la fatisfaction des autres, & non pour la nôtre.

La M. Angelique faifoit en ce tems-là, de longues retraites, elle choififfoit pour cela, les lieux les plus incommodes, fe faifant, comme Judith, de petite cellules en un coin de grenier, où elle ne pouvoit manquer de fouffrir

beaucoup de chaud & de froid, il y en avoit
particulierement une fort incommode, où on
ne se seroit jamais avisé d'y mettre personne;
il n'y avoit que la longueur de son lit, & il y
avoit une petite fenêtre sur les tuiles, qui donnoit tout droit sur son lit. Pendant toutes ces
retraites, elle ne laissoit pas de prendre le soin
de la conduite de ses Novices. Nous l'allions
voir dans sa solitude, & elle nous recevoit, &
toutes les autres qui desiroient lui parler, avec
sa charité ordinaire. Toute la différence que
nous trouvions, c'est qu'elle paroissoit encore
plus pleine de Dieu & plus morte à toutes les
choses du monde.

Je me suis trouvée auprès d'elle, avec quelques autres de mes Sœurs, pendant une partie de ses retraites, & je crois qu'on pourra
recevoir de l'édification de la regle qu'elle nous
faisoit tenir & qu'elle gardoit elle-même. Elle
étoit toûjours seule dans ses autres retraites;
s'étant trouvée mal, dans celle dont je parle,
on l'obligea de quitter son grenier & de se mettre dans une chambre. Elle en prit une qui é-
toit au quatriéme étage : il arriva en même-
tems, que quelques unes de ses Filles, dont j'é-
tois l'une, se trouverent indisposées. Elle nous
fit venir en ce lieu pour nous traiter, & quelques autres pour la servir & nous aussi. Il ne se
peut rien ajoûter à l'exactitude qu'elle établit
dans cette chambre, qui nous servoit d'infirmerie. On y gardoit un si parfait silence, qu'on
n'y entendoit presque jamais parler, je ne dis
pas de choses inutiles; mais de celles-mêmes
qui pouvoient être nécessaires, parce qu'elle
vouloit qu'on les dît tout bas, pour ne pas dis-
traire les autres, quand on ne se pouvoit faire entendre par signes. La ruelle de notre lit,
ou quelque petit coin auprès, servoit à chacu-

ne de nous, de cellule & d'oratoire, quoi qu'il
n'y eut point de séparation, on y demeuroit
dans le même recuëillement que si on y eut été
enfermée. Elle nous avoit dit de lui écrire quand
nous avions quelque chose à lui dire, ou quelque avis à lui demander, & elle nous rendoit
aussi-tôt réponse par écrit. Nous allions à la
Messe à une tribune qui donnoit sur l'Eglise
& nous disions tout l'Office ensemble, autant
qu'il se pouvoit, & aux heures du chœur : &
même quand nous fûmes en état de nous lever
la nuit, nous disions quelque fois Matines à
deux heures.

La Mere gardoit une grande mortification
dans la nourriture, pendant que nous fûmes en
cette chambre, elle mangeoit un peu de viande boüillie & de la plus simple, à diné, & le
soir, elle ne prenoit qu'un peu de pain & de
fromage, ou une poire : & quelques unes de
nous lui ayant demandé permission de reprendre l'abstinence de viande, elle nous dit qu'elle
nous permettroit plûtôt de faire comme elle,
parce qu'en l'état où nous étions encore, le
maigre nous pouvoit faire mal aussi-bien qu'à
elle ; mais si nous nous sentions assez fortes
pour nous passer de souper, cela ne nous pouroit faire de mal. Il y avoit à une fenêtre de
cette chambre, une clochette que l'on pouvoit
sonner de la cour, il y avoit aussi une poulie
avec une corde, où la Mere avoit attaché un
panier ; & quand les Sœurs du tour avoient
quelque message à lui faire, elles sonnoient la
clochette pour nous avertir, & elles mettoient
dans le panier, les lettres qu'on lui envoyoit,
& un billet où étoit écrit ce qu'elles avoient à lui
dire ; & la M. aïant fait réponse, nous la met-
tions dans le panier & nous sonnions la clochet-

Y iij

te afin qu'on la vint reprendre. La M. étoit aife de cette invention, parce qu'elle épargnoit bien de la peine aux Sœurs du tour, la chambre étant fort haute, & auffi parce que cela n'interrompoit point le recuëillement & le filence.

On fit la feconde élection de la M. Agnès pendant que nous étions en ce lieu. La M. Angelique qui craignoit fort d'être elûë, prioit Dieu fans ceffe avec ardeur durant les jours qu'on fe difpofoit à cette action, & elle nous faifoit faire beaucoup de prieres avec elle pour le bon fuccès de cette élection : elle ne nous en parloit pas plus ouvertement, parce que nous n'y devions point prendre part, n'étant que novice ; mais il ne nous étoit pas difficile de juger, que le bon fuccès qu'elle defiroit, étoit que Dieu détournât d'elle, cette charge, ce qui nous parut encore plus ouvertement, par la joye qu'elle nous témoigna après que l'élection fut faite, & elle ne fe pouvoit laffer de rendre graces à Dieu & de nous porter auffi à le faire, de ce que, difoit-elle, cette élection avoit réüffi fi heureufement.

Je peux ajoûter ici, que trois ans après, aïant été elle-même elûë Abbeffe, il n'eft pas croïable combien elle en eut de douleur, & elle ne nous la témoignoit pas par fes paroles, car elle avoit grande attention à les fuprimer en ces rencontres, jugeant que cette épanchement n'étoit qu'une vaine fatisfaction de l'amour propre. Elle fe contentoit de porter fa douleur devant Dieu ; mais elle en étoit fi pénétrée, qu'elle ne la pouvoit cacher, de forte qu'elle nous faifoit une extrême compaffion, & que quoi que nous euffions autant de joye que nous avions d'eftime & de confiance pour elle, plufieurs de nous ne purent s'empêcher de s'attendrir, en lui allant faire notre reconnoiffance.

Fin de la troifiéme Partie.

REMARQUES

TOUCHANT LES VERTUS

DE LA MERE

MARIE-ANGELIQUE.

QUATRIEME PARTIE.

A M. Angelique ne pouvoit souffrir qu'on fit des différences de son monastere & de son ordre, à celui des autres. Elle nous disoit sur cela, que pour elle, rien ne lui étoit plus insuportable, que de voir parmi les personnes religieuses, des jalousies & des préférences pour leur ordre : que les unes disent, notre ordre est le plus ancien : les autres, le notre est le plus austere, ou il a rendu de plus grands services à l'Eglise. Pour moi, disoit-elle, je suis de l'ordre de tous les Saints, & tous les Saints sont de mon ordre. J'aime toutes les ames & toutes les Religieuses, comme étant mes Sœurs & servantes de Dieu, comme moi, & je me crois obligée de les ser-

vir toutes, quand il m'y engage. Elle defiroit inspirer à ses Filles, ces mêmes sentimens & qu'elles eussent une charité générale qui embrassât avec tendresse, toutes les religions & toutes les Religieuses. C'étoit aussi cette charité qui lui faisoit ressentir une douleur sensible quand elle aprenoit les désordres qui se commettoient dans les religions où les violences qu'on faisoit en d'autres pendant le tems de la guerre, dont elle étoit toute pénétrée, & elle nous faisoit faire tous les jours une priere en commun, en l'honneur de Ste. Agnès, pour demander à Dieu par l'intercession de cette Sainte, qu'il lui plut de protéger toutes les personnes qui s'étoient consacrées à lui, & qui étoient exposées à de si grands périls.

La Mere avoit une très-grande foi & confiance en Dieu, en toutes rencontres, ce qui faisoit qu'elle s'adressoit à lui avant toutes choses : & quoi qu'elle se servit des moyens humains quand il étoit à propos de le faire, elle ne vouloit pas qu'on s'y appuyât ; mais sur la protection de Dieu, & quand dans ces tems de guerre, elle voyoit quelques unes de nous qui avoient trop de frayeur, elle les reprenoit de leur peu de foi. Je lui ai oüi dire en diverses occasions, sur ce sujet, des paroles toutes de feu & toutes pleines de confiance. J'en raporterai ici seulement quelques unes, que je lui ai oüi dire à une Sœur qui avoit témoigné beaucoup d'apréhension. Elle lui dit donc entre autres choses, en la reprenant. Notre Seigneur dit qu'il viendra comme un larron, la nuit & à l'heure qu'on y pensera le moins ; il n'est pas besoin d'une armée pour nous ôter la vie, il ne faut qu'une pierre ou une tuile tombée d'en haut sur nous, & une infinité d'autres accidens qui

nous peuvent tuer en un moment : l'heure de
notre mort & de notre jugement eſt incertaine,
& nous devrions toûjours conſidérer & avoir
dans le cœur, le degré d'humilité de notre regle, nous regardant comme des criminelles qui
doivent bien-tôt comparoitre au jugement de
Dieu : & vous vous amuſez ma Sœur, à des
niaiſeries & à de vaines craintes que Dieu re-
tire ſon aſſiſtance de vous : he ! quoi ? eſt-ce que
vous ne ſçavez pas que Dieu eſt pour vous, &
qu'on pourroit dire avec le Prophete Eliſée,
il y en a plus pour vous que contre vous ? ne
ſçavez vous pas que les cheveux de votre téte
ſont tous comptez, & qu'il n'en tombera pas
un que par la volonté de Dieu, & qu'il gouverne les méchans, en ſorte qu'ils ne peuvent faire aucun mal, que ce qu'il leur permet ? mais
c'eſt que nous n'avons point de foi.

Notre Mere ne témoignoit pas moins ſon
ardente foi & ſon abandonnement de toutes
choſes aux ordres de la providence. Dans les
maladies périlleuſes & la mort des perſonnes
qui lui étoient les plus cheres, & qui paroiſſoient les plus néceſſaires à la maiſon, elle vouloit qu'on ne négligeât rien de ce qui regardoit
le ſervice des malades, & qu'on eut un très-
grand ſoin de faire tous les remedes qu'on leur
ordonnoit ; mais elle ne vouloit pas qu'on s'em-
preſſât pour les multiplier, ni pour en propo-
ſer d'autres ſelon ſon jugement particulier, ou
qu'on ſe plaignit des Médecins, s'il arrivoit
qu'ils n'euſſent pas réüſſi. Elle nous diſoit dans
ces rencontres, que c'étoit Dieu qui l'avoit fait
qu'il falloit l'adorer & ſe taire : que nous devions croire certainement qu'il gouvernoit toutes choſes, & que c'étoit lui qui donnoit la force aux remedes quand il lui plaiſoit de ſoulager

quelqu'un, & qu'au contraire sans sa bénédiction, rien ne pouvoit servir. Elle ne pouvoit souffrir de nous voir abbatuës & inquiettes dans ces occasions, quoi qu'elles la touchassent autant que personne ; mais rien ne pouvoit affoiblir sa constance & sa confiance en Dieu. Je me souviens qu'un jour que notre M. Agnès étoit fort mal, & que nous étions dans l'apréhension de la perdre, la Mere Angelique nous voyant fort tristes à la conférence, elle nous en reprit avec sa force, & en méme-tems, avec sa douceur ordinaire dans ces rencontres ; & elle nous disoit entre autres choses, qu'il étoit étrange que nous eussions si peu de foi, & que nous eussions moins de confiance en la bonté de Dieu, que nous n'en aurions en celle d'une créature, que nous sçaurions qui auroit beaucoup de charité pour nous : & pour nous mieux le persuader, elle nous disoit. N'est-il pas vrai mes Sœurs, que si la vie & la mort de la Mere Agnès dépendoit de Mr. Singlin, vous ne craindriez point, que vous seriez dans un parfait repos ? vous diriez, oh ! nous ne pouvons douter de la charité de Mr. Singlin pour nous, & il sçait combien la M. Agnès nous est nécessaire : c'est pourquoi nous ne devons rien apréhender. Hé ! quoi ? ne sçavez vous pas que la bonté de Dieu est infiniment plus grande que celle de toutes les créatures, & qu'il ne fait rien que pour l'avantage de ceux qui sont à lui ? mais nous n'avons point de foi, & nous sommes toutes humaines, & au lieu de nous abandonner à Dieu, d'avoir recours à lui, de le prier, nous nous amusons à de vaines craintes & à des inquiétudes inutiles. Elle nous disoit aussi, que Dieu n'avoit que faire de ses créatures, qui n'étoient que comme une fourmi, qu'il fçavoit bien faire réüſſir ſes deſſeins ſans elles, & qu'il en ſuſciteroit d'autres quand il lui plairoit, au lieu de celles qu'il retiroit; qu'il nous tiendroit lui-même la place de tout; que la privation des créatures nous devoit porter davantage à Dieu, & que quand il ôtoit les hommes, c'eſt-à-dire qu'il vouloit être lui-même notre ſecours, notre apuy & notre conduite, & qu'il y falloit avoir une parfaite confiance. Nous l'avons vû ſouvent en d'autres occaſions, fortifier & conſoler les autres, lors qu'elle-même étoit pénétrée de douleur; car elle étoit très-éloignée d'être indifférente ou peu ſenſible, & je puis dire que je n'ai jamais remarqué en perſonne, une charité plus tendre ni plus reconnoiſſante qu'elle en avoit pour ſes amis. Il n'y avoit que ſa foi & ſa parfaite ſoumiſſion en Dieu, qui la ſoutenoit dans ces rencontres. Elle la faiſoit particulierement paroître lorſqu'il lui plaiſoit de retirer à lui, ces perſonnes qu'elle aimoit le plus & qui lui étoient plus étroitement unies, ſoit par la nature ou d'autres conſidérations. Elle n'épargroit rien de ce qui dépendoit d'elle pour les ſoulager & les rechaper, ce qu'elle faiſoit même pour les moindres perſonnes; mais lorſqu'elle connoiſſoit clairement la volonté de Dieu, par leur extrêmité ou par la diſpoſition qu'il en avoit faite, elle demeuroit dans une grande paix, on la voyoit adorer Dieu dans un profond ſilence & anéantiſſement, ſans faire aucune plainte, & ſans donner preſque d'autres marques qu'elle en étoit touchée, ſinon qu'il paroiſſoit qu'elle étoit encore plus recuëillie & plus attentive à Dieu.

Je ne doute pas qu'on ait remarqué dans d'autres relations, la grandeur de cette foi &

de cette confiance en Dieu, qui n'a pas moins paru dans toutes les affaires fâcheuses où elle s'eſt trouvée & dans toutes les néceſſités & grandes dettes de la Maiſon. Toutes les perſonnes qui l'ont connuë, ont toûjours remarqué que cette vertu étoit ſon don particulier, auſſi-bien que la charité, qu'elle la poſſédoit dans un degré éminent, & qu'elle la communiquoit même aux autres, n'y ayant perſonne plus capable qu'elle, de fortifier & d'encourager les perſonnes les plus foibles & les plus abbatuës & relever la foi & la confiance de celles qui ſembloient n'en avoir preſque plus.

L'eſprit de priere qui naît de la foi, n'étoit pas moins ardent en elle. Il ne paroiſſoit pas ſeulement lorſqu'elle étoit à l'Egliſe, où on la voyoit ſouvent dans un recuëillement extraordinaire & dans un anéantiſſement d'elle-même, qui paroiſſoit même ſur ſon viſage, & qui nous faiſoit rentrer en nous-mêmes en la conſidérant : mais on peut dire qu'elle prioit ſans ceſſe & en toutes rencontres. On la voïoit ſouvent lever les yeux & les mains au Ciel; & dans toutes les nouvelles fâcheuſes ou agréables, la premiere choſe qu'elle faiſoit, étoit d'adorer Dieu dans une poſture d'humilité, de le prier ou lui rendre graces ſelon les occaſions, & on voyoit que cela ne ſe faiſoit point par étude ou par habitude; mais avec un ardeur & une affection qui faiſoit bien voir que c'étoit un mouvement qui venoit du fonds du cœur. Elle nous exhortoit auſſi à prier beaucoup, quand on lui raportoit quelques afflictions ou quelques miſeres, ſur-tout dans les calamités publiques, qui témoignoient la colere de Dieu; non pas qu'elle deſirât qu'on employât beaucoup de tems à faire des prieres particulieres,

au

au contraire, elle vouloit qu'après avoir élevé
fon cœur à Dieu, & lui avoir recommandé ces
perfonnes affligées , on continuât à s'emploïer
avec fidélité , chacune dans fon travail, qu'elle nous enfeignoit devoir tenir lieu d'oraifon
continuelle, pourvû qu'on eut foin de le faire
dans la vûë de Dieu & dans le filence de la
langue & de l'efprit , autant que l'on pouvoit.

Sa dévotion ne regardoit pas feulement les
principaux objets de notre foi & les mifteres ;
mais elle s'étendoit fur les moindres chofes qui
avoient quelque raport à Dieu. Elle en avoit
auffi une fort grande à la Ste. Vierge & pour
tous les Saints : il fembloit qu'elle connut les
graces & les dons particuliers de chacun d'eux,
& nous étions quelquefois furprifes de lui voir
témoigner beaucoup de dévotion pour des
Saints qui paffoient prefque pour inconnus ;
mais elle avoit toûjours quelque raifon particuliere pour les révérer , & fur-tout, ceux qui
avoient aimé à étre cachés & inconnus. Elle
vouloit qu'on eut grande dévotion & reconnoiffance vers les Saints de qui on avoit reçû
quelque grace particuliere. Cette Mere qui a-
voit un cœur fi fenfible aux faveurs de Dieu &
des hommes, ne pouvoit fouffrir l'ingratitude
en quelque occafion que ce fut ; & je me fouviens qu'elle me reprit un jour de ce que je ne
fçavois pas qu'il étoit la féte d'un Saint affez
peu connu, & dont on ne fait point mémoire
dans l'Eglife, qui m'avoit guérie d'un mal
fort fâcheux, lorfque j'étois encore fort petite,
& elle me dit que je devois avoir grand foin de
remarquer ce jour, & de me difpofer à la Ste.
Communion, en action de graces.

Elle nous dit un jour de St. Laurent, que
nous devions avoir une dévotion particuliere

Z

à ce Saint, dont il y avoit anciennement une chapelle en ce lieu, cy-avant que le monastere fut bâti, & que Dieu qui voit tous les tems, & qui gouverne toutes chofes par fa providence, nous l'avoit donné pour patron, à nous qui étions deftinées à honorer le St. Sacrement, parce que les Saints Peres ont remarqué, que la raifon pour laquelle il a été fi fort & fi invincible dans les plus cruels tourmens, c'eft qu'il avoit bû & mangé à la table du Seigneur, & qu'étant Diacre & difpenfateur du fang du Fils de Dieu, il s'étoit enyvré de ce vin celefte : qu'il falloit le prier qu'il nous obtint d'en faire comme lui, un bon ufage, & d'annoncer la mort du Seigneur par toute notre vie, qui devoit étre une vie de mortification, de penitence & de martyre. Je fais ces petites remarques, pour faire voir fon attention à ne rien négliger de ce qui pouvoit exciter & renouveller toûjours fa dévotion & la nôtre.

Elle avoit grand foin de fantifier les jours de fêtes commandés par l'Eglife, & quoi que la force de fon efprit & la folidité de fa vertu, la miffent fort au-deffus des fcrupules, elle avoit la confcience extrémement tendre pour tout ce qui regarde nos devoirs envers Dieu. Elle vouloit que les Sœurs les plus occupées euffent foin de ménager ces jours-là, tout le tems qu'elles pouvoient, pour la lecture & la priere, & je l'ai vûë en diverfes rencontres, faire quitter à des Sœurs, de petites chofes qu'elles croïoient pouvoir faire en ces jours-là, pour gagner plus de tems, comme par exemple : une Sœur couturiere des enfans, préparoit de l'ouvrage dans de petites mannes qu'elle portoit à des Sœurs, qui devoient le lendemain travailler pour elle ; étant venuë un jour de fête, dans un lieu où

je me trouvai avec la Mere, elle l'en reprit
fort, & la Sœur lui ayant dit que cela l'avan-
coit beaucoup, & qu'elle perdroit bien du tems
s'il falloit attendre aux autres jours à préparer
l'ouvrage pour le donner aux Sœurs ; la Mere
lui fit entendre, que les fêtes étant ordonnées
pour être employées au service de Dieu & aux
actions de piété, elle ne devoit pas même s'en
occuper l'esprit ; que ce n'étoit qu'un empressement qu'elle n'approuvoit pas. Quand il venoit quelque nécessité de s'employer à des occupations extraordinaires, elle vouloit qu'on
y agît avec une grande retenuë, ne faisant que
ce qui étoit nécessaire, & seulement dans les
espaces entre les heures de l'Office. Je me souviens par exemple, qu'étant quelquefois obligée de faire préparer une chambre pour Mr.
d'Aumont, ou pour quelqu'autre personne qui
arrivoit ici un Dimanche ou un jour de fête,
elle vouloit qu'on quittât cette occupation aussi-
tôt que l'Office sonnoit, quoi qu'on eut pû trouver des personnes qui ne chantoient pas ; mais
comme ce tems est particulierement destiné à
loüer Dieu, elle desiroit qu'on ne l'employât
qu'à cet usage.

Le 1. jour d'Octobre 1651. Mr. de Ste. Beuve vint en ce monastere, accompagné de Mr.
Singlin, pour recevoir nos suffrages le jour du
St. Ange Gardien, pour l'élection qui fut néanmoins différée, parce que la M. Angelique demeura fort malade. Elle ne se fit que le 29. Octobre de la même année. La M. Angelique fut
continué avec la permission de Mr. l'Evêque
de Toul, grand Vicaire de Paris & Supérieur
de ce monastere, y ayant déja neuf ans qu'elle étoit en charge. Elle revint en cette Maison
des Champs, le 13. Janvier 1652. où elle fut

Z ij

reçûë avec les mêmes cérémonies & la même
joïe qu'elle l'avoit été autrefois. Elle n'y demeura pas long-tems, parce que la seconde
guerre de Paris l'obligea de ramener toutes ses
Filles à Paris. Elles commencerent à sortir
d'ici le 24. Avril, & la Mere ramena le reste
le lendemain, jour de St. Marc. Elle arriva à
Port-Royal, de Paris, fort tranquile, quelque regret qu'elle eut dû avoir de quitter la solitude, qui étoit la seule attache qu'elle eut au
monde; mais elle n'en avoit à rien, du moment qu'elle voyoit l'ordre de Dieu; à son a-
bord, une Sœur lui ayant demandé si elle n'é-
toit pas bien fatiguée d'une telle journée, parce que c'étoit toûjours elle qui donnoit ordre
à tout, en de semblables occasions; elle répondit gayement, point du tout, je n'ai jamais de
peine que quand je ne suis pas assurée de la volonté de Dieu, & qu'il faut que j'agisse par
moi-même; mais en cette rencontre, que Mr.
Singlin qui étoit avec nous, a résolu tout ce
qu'il y avoit à faire, je n'ai eu qu'à suivre Dieu
qui parloit par lui, & cela ne me lasse jamais.

Il ne seroit pas possible de remarquer toutes
les charités que la M. Angelique fit à diverses
personnes, pendant ce tems de la seconde guerre, qui fut assez longue. Ma Sœur Angelique
de St. Jean, fit en ce tems-là, quelques remarques que je raporterai ici, comme elle me les
a données écrites de sa main. Elle en a même
marqué quelque chose dans une lettre, à une
personne en qui elle avoit une parfaite confiance. Elle est dattée du 24. Septembre 1652.
voici ce qu'elle porte.

Nous avons été visitées de bien quatre cens
Religieuses de tout ordre, & il me semble que
ç'ait été une singuliere providence de Dieu;

cela a donné un peu de travail quelquefois, mais non, par sa grace, grande distraction ; au contraire, ces visites nous ont donné sujet de reconnoître les grandes obligations que nous avons à Dieu & à ceux qu'il leur a plû donner pour nous instruire de nos devoirs, surtout à Mr. de St. Cyran, qui est avec Dieu, & qui a été après Dieu, le principe de nôtre bonheur ; voyant ces pauvres Filles si destituées de conduite, que cela fait pitié. D'ailleurs, elles se sont détrompées de tout ce qu'on leur avoit dit de nous, & en jugeant par nos maximes & l'ordre général de la maison, elles nous ont estimées incomparablement plus que nous ne valons, & plusieurs se sont renouvellées, outre huit qui nous sont demeurées. Nous en avons eu pour un jour jusqu'à cinquante, sans que l'on ait été incommodé pour leur nourriture, ni qu'elles ayent causé aucun désordre, & étant dans cette maison, jusqu'au nombre de 182. personnes, jamais il n'y eut plus de silence, graces à Dieu, ni nous n'eûmes moins d'incommodité pour le vivre, encore que toutes choses ayent été fort cheres, & presque un tiers plus que l'année passée. Je vous supplie très-humblement de prier Dieu que nous soïons vrayment reconnoissantes de ces graces. Nous avons vû des Religieuses qui ont 50000. liv. de rente, qui souffrent la nécessité & s'estiment pauvres, & nous qui n'en avons pas dix, nous ne souffrons rien. Cela me fait peur, voyant combien nous sommes indignes d'une telle protection & si particuliere bonté que Dieu a pour nous.

REMARQUES

*De la Sœur Angelique de Saint Jean
Arnauld, touchant la M. Angelique.*

L'Aproche des Armées du Roy & des Princes mettant en péril, toutes les Maisons
Religieuses de Filles de la campagne autour de
Paris, la plûpart sortoient de leurs couvents
pour entrer dans la Ville.

Les Filles de Notre-Dame de Liesse qui a-
voient leur Maison au bout du Faubourg St.
Germain, furent averties qu'elles n'étoient
pas en sureté. La M. Angelique l'ayant apris,
en fut fort en peine, parce qu'elle les vouloit
bien prendre ; mais il falloit une permission de
leur Supérieur qu'il étoit très-difficile d'obtenir. Pour ce sujet, elle fit faire des prieres ceans
afin qu'il plût à Dieu de les assister & les faire
sortir du péril où elles étoient : cependant des
amis de la Maison (Messieurs de Bagnols, de
Bernieres & le Nain) qui avoient sollicité &
obtenu leur obédience, en vinrent dire la nouvelle à notre Mere, qui toute transportée de
joye se jetta à genoux pour en remercier Dieu,
avec autant de sentiment d'amour, que si elles
eussent été ses propres Sœurs, quoi qu'elle n'eut
jamais vû ces pauvres filles, qu'elle ne connoissoit qu'à cause de leur extréme pauvreté, ne
vivant depuis quelques années, que des aumônes des amis de la Maison. Au sortir du parloir, rencontrant Mad. d'Aumont & quelques
Sœurs, elle leur dit avec un visage gay & ouvert : voici de bonnes nouvelles mes enfans :
celles à qui elle parloit s'imaginerent que c'é-

toit de la paix , & lui demanderent s'il y avoit
quelque accommodement : elle leur répondit
que non ; mais que c'étoit que ces pauvres Filles de Lieffe viendroient demain deuxiéme
Mai, au nombre de huit Religieufes ; nonobftant que la Maifon fut augmentée de toute la
Communauté de Port-Royal des Champs , de
la M. Prieure de Gif, de la M. de St. Maur ,
fœur de Mad. d'Aumont , que la Mere avoit
reçûës dans le même-tems & pour le même fujet , les guerres les ayant amenées à Paris , &
étant toutes deux malades & affez mal accommodées dans la Maifon où elles étoient , elles
eurent permiffion de venir en celle-cy , comme auffi une autre Religieufe de Chanteloup,
une de St. Remi, une de Belhomer ; de forte
qu'en moins de dix ou douze jours, elle fe chargea de treize Religieufes , dans un tems où tout
le monde cherchoit à fe décharger.

Le lendemain fecond Mai, elle paffa tout
le jour à faire dreffer des lits dans le bâtiment
de la Princeffe de Guimené, pour y mettre des
Sœurs de ceans , à qui elle faifoit quitter leurs
cellules, pour les donner à ces Religieufes qu'on
attendoit. Deux jours après , ayant fait une petite conférence à ces huit Religieufes , elle nous
dit après les avoir quittées , qu'elle en avoit
grande fatisfaction , qu'elles étoient toutes
bonnes filles & de vrais moutons, qu'il fembloit
que Dieu donnoit une bénédiction particuliere
aux Religieufes, qu'on recevoit d'ailleurs plus
qu'aux autres , furquoi lui ayant été objecté,
qu'il fembloit, parce qu'elle difoit, qu'elle nous
vouloit exclure d'être foumifes , & nous faire
paffer pour ne lui être pas fi obéiffantes. Elle
répondit que ce n'étoit pas fon intention , &
qu'elle auroit tort de fe plaindre , fur ce point,

que tout le monde étoit mouton devant elle , &
qu'elle ne sçavoit pas comment cela se faisoit ;
mais qu'il étoit vrai que Dieu lui faisoit la grace de lui faciliter beaucoup la peine de sa charge , par la créance qu'il lui donnoit dans l'esprit , de toutes les personnes qu'elle trouvoit
toûjours souples & soumises , & qu'elle avoit sujet d'en remercier Dieu. Ceci ne sert qu'a prou-
ver qu'elle avoit reçû un grand don de conduite.

Fort peu de jour après , elle reçût encore la
sœur de Mr. le Roy, Chanoine de Notre-Dame,
Religieuse de Fontevrault , & quatre autres de
Chanteloup & une Novice de la même Maison.

Dans ce même tems , la M. Angelique aïant
apris de la M. Prieure de Gif, qui étoit ceans,
que sa niece , qui étoit une fille de 24. ans , Religieuse de la même Abbaye de Gif , étoit tombée malade de la petite vérole , chez Mad. de
Miramion qui l'avoit prise pour compagne de
sa fille , aussi Religieuse de Gif, qui étoit avec
elle , ainsi que la plûpart qui s'étoient retirées
chez leurs parens ; & sçachant que lad. Dame
ne la pouvoit garder , parce qu'elle avoit des
enfans chez elle qui auroient pû gagner le mal,
ce qui mettoit la bonne Prieure dans une peine
extrême , ne sçachant que faire pour secourir
sa niece , dont l'Abbesse qui s'en devoit tenir
plus chargée qu'elle , ne se mettoit nullement
en peine : la M. Angelique ne l'eut pas plûtôt
apris , qu'elle supplea à l'indifférence de l'une,
& à l'impuissance de l'autre , sa charité étant
habituée depuis long-tems , à porter les far-
deaux de tous. Elle donna ordre dans le moment , que la fille fut transportée dans une
chambre tout devant la porte de ceans, qui étoit
à une femme qu'on connoissoit dans la Maison,
& dont on se servoit quelquefois. Elle lui donna

charge de fervir cette malade, & encore auprès
d'elle, une Religieufe d'Arras, Converfe, qui
avoit été quelque-tems ceans, & que l'on retiroit encore au dehors chez une bonne femme,
où on l'entretenoit ; & la Mere donna ordre à
Mr. Vitard, de la meubler de toutes les chofes
néceffaire à une malade, vaiffelle, linge &
toute forte de chofe que je ne m'amufe pas à
fpécifier, & voyant l'extrême reconnoiffance
où étoit la M. Prieure de Gif, d'une charité
fi étenduë & qui nous étonnoit auffi nous autres,
quoique plus accoûtumées à fa maniere d'agir
dans de telles occafions ; elle nous dit, pour en
diminuer l'opinion dans notre efprit, qu'elle
ne craignoit pas de la meubler abondamment
qu'elle faifoit acheter exprès, parce qu'auffi-
bien, elle auroit affaire de tout cela pour Port-
Royal des Champs, lorfqu'on y retourneroit.
Il eft très-ordinaire de trouver de pareilles dé-
faites, pour couvrir ce qu'elle fait, lorfqu'elle
croit qu'on le remarque & qu'on l'admire dans
des occafions femblables.

Comme cette bonne Religieufe malade, eft
devant chez nous (ceci a été écrit dans le tems
qu'il fe paffoit) on lui fait ici tous fes boüillons
& tous les remedes dont elle a befoin : Mad.
de Gif ne s'eft mêlée en aucune forte, de tout
ceci, jufqu'à ce que cette bonne Religieufe
ayant été très-mal, enforte que les Médecins
craignoient qu'elle n'allât pas jufqu'au lendemain ; la M. Prieure de Gif le manda de ceans,
à fon Abbeffe, la fupliant de lui envoyer une
de fes Religieufes, pour être encore auprès de
la malade, qui avoit befoin de plus d'affiftance,
& l'informa en même-tems, de toutes les bontés & les fecours que la M. Angelique lui avoit
rendus, ce qui l'obligea de répondre, qu'elle le

vouloit reconnoître & satisfaire à toute la dépense qu'elle avoit faite si charitablement. Néanmoins je doute fort que Dieu lui cede cette dette, & je crois qu'il voudra que ce soit lui seul qui rende à la charité de la Mere, la recompense de ce qu'elle n'a fait que pour lui.

Ensuite de cela, Mad. de Gif vint ceans & amena la Religieuse Converse qu'on lui avoit demandé pour être auprès de la malade. Elle ne croyoit pas devoir entrer dans la Maison ; mais la M. Angelique le lui offrit, par le pur motif du zele qu'elle avoit, que cette fille se pût rendre capable de sa charge, & qu'il lui pouvoit être utile de voir l'ordre de la Maison, & les personnes qui peut-être lui pourroient servir. Elle fit cela avec une bonté qui ne se peut dire, & allant à la porte la recevoir, elle dit à la M. Prieure, avec une grace qui ne s'exprime pas, je m'en vais tant la caresser : ce qui est d'autant plus à considérer, qu'elle n'avoit d'autre vuë en cela, que le desir du bien de cette Abbaye, où l'on craignoit beaucoup que ce nouveau gouvernement d'une fille de vingt-deux ans, n'aportât un grand changement au bon ordre que la derniere Abbesse avoit établi : & ce fut pour cette seule considération, que la Mere lui fit offre d'entrer, & cela, un jour où on n'avoit déjà que trop d'embaras, y ayant ceans, dix-neuf Religieuses de Belle-Chasse, qui y étoient entrées ce jour-là 23. Mai 1652. à la priere de Mr. de la Haye, qui prenoit soin d'elle, & qui se promettoit que cela leur serviroit, de sorte, qu'en comptant ces dix-neuf de Belle-Chasse & celles de Gif, que l'Abbesse amena avec elle, nous eûmes vingt-sept Religieuses de surcroit, à diner, ce jour-là, sans celles qu'on avoit déjà reçuës pour y demeurer.

Le vendredi 4. Mai, il entra six Religieuses de Mont-Martre ; sçavoir, les deux Charpentiers, les deux Parfait & les deux de Brion. Les quatre premieres qui n'avoient jamais vû la Maison, ni la M. Angelique, demeurerent si satisfaites de l'une & de l'autre, & sur-tout si ravies de la maniere dont la Mere leur avoit parlé, qu'elles ne la pouvoient quitter quand il fallut qu'elles s'en allassent, & elles en parloient entre elles & à nous, avec une admiration qui n'avoit rien d'étudié, avoüant qu'elle leur avoit tout-à-fait gagné le cœur, & qu'elles estimoient infiniment notre bonheur, de posséder une telle personne.

On voit par ces remarques de ma S. Angelique de Saint Jean, qu'elle avoit commencé à compter exactement toutes les Religieuses qui entroient ; mais le nombre en devint si grand qu'elle s'en lassa, & il lui auroit été même assez difficile de continuer, parce que nous étions plusieurs Religieuses destinées à les recevoir & que quand elle se trouvoit avec quelques unes de ces Religieuses étrangeres, souvent elle ne voïoit pas celles que d'autres Sœurs conduisoient

Je crois qu'il ne sera pas inutile de raporter ici ce qui donna occasion à ces entrées si fréquentes ; car d'abord, il n'en entroit point qu'avec une permission expresse : ce fut que les filles de la Congrégation de N. Dame de la Ville d'Etampes, étant venuës à Paris, comme plusieurs autres Communautés de la Campagne, qui n'étoient pas en sureté dans leurs Monasteres, elles arriverent au Faubourg St. Jacques sur les neuf heures du soir, la veille de la Ste. Trinité, & étant dans une extréme inquiétude de ne sçavoir où elles pouroient se retirer pendant la nuit, parce qu'elles devoient aller chacune chez leurs parens, & qu'il n'étoit pas poſſible d'aller chercher leur Maiſon à l'heure qu'il étoit, qu'on ne voyoit pas à ſe conduire ; & ne ſçachant quel conſeil prendre, elles s'affligeoient & pleuroient fort ; mais une d'entre elles qui avoit ſervi M. le Maitre, ſœur de la M. Angelique, avant que d'étre Religieuſe ſe ſouvint en voyant le Monaſtere de Port-Roïal, de la charité qu'elle avoit ſçû qu'on y exerçoit, & elle dit à ſes Sœurs, qu'elles ne s'affligeaſſent point, qu'elles étoient auprès d'une Maiſon, dont elle avoit aſſez de connoiſſance pour eſpérer que ſans doute on ne refuſeroit pas de les loger, ſi elles s'y adreſſoient : la néceſſité où elles ſe trouvoient les y fit d'abord réſoudre ; & la Mere Angelique ayant été avertie qu'un Couvent entier de Religieuſes lui demandoit l'hoſpitalité, ne ſçachant ou ſe réfugier à l'heure qu'il étoit, & étant expoſées à tous les périls en un tems de guerre, elle en fut auſſi touchée de compaſſion, que ſi c'euſſent été ſes propres Sœurs, quoi qu'elle ne les connut en aucune façon, & conſidérant qu'elle ne les pouroit pas placer au déhors, où il n'y avoit ni logement ni meubles pour tant de filles, elle crut que la charité qui eſt au-deſſus de toutes les loix, la diſpenſoit de l'obligation d'avoir une permiſſion pour les faire entrer dans le Monaſtere où elle les reçût avec une plénitude de cœur qui ne ſe peut repréſenter, & comme la Maiſon étoit extremement pleine, tant de nos deux Communautés que de pluſieurs Religieuſes étrangeres, qui avoient eu la permiſſion de paſſer avec nous le tems de la guerre, elle les mena à l'apartement de Mad. la Princeſſe de Guimené, qui avoit eu la bonté de nous le prêter voïant la preſſe où nous étions de mettre des

lits

lits jusque dans les parloirs. On se mit aussi-tôt
en devoir de faire souper ces bonnes Religieuses
qui étoient au nombre de vingt-cinq, & il se
rencontra par bonne fortune, que nos Sœurs
avoient aprêté par avance, une partie de notre
dîné, pour le lendemain, afin de ne pas perdre
le sermon & la cérémonie de la vêture de ma
S. Euphanice, qui devoit prendre l'habit le
lendemain, jour de la Ste. Trinité, ce qui vint
sort à propos pour servir à nos nouvelles hôtes-
ses : On les accommoda tout le mieux qu'il fut
possible avec beaucoup de joye & d'affection,
ce qui parut sur-tout, lorsqu'il fut question de
leur aprêter des lits, ce logement étant entierement dégarni de meubles, & n'y en pouvant
pas avoir beaucoup de réserve dans une Maison où il y avoit tant de monde de surcroit.
Toutes nos Sœurs firent bien voir dans cette
rencontre, qu'elles étoient les véritables filles
d'une Mere si charitable, & que ses exemples
aussi-bien que ses paroles, étoient bien avant
gravées dans leur cœur. La plûpart des Sœurs
qui étoient déjà couchées & endormies, s'étant
éveillées en entendant parler & venir dans le
dortoir plus vite que de coûtume, dans un tems
où tout étoit à craindre, sortirent de leurs cellules, pour voir ce que ce pouvoit étre ; mais
ayant apris que ce n'étoit point une armée de
Soldats, mais une troupe de Religieuses qui a-
voient besoin de se reposer & qui n'avoient
point de lits, elles porterent aussi-tôt avec une
diligence & une affection incroïable, tout ce
qu'elles pûrent, pour le soulagement de ces bonnes filles, & on ne rencontroit que des Sœurs
chargées de leurs oreillers & couvertures, de
leurs paillasses & matelats, étant ravies de
s'incommoder un peu dans cette occasion de

**IV.
PARTIE**

A a

charité, il y avoit aussi sept pensionnaires que l'on ramenoit chez leurs parens, & quelques autres séculieres qui n'entrerent pas, & la M. Angelique recommanda fort qu'on en eut beaucoup de soin. M. d'Andilly qui étoit au déhors, s'empressa plus que personne de faire exécuter cet ordre, & ce fut lui-même qui pria la Mere Angelique, qu'on fit aussi-bien la charité aux Séculieres qu'aux Religieuses, ce qu'il n'eut pas de peine à obtenir.

Le lendemain jour de la Ste. Trinité, ces bonnes Religieuses assisterent à la Messe du Couvent & à la cérémonie de la vêture. Il se trouva encore plusieurs autres Religieuses qui étoient venuës passer la fête avec nous, de sorte que tous les sieges de notre cœur se trouverent remplis, ceux d'en haut, des Religieuses Bénédictines & de celles de la Congrégation, & ceux d'en bas, de la Communauté, qui s'y met toûjours aux cérémonies.

La plûpart de ces Religieuses d'Etampes, s'en allerent après la cérémonie & ne dinerent pas à P. R. mais il y en avoit sans elles, un si grand nombre d'autres, qu'elles remplirent presque le réfectoire, de sorte que la plûpart de nos Sœurs, n'eurent place qu'au second réfectoire. Je ne sçai pas de quelle maniere Dieu pourvût aux besoins de tant de personnes ; mais quoi qu'il y eut un si grand nombre de surcroit, on ne laissa pas de trouver tout ce qui étoit nécessaire pour tout le monde.

Le peu de tems que les Religieuses d'Etampes passerent à P. R. a servi à les détromper depuis, car pour lors elles étoient tellement prévenuës contre ce qui s'apelle P. R. qu'encore qu'elles ne pussent ne se pas tenir obligées de la charité qu'on leur y faisoit, elles avoient assez de peine à le témoigner de bonne grace, & plusieurs faisoient paroître qu'elles nous a-préhendoient & qu'elles avoient impatience d'être déhors. Nous avons sçû depuis quelques années, qu'elles ont tout un autre sentiment de nous, & quelques unes qui ont ici des parentes, sont bien aises de leur écrire & de recevoir de leurs lettres, & sont ravies quand on leur envoye quelques uns de nos livres. Une de ces bonnes Religieuses qui est à présent à la Creche & qui n'est pas Professe de ce Monastere d'Etampes, mais y ayant été envoyé quelque tems avant la guerre, se trouva avec les autres à P. R. nous écrivit au commencement de notre rétablissement, nous témoignant que depuis ce tems-là, elle avoit toûjours eu une estime & une affection singuliere pour cette Communauté, y ayant vû, disoit-elle, exercer une charité sans exemple, ce qui lui avoit fait conserver dans son cœur depuis tant d'années un désir ardent de passer sa vie avec nous.

La Mere Angelique écrivit aussi-tôt à Mr. l'Archevêque de Paris, Jean-François de Gondy, pour lui rendre conte de ce qu'elle avoit fait, dans la créance qu'il ne désagrééroit pas qu'elle eut ouvert la porte du Monastere à ces bonnes Religieuses, dans une si grande nécessité, sans sa permission. Mr. l'Archevêque qui avoit une estime & une bonté toute particuliere pour la M. Angelique, lui témoigna qu'il étoit très-satisfait de sa conduite, & lui donna une permission générale, de faire entrer toutes les Religieuses qui se présenteroient, espérant que cela pouroit servir à plusieurs : & depuis ce jour, on ne vit plus que des processions de Religieuses qui venoient à P. R. & bien souvent, nous étions obligées d'ouvrir la porte quatre ou cinq

A a ij

fois en un jour pour les recevoir, & il en venoit
souvent des bandes de Mont-Martre, de Chelles, de Gif, de Malnoüe, de Montargis, du
Pont-aux-Dames, de St. Antoine, de Poissy,
de la Villette, de Chasse-midi, de St. Eutrope
& de divers autres Monasteres presque de tous
les ordres ; car outre ces troupes de celles qui
vivoient en Communauté, nous en recevions
aussi souvent de celles qui étoient dispersées
chez leurs parens, & qui venoient passer les
fêtes avec nous, & on en a quelquefois compté jusqu'à 20. 30. & quelquefois 40. de divers
ordres, & la plûpart y venoient par affection
& pour s'édifier, & quelques unes par curiosité ; mais enfin, elles paroissoient toutes extrêmement satisfaites de la M. Angelique & de la
Communauté. La Mere les recevoit toutes avec une égale charité. Elles venoient avec nous
à l'Eglise, au réfectoire, à la conférence, &
comme il en venoit à toutes heures, on leur
présentoit aussi toûjours la collation, & la Mere les obligeoit à la faire à moins qu'elles ne
dussent jeûner, ne pouvant souffrir qu'elles sortissent d'avec elle, sans leur avoir témoigné
sa charité en toutes manieres. Elle leur parloit avec une ouverture de cœur & une bonté
qui gagnoit d'abord leur affection : Elle ne
les entretenoit que de choses qui pouvoient leur
être utiles, les porter à Dieu, leur donner plus
de mépris du monde, & d'amour de leur vocation. Elle leur représentoit les devoirs ausquels elle nous engage avec tant d'ardeur & de
force, qu'elles en étoient toutes ravies, & ne
se pouvoient lasser de l'entendre.

Je me souviens que je me rencontrai un jour
dans la chambre, avec cinq ou six Religieuses
de Chelles, qu'elle entretint assez long-tems,

dë la réforme, de la tolérance & du suport du prochain, de la charité envers les pauvres & d'autres sujets sur lesquels elles lui demandoient des avis. Il ne me seroit pas possible de représenter le zele avec lequel elle leur parloit, non plus que la satisfaction qu'elles nous en témoignerent, non seulement par leurs paroles, mais par leurs actions & leurs gestes : j'estois entre deux de ces bonnes filles, qui se tournoient souvent vers moi avec un visage riant, & de fois à autres, elles m'embrassoient en me disant : ho ! que vous êtes heureuses, d'avoir une si bonne Mere.

Il faudroit avoir marqué sur l'heure-même, ces entrées, & tout ce qui s'y passoit, pour en pouvoir rendre un compte exact. Tout ce que j'en puis dire en général, c'est qu'elles étoient si fréquentes. ou plûtôt si continuelles, qu'étant une de celles qui étoient employées à les conduire & à les entretenir, je n'avois qu'à peine le tems d'aller un peu prier Dieu, & dire notre Office, si ce n'estoit quand elles vouloient y aller, ce qu'elles faisoient au moins les fêtes & quand elles passoient tout le jour à P. R. Cependant, la Mere les recevoit toûjours gaïement, sans témoigner aucune lassitude de ce qu'il en venoit tant, & sans se trouver chargée de la dépense que cela l'obligeoit de faire, dans un tems où on avoit assez de peine à vivre. Nous sçavons qu'elle a beaucoup servi à quelques unes de ces Religieuses, qui avoient une confiance particuliere en elle, & sur-tout, à quelques Abbesses bien intentionnées, qui l'entretenoient souvent en particulier & prenoient ses avis, soit pour le réglement de leur Maison, ou pour leur propre conduite. Feu Mad. de Chevreuse, Abbesse de Pont-aux-Dames, qui étoit dans le

deſſein de travailler à la réforme de ſon Monaſtere, s'enfermoit avec elle, pour l'entretenir plus a ſon aiſe, & lui communiquer ſes
deſſeins & elle commença en effet à régler ſa
Communauté autant qu'il lui étoit poſſible dans
ces tems fâcheux & hors de ſon couvent : mais
Dieu la retira de ce monde avant que d'avoir
pu executer ce qu'elle avoit entrepris. Mad. de
Veſlas Coadjutrice de . . . & apreſent Abbeſſe,
venoit fort ſouvent voir la Mere Angelique &
lui parloit de ſa conſcience avec une entiere
confiance, & elle n'a pas ſeulement pris ſa
conduite pendant ce tems de guerre, mais elle
a continué juſqu'à ſa mort lui écrivant de tems-
en-tems. Je ne dis point ici comment Dieu
s'eſt ſervi de la M. Angelique pout la toucher,
la M. Prieure l'ayant écrite. Mad. de la Tre-
moüille, Abbeſſe de Jovarre, vint auſſi à P.
R. où elle paſſa quelques jours avec la Mere,
dont elle nous témoignoit une extrême ſatisfaction. La Mere Angelique avoit auſſi beaucoup d'eſtime pour cette bonne Abbeſſe, &
elles renouvellerent pendant ce tems-là, l'ancienne amitié qu'elles avoient eu autrefois l'une
pour l'autre quand la Mere Angelique fut en-
voyée au Lys pour y mettre la reforme.

Feüe Mad. l'Abbeſſe de Mont-Martre voulut auſſi rendre viſite à la Mere Angelique,
quoi qu'elle fut ſi âgée & ſi foible qu'elle ne ſe
pouvoit ſoutenir, & qu'il la fallut porter dans
une chaiſe. Elle témoigna beaucoup d'eſtime
& d'amitié pour la M. Angelique, & elle lui
dit entre autres choſes, qu'elles étoient les deux
premieres qui avoient réformé leurs Maiſons &
que Dieu les avoit envoyées en même tems,
travailler à la vigne. Notre Mere lui témoigna
qu'elle étoit fort éloignée de ſe comparer à elle

qui avoit la premiere commencé à se réformer,
& qu'elle n'étoit que sa petite novice, à quoi
Mad. de Mont-Martre rapartit ; qu'il étoit vrai
qu'elle avoit commencé devant elle, & qu'elle
étoit plus agée qu'elle ; mais que la Fille avoit
depuis, bien surpassé la Mere. Elle eut aussi la
bonté de voir toute la communauté, & d'embrasser toutes les Sœurs, & la M. Angelique nous
recommanda de bien prier Dieu, qu'il la con-
servât pour le bien de son Monastere & de tout
l'ordre. Elle fit promettre à la M. Angelique,
qu'elle passeroit à Mont-Martre en allant à P.
R. des Champs, & elle lui dit qu'elle vouloit
qu'elle vit ses nieces Mesdem. de Bethune, qui
étoient avec elle, & de fait, elle les envoya à
P. R. peu de tems après, & témoigna qu'elle
desiroit fort que la M. Angelique leur parlât,
croyant qu'elle leur pourroit beaucoup servir.

J'ai oublié de marquer, que pendant qu'il
entroit tant de sortes de Religieuses, la Mere
qui desiroit de les servir toutes également, laissoit agir indifféremment son zele, selon leurs
besoins, & joignoit la reprehension à l'instruc-
truction, quand elle voyoit des choses qui l'y
obligeoient, car elle ne pouvoit du tout souffrir
dans les personnes Religieuses, des marques de
vanité qui prophanent une si sainte profession.
On amena un jour dans sa chambre, une Religieuse qu'on venoit de faire entrer, qui avoit
un busc & des gans, & dont l'air & le geste
convenoit à cette affectation toute mondaine.
La Mere ne la salua point d'autre chose : elle
lui demanda d'abord, si elle n'avoit point de
honte étant Religieuse, de venir faite comme
cela parmi nous, & qu'elle ôtât bien vite son
busc & ses gans, & qu'elle ne vint point scan-
daliser notre Communauté : la pauvre fille fut

trop heureuse de lui obéïr & de lui demander pardon, on ne sçait pas si elle en aura profité depuis. Il vint une autre Religieuse de notre ordre, qui avoit de grands cheveux cordonnés comme une séculiere ; la Mere la vit peu, & ne s'aperçût point de cela ; mais quand nous lui redîmes après qu'elle fut partie ; elle nous dit, vous avez eu bien tort de ne me l'avoir pas fait remarquer, je vous assure, que je lui aurois coupé ses cheveux avant qu'elle s'en fut allée d'ici.

REMARQUES

Touchant la Vie de notre Mere Marie-Angelique Arnauld par la Mere Agnès sa Sœur.

IL semble que l'on peut attribuer à cette ame extraordinaire, ce que notre Seigneur dit dans l'Evangile, ils seront enseignés de Dieu, puisqu'elle a été prévenuë de la connoissance des maximes les plus exactes de l'Evangile & des dispositions les plus parfaites de la Vie Religieuse, avant que dans avoir été instruite par les hommes, une chose des plus importantes & de laquelle personne ne lui avoit jamais parlé, & qui étoit peut-être alors ignorée de la plûpart des personnes spirituelles, est qu'elle a reconnu être obligée en conscience de quitter la charge d'Abbesse, parce qu'elle y étoit entrée contre les regles de l'Eglise, ce qui fut là premiere résolution qu'elle prit, quand Dieu l'eut touchée, à quoi toutes les personnes qu'elle consulta s'oposerent, jugeant que Dieu l'apelloit à réformer son monastere. Elle se rendit à leur avis avec beauconp d'affliction d'es-

prit, par la déférence qu'elle avoit aux fentimens du Pere Bernard Capucin, qu'elle eftimoit étre un très-faint homme, & qui fut le
premier, comme elle l'a remarqué elle-même,
à qui elle découvrit le deffein qu'elle avoit de
quitter l'Abbaye, pour fe faire Feüillantine
dans un monaftere nouvellement établi à Tours,
n'y en ayant point d'autre en France, dans la
réforme, je ne fçai fi ce bon Pere manquoit de
lumiere en la diffuadant de cette entreprife qui
étoit fi conforme à l'Eglife, dans la févérité
qu'elle exerce encore envers ceux qui entrent
mal dans les bénéfices, ou fi Dieu l'infpiroit
de paffer par deffus ces regles, parce qu'il vouloit tirer tant de bien, de ce mal, & je ne fçai
non plus, comment la M. Angelique fe put rendre à cet avis, fi-non parce qu'étant extrêmement docile envers ceux qui avoient l'efprit de
Dieu, elle foumettoit fes meilleurs fentimens
par une autre vertu qui lui étoit particuliere,
& qui lui faifoit recevoir d'une part, les mouvemens de Dieu dans toute leur plenitude, &
l'autre les conferver fans attache, étant dans
la pratique d'une maxime qu'on peut dire être
auffi commune comme elle eft peu obfervée,
qui eft qu'il faut quitter Dieu pour Dieu, bien
qu'il foit vrai qu'en cette occafion, il n'y a eu
que la néceffité qui l'ait fait rendre, n'ayant
trouvé perfonne qui l'ait voulu aider dans ce
deffein; mais au contraire, tous ceux à qui elle
s'adreffoit pour cela, lui ayant toûjours réfif-
té, en quoi elle fouffroit violence, ne pouvant
changer l'opinion qu'elle avoit, qu'elle étoit
obligée de réparer une mauvaife entrée, par
une fortie volontaire, c'eft ce qui lui faifoit
toûjours chercher des moyens pour cela, de
forte qu'ayant été employée par Mr. de Ci-

teaux, à la réforme de l'Abbaye de Maubuiffon, elle fe fervit de cette occafion, pour fuplier
Mr. fon Pere de trouver bon qu'elle réfigna fon
Abbaye à une de fes Sœurs qui étoit Religieufe, ce que Mr. Arnauld ne voulut pas permettre ; mais feulement qu'elle la fit fa Coadjutrice, ce qui ne lui donna qu'une partie de la fatisfaction qu'elle defiroit, de quoi elle fe fervit
néanmoins pour agir avec plus de retenuë, difant que fa Coadjutrice étant bien apellée, elle
devoit gouverner plûtôt qu'elle, & pour cette
même raifon, depuis qu'elle fe fut demife de
l'Abbaye, après avoir obtenu le droit d'Election, le Supérieur ayant ordonné qu'elle tiendroit le premier rang après la nouvelle Abbeffe, elle voulut que la Coadjutrice marchât la
premiere, pour continuer la préférence qu'elle lui avoit toûjours donnée dans fon cœur.

　　La penitence chrétienne a été tellement gra-
vée dans fon cœur ; depuis l'age de 17. ans,
qu'elle fut touchée de Dieu jufqu'à la fin de fa
vie, qu'elle s'eft toûjours regardée comme criminelle devant Dieu, non pas feulement en
général, comme tous les hommes font obligés
de croire qu'ils le font par leur naiffance ; mais
en particulier, regardant fes actions & fa conduite que fon âge devoit excufer, comme une
vie très-coupable, & ç'a été le fentiment qu'elle a toûjours eu depuis ; toutes fes fautes qui
font très-communes à d'autres, lui paroiffant
très-importantes, ce qui lui en donnoit une
douleur extraordinaire, & la portoit à s'en confeffer avec une humilité profonde, & eftimer
infiniment plus qu'on ne fait d'ordinaire, la
grace que Dieu fait dans ce Sacrement, de
pardonner les pechez, ce qu'elle témoignoit en
toute occafion. Elle ne pouvoit fouffrir qu'on

s'excusât d'aller à confesse quand on y étoit appellé, en disant qu'on avoit pas encore fait son examen, parce qu'elle disoit qu'on devoit attendre cette heure avec desir qu'elle arrivât, & que ce devoit être la premiere pensée du jour au quel on se devoit confesser, non pas tant pour rechercher les petites fautes en particulier, que pour remarquer les plus importantes & en gémir devant Dieu; & de même qu'elle ne vouloit pas qu'on refusât d'y aller quand on étoit avertie; elle ne vouloit pas aussi qu'on s'ennuyât d'attendre celles qui demeuroient plus long-tems qu'à l'ordinaire, ce qu'elle confirma par son exemple, en une rencontre où une Sœur faisoit un renouvellement, qui fut fort long: comme d'autres personnes avoient peine que la Mere attendit si long-tems; elle répondit, non, non laissez-la, je ne m'ennuie point d'attendre, le moment auquel Dieu me veut faire miséricorde, n'est pas encore arrivé; ce qu'elle dit d'une maniere fort touchante, & qui exprimoit combien cette grace lui étoit précieuse. Quand elle vouloit disposer une Novice pour une confession générale, elle lui parloit avec une ferveur merveilleuse, lui représentant d'une part, la miséricorde de Dieu, qui surpasse tous les pechez, & de l'autre, la satisfaction que l'on doit à sa justice qui exige des ames, non seulement qu'elles accusent leurs pechez, & qu'elles les quittent; mais encore qu'elles les détruisent en arrachant de leur cœur la racine qui les fait commettre: & pour cela qu'il faut souffrir que Dieu nous trouble, qu'il nous renverse en quelque maniere, pour nous anéantir & pour nous faire entrer dans l'abîme de notre misere, puisque c'est l'état où nous devons être pour mériter qu'il ait pitié de nous. Elle a aidé à beaucoup de personnes qui vouloient se convertir à Dieu, prenant un grand soin de les fortifier & de lever la crainte & les difficultés qu'elle avoient de se mettre sous une conduite qui leur paroissoit sévere, parce qu'elle ne pouvoit allier le partage que l'on fait d'ordinaire avec Dieu, voulant réserver certaines choses qui ne paroissent pas mauvaises ; mais qui sont des empêchemens à une véritable conversion. Dieu lui avoit donné un cœur si déterminé d'être tout à lui, qu'il s'est rencontré peu de personnes de celles qui avoient confiance en elle, qui ne se soient trouvées persuadées de suivre ses avis, & qui n'ayent trouvé en elle, un grand soutien pour persévérer dans ce qu'elle leur avoit conseillé de faire pour Dieu.

C'étoit un de ses dons de parler avec force, & d'une maniere fort convainquante à toute sorte de personnes, quand il étoit question de ce que l'on doit à Dieu, & bien qu'elle n'espérât pas toûjours d'obtenir tout ce qu'elle désiroit, elle ne laissoit point de dire la vérité avec tant de zele, qu'on demeuroit toûjours d'accord qu'elle avoit raison, & qu'il n'y avoit que la droiture de son cœur, & les interêts de Dieu, qui la fissent parler de la sorte.

Elle ne pouvoit comprendre que les grandes conditions des personnes, les pussent exempter de l'humilité chrétienne, & quand elle leur parloit sur des sujets semblables, elle prenoit le parti de Dieu, si fortement, qu'elle leur faisoit ressentir qu'elles étoient autant obligées de s'anéantir devant lui, que les moindres créatures, puisque dans le Christianisme, les grandes qualités sont plûtôt des marques de la colere de Dieu, qui n'a choisi que des pauvres & des

petits

petits, selon le monde, pour en faire ses disciples & les soctateurs de sa pauvreté & de l'humilité par laquelle il a voulu opérer le salut
du monde : Mais elle disoit cela avec tant de
tempérament & de discretion, qu'elle ne bles-
soit point le respect qu'on doit avoir pour des
personnes si élevées, comme l'on poura voir
par les lettres qu'elle a écrites à la Reine de
Pologne, qui lui faisoit l'honneur de l'aimer
& d'avoir de l'estime de sa vertu qu'elle avoit
reconnuë étant en France ; ce qui lui fit desirer que la M. lui donnât des instructions lorsqu'elle seroit en son Royaume ; cette grande
Princesse ayant tant d'affection pour tout ce
qui venoit de la Mere, qu'elle témoignoit sa
joïe à tous ceux qui étoient auprès d'elle quand
elle recevoit de ses lettres.

On a remarqué ses penitences durant les
premieres années de sa conversion. Elle continua à vivre fort austérement dans l'observa-
tion de toute la Régle jusqu'à l'âge d'environ
50. ans qu'étant devenuë fort infirme, elle ne
quitta pas les austéritez, mais les changea en
d'autres ; par exemple, ne pouvant plus porter de chemises de serge qui lui échauffoient
le sang, elle en prit de toile, mais d'une toile
si grosse & si rude qu'elle en étoit sans doute
fort incommodée, tant par la pesanteur, que
parce qu'elles étoient toutes pleines de petites
pailles qui la piquoient. Quand elle étoit o-
bligée de quitter l'abstinance, elle vouloit qu'on
lui donnât une portion de viande fort petite &
sans choix, & bien qu'elle fut toûjours fort
dégoûtée, elle trouvoit des inventions pour
le dissimuler afin de ne manger que l'ordinaire,
comme du bœuf, du mouton & du veau. Elle
fit vœu de ne manger jamais de patisserie par-

**IV.
PARTIE**

ce qu'elle l'aimoit. Elle en ufoit prefque de même pour toutes les chofes qu'elle trouvoit bien aprêtées, & nous avons vû fouvent qu'elle les faifoit rétirer en difant que cela ne lui étoit pas bon, & comme on ne la pouvoit croire, elle difoit fort agréablement, que cela faifoit mal à fon âme. Elle fe rendoit à toutes les chofes mortifiantes qui fe prefentoient, préferant cette forte de penitence à celles qui paroiffoient d'avantage, ce qui lui faifoit dire à des perfonnes qui fe plaignoient que leur habit les incommodoit, parce qu'il n'étoit pas accommodé en la maniere qu'elles l'euffent voulu, & femblables chofes qui font de la peine, qu'il valloit mieux fouffrir cela que de porter une haire. Elle difoit encore fur le fujet des penitences volontaires qu'on les faifoit plûtôt pour fe parer que pour fe debarboüiller, c'eft pour quoi celle qu'on ordonne font bien plus utiles parce que l'amour propre n'y a point de part.

Elle fit mettre fon lit auprès d'une fille qu'il étoit befoin de réveiller la nuit pour prevenir une incommodité qu'elle avoit, à quoi la M. aportoit tout le remede neceffaire quand il étoit arrivé, & faifoit elle-même des chofes pénibles aux fens, afin que d'autres n'en euffent point la connoiffance, quoi que cette perfonne lui donnât autant de peine dans l'efprit, par fon defaut de vertu, comme elle lui en donnoit par fon infirmité.

Miracles   Ma Sœur Elizabeth de Sainte Claire arriva à P. R. des Champs fur la fin du mois d'Août de l'année 1661. on la mit bien-tôt après à la cuifine des infirmes où il y avoit beaucoup de travail, tant à caufe de la multitude des malades que parce que la fontaine de cette cuifine n'alloit point depuis près de quatre mois, ce qui obligeoit les Sœurs d'aller quérir l'eau fort loin. Cette peine augmenta encore beaucoup depuis que la quantité de malades fit qu'on fût contraint de ne laisser que deux Sœurs pour servir à cette cuisine, où l'on avoit accoutumé d'en mettre trois. Un jour dans le mois d'Octobre comme elle voyoit que leur travail augmentoit tous les jours, elle s'enquit si on ne pouvoit point apporter de remede à cette fontaine. On lui repondit qu'il n'étoit point le tems de parler de cela ; qu'il y auroit trop de depense, & que cette reparation coûteroit pour le moins 500. livres, cette reponse lui donna la pensée d'avoir recours à la M. Angelique, qui étoit morte le 6. Août de la même année. Elle fut trois jours qu'elle lui disoit fort souvent : ma pauvre Mere, nous n'avons point d'eau. Au bout des trois jours, une Sœur lui vint dire que la fontaine commençoit à venir ; elle y fut aussi-tôt, & vît qu'elle alloit un peu, & elle en rendit graces à Dieu & à la M. Angelique. Elle dit que depuis ce jour-là, l'eau vint toûjours plus abondamment & la fontaine ne s'est point tarie cet hyver, comme elle avoit accoûtumé les années précédentes, cette Sœur ajoûte, que cette fontaine vient à présent sans qu'il soit besoin de fermer celle du refectoire, comme on étoit obligé auparavant, de sorte qu'il semble qu'elle se soit partagée pour donner de l'eau au deux cuisines également, qui est ce que ma S. Elisabeth-Claire avoit desiré bien des fois, quoi qu'elle n'eut osé le demander.

J'ai relû ceci à ma Sœur Elisabeth de Ste. Claire, qui l'a signé en confirmation de la verité. S. Elisabeth de Ste. Claire.

B b ij

**IV.
PARTIE**

Je dois ajoûter à ceci, que ma S. Loüife de St. Barthelemy, confirme tout ce que je viens d'écrire, & dit qu'elle a eu souvent grande pitié de la peine des Sœurs de la cuifine, ce qui lui a fait dire plufieurs fois durant ce tems-là : ma Mere, voyez la peine de nos pauvres Sœurs qui n'ont point d'eau.

Une de nos Sœurs a eu une perte de fang qui lui a duré dix-huit mois, ayant fort peu d'intervale, d'abord elle n'en fut pas fi mal ; mais vers la fin des fix premiers mois, le mal augmentant, elle affoibliffoit beaucoup, & devint fort dégoûtée, mangeant fi peu, qu'à peine étoit-ce affez pour fe foutenir. On lui fit pendant ce tems & à diverfes reprifes, quelques remedes qui eurent fort peu d'effet ; mais les derniers 4. mois, fon mal augmenta beaucoup & étoit fi continuel, qu'elle n'avoit pas un jour de repos, ne pouvant plus agir à rien. La veille de Noël, elle étoit fi mal & dans une fi grande foibleffe, qu'elle ne put aller à la Meffe de minuit. A cette incommodité, étoit jointe une grande migraine qui lui prenoit fort fouvent, ce qui l'obligeoit à étre 24. heures fans manger ni ufer d'aucune nourriture. Elle avoit fouvent de fort grandes coliques, elle ne dormoit prefque point, & lorfqu'elle s'affoupiffoit, elle étoit encore plus mal, à caufe des rêveries que lui caufoit un trouble qui l'accabloit plus que le fommeil ne la repofoit : quinze jours avant le Caréme, fon mal augmenta encore plus fort : On la mit à l'infirmerie, on lui fit encore des remedes ; elle fut faignée & purgée ; mais tout cela ne fervit de rien, & elle n'en reçût aucun foulagement, la nuit même d'après tous ces divers remedes, elle fut fi mal, qu'elle crut en fe couchant, ne fe pouvoir relever le lendemain, qui étoit Dimanche, neanmoins étant un peu moins malade le matin. Elle defira d'aller à la Meſſe & d'y communier, ce qu'elle fit avec beaucoup de peine, & lorſqu'elle fut proſternée, elle crut ne ſe pouvoir relever : a-près avoir communié, elle eut un mouvement de commencer une neuvaine ſur le tombeau de notre M. Angelique, où elle fit ſa priere, & puis ſe traina le mieux qu'elle put en ſe repo-ſant diverſes fois juſqu'à l'infirmerie. On lui avoit encore ordonné quelques remedes pour le lendemain, qui étoit le lundi ; mais elle ſuplia qu'on ne lui fît rien, parce qu'elle eſpéroit de guérir, & que de plus, ce qu'on lui avoit fait depuis dix-huit mois, lui avoit été inutile ; ſon mal augmentant toûjours ; le ſoir du diman-che au lundi, qui étoit le jour qu'elle avoit commencé ſa priere & laiſſé les remedes, il lui vint dans l'eſprit de mettre un peu de ſang qu'elle avoit de feüe notre Mere, dans un ver-re d'eau de fontaine, & de le boire comme un remede capable de lui donner une entiere gué-riſon. Elle s'enferma ſeule pour faire ſa gué-riſon ſans témoins, & auſſi-tôt qu'elle l'eut bû, elle ſe ſentit toute autre, & ne doutant point qu'elle ne fut tout à fait guérie, ſon mal ceſſa & toutes les incommodités & la foibleſſe qu'il lui avoit cauſée. Elle ſe coucha & s'endormit ſi bien, contre ſon ordinaire, qu'elle ne fit qu'un ſomme de ſept heures, ſans s'éveiller & elle ſe trouva le matin dans une ſanté ſi par-faite, que ſi on lui eut permis, elle fut retour-née le même jour à ſon obéïſſance, qui étoit la boulangerie. Elle y rentra le troiſiéme jour, ſes forces étant ſi parfaitement revenües qu'il lui ſembloit n'avoir jamais eu de mal. Elle n'a ni douleur ni foibleſſe, plus de dégoût, au-

B b iij

contraire elle mange fort bien, & jeûne le carême comme les autres, fe portant auffi-bien qu'elle ait jamais fait, & travaillant autant qu'elle faifoit avant que d'être malade.

LETTRE

DE M. GARNIER, A MA S. CANDIDE.

De Paris ce 5. Février 1662.

MA très-chere Sœur, après vous avoir falué en toute humilité, je n'ai voulu manquer à la promeffe que je vous avois faite de vous écrire au vrai, l'état de mon mal de jambe & de fa parfaite guérifon. Il a commencé environ à la fin du mois de Mars 1661. par une petite douleur que je reffentis proche la cheville du pied droit, & en même-tems, il fe fit une dureté avec inflammation, environ de la rondeur dune piece de quinze fols, & a duré environ quatre ou cinq mois en cet état, fans que j'aïe fait aucun remede ; mais il eft furvenu au mois de Septembre fuivant, que la douleur, la dureté & l'inflammation avoient beaucoup augmenté, & étoient remontées fur le milieu & autour du molet de la jambe, en telle forte que je n'ofois la tourner de côté, à caufe que les nerfs étoient fi fort bandés, qu'elle étoit toute roide, & je marchois avec grande peine, ce qui m'obligea d'y faire des remedes de plufieurs fortes, lefquels ne fervirent de rien je la fis voir à plufieurs perfonnes, lefquelles me confeillerent de la faire voir à Mr. d'Alancé, ce que je fis, auffi-tôt qu'il l'eut vûë & maniée tout autour, il ordonna que je me mettrois

au lit huit jours, & que je serois saignée des
deux bras, & que je prendrois plusieurs lave-
mens, ce que je fis : & il me donna d'une eau
pour mettre sur mon mal : ensuite il m'envoïa
visiter par un autre Chirurgien, son ami, qui
l'avoit déjà vûë : il la trouva bien mieux, &
que l'enflure & l'inflammation étoient fort di-
minuées : il ordonna que je serois purgée, &
ensuite, il me fit mettre du linge trempé dans
du gros vin, pour fortifier les nerfs, ce que je
fis ; mais la douleur & l'inflammation recom-
mencerent plus qu'auparavant, car elle étoit
toute noirâtre ; je la fis voir à un de nos amis
qui est de l'Hôtel-Dieu, qui dit à ma Sœur en
particulier, que ce mal étoit si grand, que je
pourois bien en mourir. Tout cela a duré jusqu'au mois de Décembre.

Le jour de la fête de St. Nicolas, il me vint
dans la pensée sans le dire à ma Sœur ni à personne, d'ôter les remedes de dessus mon mal,
lequel étoit très-grand, & d'avoir recours aux
remedes divins. Je pris un linge blanc & j'es-
suyai ma jambe tout au tour, & puis je pris la
petite croix rouge du scapulaire de défunte la
bonne M. Angelique d'heureuse mémoire, &
en le baisant, je priai notre Seigneur de vouloir bien guérir ma jambe par les prieres de
cette bonne Mere, si c'étoit pour sa plus
grande gloire & pour mon salut, si-non, que sa
volonté fut faite, & en même-tems, je mis
cette petite croix sur mon mal & je l'envelopai.

Je fus quatre jours sans y regarder, durant
lesquels je sentois de la diminution de douleur
& les nerfs se débandoient, & je marchois a-
vec plus de facilité, ce qui me fit dire à ma
Sœur, que je sentois beaucoup de soulagement
de mon mal, que j'avois pris un bon remede,

& auſſi-tôt je dévelopai ma jambe, où l'inflammation, la noirceur & la moitié de la dureté étoient diſſipéee, & elle étoit preſque toute guérie : je laiſſai encore la petite croix quelques jours, à cauſe qu'il y avoit encore un peu
de rougeur, & comme je vis qu'il y reſtoit fort
peu de douleur, j'ôtai la petite croix pour la
ſerrer ; Environ huit jours après, mon mal re-
devint pire qu'auparavant, de ſorte que ma
Sœur me fit reproche que j'avois trop tôt ôté ce
bon remede, & me le fit remettre promptement,
qui fut le jour de la fête des Rois, dont la nuit
je ſentis des douleurs ſi grandes, qu'il ſembloit
que l'on m'arrachoit tous les nerfs, & ſix jours
après, je fus entierement guérie , & le diman-
che enſuite, qui étoit le 15. Janvier, ma
Sœur & moi, nous ſûmes remercier Dieu, qui
eſt admirable dans ſes Saints. Ce fut ce même
jour, que nous vous dîmes des nouvelles de
Madem. votre Niéce. Je finis en vous ſupliant
de prier Dieu qu'il nous faſſe la grace de lui ê-
tre fideles, & je demeurerai toute ma vie, votre très-humble & très-affectionnée ſervante
en notre Seigneur. Marguerite Garnier.

Ma très-chere Sœur, j'avois oublié de vous
dire que le lendemain que je fus chez vous,
M. d'Alancé ſe trouva chez nous, je lui mon-
trai ma jambe guérie, qu'elle avoit vû la veille des Rois dans un état ſi pitoïable ; elle demeura toute ſurpriſe, & avec les larmes aux
yeux & les mains jointes, elle dit qu'elle croïoit
que c'étoit une guériſon véritablement mira-
culeuſe ; elle le dit à Mr. d'Alancé, lequel lui
dit qu'il étoit fâché de ce que je ne lui avois pas
fait voir ma jambe en cet état, & qu'il auroit
donné ſon atteſtation, parce qu'il avoit beaucoup de reſpect pour cette bonne Mere. Dieu
ſoit beni en tout tems.

LETTRE

DE MONSIEUR DU FOSSE',

*Où il raporte une apparition de la Mere Marie-
Angelique, à Port-Royal de Paris, peu avant
la mort de la Sœur Marie Dorothée Perdrau,
intruse Abbesse de la Maison de Paris.*

Voici, ma très-chere Mere, la relation
très-exacte de ce qui est arrivé à P. R.
de Paris, quelque tems avant la mort de la
S. Dorothée, que feu Mr. l'Archevêque Har-
doüin de Perefixe, en avoit fait établir Abbesse, après la séparation des deux Maisons.

Mad. de Mongobert, veuve de Mr. le Mar-
quis de Mongobert, qui étoit cadet de la Maison de Joyeuse, étant un jour allé voir Mad.
des Granges, Religieuse à P. R. de Paris,
s'entretint avec elle, de différentes choses, &
dans la suite de leur entretien, elle la pria de
lui dire, si ce qu'on lui avoit raporté touchant
une apparition de la feüe M. Angelique, étoit
véritable, sur quoi Mad. des Granges s'étant
contentée de lui répondre qu'il n'y avoit rien
de plus vrai, appella aussi-tôt une autre Religieuse qui servoit d'écoute & lui dit, ma Sœur,
approchez vous je vous prie, il n'y a point de
danger à s'ouvrir à cette Dame, nous pouvons
lui parler avec confiance : alors, cette autre
Religieuse s'approcha, & raconta à Mad. de
Mongobert, la maniere dont étoit arrivée cette
apparition de la feüe M. Angelique Arnauld,
dont elle lui parloit. Voici donc comment la
chose se passa.

Deux Religieuses étant à la veille du Saint

Sacrement, pendant la nuit, virent tout d'un coup, la feüe M. Angelique se lever du lieu où elle est enterrée, ayant en main, sa crosse Abbatiale, marcher majestueusement tout le long du Chœur, & s'aller asseoir à la place où se met l'Abbesse durant vépres, c'est-à-dire à la premiere du bas du Chœur, à côté droit.

Etant assise, elle appella une Religieuse qui paroissoit au même lieu, & lui donna ordre d'aller quérir la Sœur Dorothée, qui vint se présenter devant la M. Angelique, laquelle lui parla pendant quelque tems, sans qu'on put entendre ce qu'elle lui dit, & alors tout disparût.

On ne doute point qu'elle n'ait alors cité la Sœur Dorothée devant Dieu, & c'est la maniere dont elle l'interpréta elle-même, lorsque les deux Religieuses qui avoient été témoins de cette apparition, la lui ayant raportée, elle s'écria tout d'un coup dans une grande frayeur, ah! je mourrai bien-tôt; & en effet elle mourut quinze jours ou trois semaines après.

Après que la Religieuse qui accompagnoit Mad. des Granges au parloir, eut achevé le récit de cette apparition, elle ajoûta que si elle osoit, elle diroit bien d'autres choses touchant la M. Angelique; que pour elle, elle avoit une vraye vénération pour sa mémoire, & que dans toutes ses peines, elle avoit accoûtumé de venir prier sur son tombeau, lequel même étoit en vénération à la plûpart des autres Religieuses, qui faisoient souvent une inclination en passant devant : sur cela, Mad. des Granges, que l'on sçait avoir été faite Religieuse plûtôt pour suivre la volonté de ses parens que la sienne, dit en s'adressant à Mad. de Mongobert; ne suis-je pas bien malheureuse, ma chere

Dame, de n'être pas venuë ici du tems de la M. Angelique? car affurement elle ne m'auroit pas reçûë.

C'eſt ainſi que ſe paſſa cet entretien, où l'on a apris exactement la vérité d'une apparition ſi ſurprenante. Les circonſtances qu'on a marquées font aſſez voir que les témoins ne peuvent être regardés comme ſuſpects, & il y paroit un caractere de ſincérité qui tient lieu de conviction.

Vous m'avez demandé, ma très-chere Sœur, les quatre petits vers que feu Mr. de Gomberville fit ſur la retraite de feu Mr. le Maitre: les voicy.

> *Te dirai-je ce que je penſe,*
> *O grand exemple de nos jours?*
> *J'admire tes nobles diſcours;*
> *Mais j'admire plus ton ſilence.*

Au reſte je vous avoüe, ma très-chere Sœur, que je ſuis ſi charmé de ce que je ſçai de la feuë M. Angelique, que je ne vois rien de plus grand dans l'antiquité, que la foi, la charité & l'humilité de cette Sainte Abbeſſe, demandez lui s'il vous plaît, qu'elle m'obtienne de Dieu par ſes prieres, que la connoiſſance que j'ai de ſon grand mérite, ne tourne point à la confuſion de celui qui eſt votre, &c.

FIN.